クレオール主義

Partita

[パルティータ I]

今福龍太

クレオール主義

水声社

目次

I 「ネイティヴ」の発明——場所論1

失われた景観がそこにある。

それは、歴史とよばれる嵐が無垢だった土地の上にひとときの幻影にも似た繁栄をよびこみ、やがて非情に立ち去っていったあとに残された瓦礫のような光景だ。喧騒から静寂への急激な変化が、土地に住む人々の耳に夢のような幻聴をもたらし、隣人の消滅は人々の舌を凍りつかせ、夕暮れの飼い犬たちを寡黙にさせた。衰退と喪失のイメージが色濃くたちこめるなかで、土地の風景は歴史によって荒廃を深め、断片化され、それが本来持っていた「意味」を鋭く変容させられていった。

そんな場所の一つ、西ヴァージニアの古い炭鉱町では、風景は記憶の貯蔵庫としてのみ生きながらえている。昔からこの山岳地帯に居住していた土地のアパラチア人たち。この「白い」土着民たちにふりかかった石炭産業の興隆とその劇的崩壊の歴史は、彼らの土地を一瞬のうちに廃墟へと変えてしまった。かつて炭坑の仕事のために丘から鉱山住宅へと降りてきたアパラチア人たちは、いまやうち捨てられてゴーストタウンとなりはてたその町で日々を送りつつ、一つの「場所」のイメージの上にあらたな「場所」のイメージを継続的に書き込んでゆく作業を通じて、かろうじて一つの「文化」が失われてゆくことに抵抗している。

住宅地の一角に、奇妙な空き地がある。それは、十数年前に起こった火事によって家を焼かれ、家族全員が命を失ったミルサップ家の記憶である。人々は、いまでもこの空き地を見ながら、そのときの阿鼻叫喚の声と炎の躍動を脳裏に蘇らせつつ、彼らがなにもできずにただ巨大な火の塊を呆然と眺めていたことを口々に語る。あるいはまた、町はずれの錆びた鉄塔を彼らがゆびさすとき、彼らが思い起こしているのは、一〇年ほど前、塔に登って裸の送電線に触れて即死した九歳の少年バディ・ホールの黒ずんで動かなくなった肉体である。彼らはいう。ここで起こったことすべてを記憶にとどめよ。ここに誰が住み、生き、死んでいったかを、けっして忘れてはならない。もし忘れるようなことがあったら、そのときこそ、おまえがどうかなってしまうときだ(1)。

彼らアパラチア人にとって、もはや文化とは空間に彼ら自身の標識をつけてゆくことにほかならなかった。記憶を手掛かりにして場所に無数のマークをつけてゆくことは、しかし同時に、「場所」が、そして「歴史」が、人々の身体の上にそれ自体を刻印してゆく過程でもあった。現実の場所の上に記入された、記憶とノスタルジーと喪失によって特徴づけられたもう一つの「場所」は、人々を外の世界へと追放するのではなく、その土地に棲息していた人々を居ながらにして亡命者として幽閉する方法を、いつのまにか開発していったのである。彼らは、不思議な歴史の力によって風景の内部に追放された。だから彼らの日常性は、彼らからたえず剥離してゆく生の断片をかきあつめ、それらをつなぎ合わせてゆくことでかろうじて連続性を保ちえた。寄せ集めの技術、ブリコラージュの実践が彼らの日常のアートとなった。男たちは住居を無数のがらくたで装飾し、車を分解しては再度組み立てる無益な行為をつづけることで、過去の出来事をひとつひとつの部品のなかに記憶として定着させた。女たちは、古着を裁ち、その断片を縫い合わせてキルトをつくりあげることを通じて、模様の不可思

アリゾナの台地（メサ）に蜃気楼のように浮かぶホピ・インディアンの集落オライビ。12世紀初頭から先住民によって継続的に住まわれている，全米最古のインディアン集落の一つである。東部の奴隷解放論者の娘だった画家・写真家ケート・コリーは，1905年にこのアリゾナの台地にやって来て，ホピ族から例外的な信頼を得て長期間暮らしながら，部族の日常的な労働から神聖な儀礼に至るまで，それまで誰も見ることのなかった貴重な写真をのこした。1776年にこの集落が一人のスペイン人宣教師によって見出されたとき，それは始原の「場所」として，発見者にいかなる神秘のイメージをもたらしたのだろうか。（Cory）

議な衝突のなかから彼女たちの「物語」をうみだしていった。

そのとき、「場所」は奇妙な亀裂を孕みはじめる。一つの生を実現していた身体のなかに、それ自体を変容させ、転位しようとするもう一つの生が侵入するのだ。あらゆる生の瞬間に、二つの「場所」が、二つの「文化」が、喪失の経験のなかで互いの差異をきわだたせながら、溶解し合い、折り重なってゆく。彼らはもはや第一の純粋な生の形態にたちかえる道を閉ざされ、内なる亡命者として、自らの土地を書き換えてゆくことで第二の生を切り開いてゆく。このとき、実体としての「場所」は手の届かないところへ隔離され、表象としての「場所」が頭をもたげはじめる。エドワード・サイードは、パレスティナ人としての自らの政治的流浪の経験に立ちつつ、亡命者と土地との関係を次のような表現によって定式化する。


亡命という状況の根底には、自分自身のネイティヴな土地がたしかに存在し、それにたいして愛と結束の感情を抱いているという事実がある。すべての亡命において真実であるのは、その故郷が、そして故郷への愛じたいが失われてしまったということではなく、故郷の存在とそれにたいする愛そのもののなかに、すでに喪失が本来的に埋め込まれてしまっているということなのだ。

だから亡命者にとって、あらゆる出来事は、すぐにも消え去ってゆくようなものとして経験される。そうした経験を彼らの現実につなぎ止めているものとはいったいなんなのか？　そこからなにを救い出そうとするのか？　なにを放棄したらいいのか？　こうした問いに答えることができるのは、甘くなつかしい故郷がありながら、そのなつかしさを奪還することを彼自身の境遇が永遠に許さなくなってしまった状況にある者たちだけなのである。(2)

サイードがいうように、現代の「場所」とは、亡命者にとって「場所の記憶」であり「場所の喪失」であるようななにか、すなわち土地の上に残された時の痕跡のようなものとして意識されることになった。あらかじめ失われた土地の上に生きる土着の放浪者たち……。この逆説にみちた文化的立場は、必然的に彼らの表現に二重三重の声を与え、対話の戦略をよびこみ、社会的現実を直截に写しだすリアリズムの言語をより寓意的なものへと変容させてゆく結果となっていったのである。

現実の政治的亡命者であるかどうかにかかわらず、地球上のすべてのわたしたちの「場所」は、すでにこうしたポストコロニアルな政治力学のなかでさまざまな亀裂と変容を内蔵した、現実と表象と権力の多様体としてかたちをなしている。そしてそうだとすれば、この制度としての「場所」に批判的に切り込み、人間と土地との関係に加えられた政治学的・詩学的な力をあきらかにしてゆくことは、すなわち自分自身の歴史的身体につけられた損傷として「場所」の問題を思考してゆくことでなければならない。

そのための手がかりとなる問いかけを、たとえばつぎのようにはじめることができるかもしれない。あくまでも、幾何学的、平面的あるいは視覚的なヴィジョンを捨てずに、「場所」や「境界」や「地図」や「領域」をめぐる言説の政治性を明るみにだしてゆくことは可能だろうか、と。[3] 人が「場所」や「境界」の問題について思考するとき、そこにかならずある種の「視線」の存在をさぐりあてることができる。「場所」がそこから眺められる起点のイメージ。一つの領域と別の領域がせめぎ合う接点にひろがる「境界線」を想像する思考の視力。意識のなかで鳥瞰された風景、俯瞰された稜線。地理学的想像力によって制御を受けた地図的アナロジー……。こうしたあらゆる視覚的なヴィジョンの介入によって、「場所」をめぐる思考はいつも実体と比喩のあいだ、具体的空間と形而上学のはざまを不安定にゆらめいている。

「土地」という名で呼ばれる「場所」はたしかにそこにある。土地は人間によって具体的に経験されるためにわたしたちを待っている。そのことを否定しようというのではない。いやむしろ、経験にまとわりつくありとあらゆる装飾性をそぎ落としていったとき、人間と土地との結びつきだけがつねに思考の出発点として残る。まさに特定の土地とのかかわりにおいて、人間は認識に向けての推進力を得る。あるいは、特定の土地へと人を引き寄せる力が、無定形の認識にはじめて方向性を与える。「文化」は具体的な土地と関連づけられることではじめて内容を盛り込まれ、人間は現実の土地への帰属を確認することを通じてもっとも容易に「自己同一性《アイデンティティ》」の意識を手に入れることができる。

だが、「場所」という概念にひとたび地理的な土地としての実体的な根拠を与えるやいなや、わたしたちは奇妙な迷路のなかに迷い込むことになる。認識が、視覚的・平面的な存在論のロジックにつなぎとめられてしまうからだ。「場所」という概念がもともと人間の文化を記述＝再提示《リプリゼント》するときのレトリックの一つとして編み出されたという由来を、そうした実体論は宙吊りにし、曖昧なものにしてしまうのだ。

＊

「場所」にこだわる理由ははっきりしている。人間の、より厳密にいえば「民族」の存在とむすびつけられた「場所」の定位が、いまや大きな変容を示そうとしているからだ。ルイ・マランが『ユートピック』のなかで説いているように[4]、修辞学の伝統においては場所を示す「トポス」という用語には二つの意味があった。一つは「トピック」、すなわち修辞学的・詩学的な形式のことであり、もう一つは「トポグラフィー」、すなわちそれ自身の実体・一貫性をそなえ、「名前」を持った空間の断片のことである。ところが、いつのまにかわたしたちは「場所」（プレイス）という概念の近代的定立に向けて、それが本来内蔵していた修辞学的・詩学的力を無視し、もっぱら場所を実体的な空間と関連づけて認識する思考法を発達させてきた。

そうした「トポグラフィーの思考」の犠牲となったのが「土着」（ネイティヴ）という概念だった。この概念は、第一義的に文化の存在を実体的な場所とむすびつけたときに誕生したものだと考えることができる。「ネイティヴ」という言葉自体は、西欧の認識論のなかで、意外に古くから存在していた。ラテン的語源からみれば「ネイティヴ」とは特定の場所に生まれ、したがってその場所に本来的な帰属を持つ人々のことを包括的に指し示す、きわめてニュートラルな言葉だった。じっさい、それは古くは西欧人や西欧社会への積極的な自己言及の表現としてしばしば使用されたりもした。ところがこの言葉は、近代科学のディスクールのなかでいつのまにか人類学者たちのテクニカルな用語として彼らによって独占的に使用されてゆくことになった。そしてこの頃から「ネイティヴ」はたんにある場所に生まれそこに所属するという土地との無色の関係を意味するのではなく、西欧的都市社会から隔絶された、「未開」の土地における出自と帰属だけを意味するようになっていった。こうして「ネイティヴ」という概念が前提としていた具体的な土地への帰属関係は、強い意味論的な限定をこうむることになったのである。

このことを、一九世紀末から二〇世紀初頭における、インドネシアを中心とするアジアのオランダ系植民地をめぐる記述のなかに探ったのが『想像の共同体』におけるベネディクト・アンダーソンだった。イギリス領マラヤや米領フィリピンズとは明確に区別され色分けされて地図上に示された彼らの「地域的に特定された想像の共同体」バタヴィアに生きる現地の人々を、支配者であるオランダ人がどのように定義していたかについて述べながら、アンダーソンは書いている。

彼らの母語がなんであろうと、彼らはすでにまったくとりかえしがつかないかたちで「インランダー」であった。この「インランダー」という言葉は、ちょうど英語の「ネイティヴ」やフランス語の「アンディジェーヌ」とおなじように、つねに無意識のうちに逆説的な意味をはらむ言葉だった。植民地において「インランダー」と呼ばれることは、彼らが「劣位にあり」つつ「その場所に所属している」ことを同時に意味した。そしてこうした言葉の使用によって、オランダ人は逆に自分が「優位」にあり、かつ「その場所に所属していない」のだということを満足げに確認していた(5)。

ここで「ネイティヴ」という概念は、ほとんど特定の場所に「監禁」され「幽閉」された、という意味あいを含んでいるかのようである。つまり西欧は、自身の可動性と比較したときの現地人たちの物理的な不動性・静止性という性格を、「ネイティヴ」という言葉の意味のなかに込めようとしたのだった。場所につなぎ止められていることは、発展をつづける当時の西欧にとって後進的で卑しむべき事柄であった。こうして「ネイティヴ」という概念は、「場所」の概念と分ちがたく結びつきながら、否定的な、すなわち植民地主義的なディスクールにおける一種の侮蔑的な言葉として彫琢されていくことになった。

しかし一方で、「ネイティヴ」と「場所」との結びつきは、植民地時代の西欧のなかにもう一つの幻想を、しかも今度はいわば肯定的価値を持った幻想を、産み出していった。さきほどのアンダーソンの記述とは奇妙に対立するかたちで、植民地主義のエージェントたちは「ネイティヴ」な文化をなにかきわめて「伝統的」で「純粋」なものであると見なす傾向をも持ち合わせていた。近代文明とはじめて本格的に出遭ったときの「ネイティヴ」な文化は、たしかに西欧文化が失ったなにかを保持しているように彼らには見えたのだ。そしてそのことが、自らすっかり伝統を改変し、始原の「純粋」な人間的価値から離反してきたと考える西欧人の懐旧的な「あこがれ」を誘ったとしても不思議ではなかった。人を殺しておいて、その人の死を悼むようなこうした逆説的な懐旧の傾向を、レナート・ロサルドは「帝国主義的ノスタルジー」と呼んで厳しい批判を加えている(『文化と真実』)。[6]

帝国主義的ノスタルジーは、つねに西欧近代社会が非西欧的後進地域を文明世界に引き上げようとする一種の社会的使命感に寄り添うようにして現われる。進歩をつづける世界というイデオロギーのなかで、「ネイティヴ」な社会のスタティックな様態こそが、文明化のアイデンティティを規定するための参照点となった。そこでは、進歩のイデオロギーを信じる「われわれ」が伝統の「変革」に価値を求めるとき、つねにその反作用として「われわれ」のなかにもかつて存在した「伝統的」美質へのノスタルジックな憧憬が喚起されることになる。文明化のプロセスが植民地の人間の生のかたちを変え、それをより可動的なものにするとともに、そこに多くの紛争や葛藤を生じさせ、それを不安定なものにしているという意識は、「ネイティヴ」な文化の「消滅」をあたかも西欧世界にとっての個人的な「喪失」であるかのようなトーンで描き出すことになった。[7]

こうして「帝国主義的ノスタルジー」は、西欧が自己の「無罪」を証明しようと試みつつ、自らが破壊したものについて語るという逆説的なディスクールをつぎつぎに生産していった。あらゆるかたちの「伝統文化」の救済や記録や保存への情熱は、それが純粋で無邪気な様相を呈していればいるほど、かえって「無罪」をよそおった破壊として、帝国主義的ノスタルジーに近づいてゆく。近代の人類学もまた、この陥穽からのがれることはできない。「ネイティヴ」な人々を、現在の時間よりもむしろ原始の時間のうえに投影する傾向のある人類学に特徴的な歴史的パースペクティヴは、だからそうした人々をしばしば「失われた」存在として形容してきた。ヨハネス・ファビアンは書いている。「われわれの〈現実〉における〈他者〉の不在は、われわれの〈ディスクール〉における彼らの顕在として現われた。それは〈対象〉としての、そして〈生贄〉としての顕在であった」[8]。つまり一九世紀の人類学的実践とは、「ネイティヴ」な現在を失われたものとして歴史化し、そのうえで「過去」の理想的人間社会の調和のイメージを復活させようとする逆説的な二重性において、まさに生者を対象に行なわれた死亡者名簿《ネクロロジー》の作成行為だった、といえるのかもしれない[9]。

ともあれ、それが劣性とむすびつく否定的なものであれ、喪失とむすびつくノスタルジックなものであれ、「ネイティヴ」という概念が、西欧世界によるいわば恣意的な創造物であったということをいまや否定することはできない。「ネイティヴ」という概念は、学問のディスクールによって人間文化の一つの様態をスタティックに示すものとして「凍結」された。「ネイティヴ」をこうして「発明」されたものとしてみる考え方は、近年さまざまな分野で一つの基調低音をなす、「発明＝捏造」(invention) という用語によって既存の事象や概念を脱構築しようとするポスト構造主義の思想の流れのなかでも、かなり遅れてようやく人類学のなかに一つの立場を形成するに至った。歴史学においていちはやく脱構築された「狂気」や「子供」といった概念、あるいはフェミニズム的思考が早くから批判の対象としてきた「女性」や「ジェンダー」といった概念の政治性にくらべると、「ネイティヴ」という概念の本質性は人類学の存在にとって決定的なものだったからである。このことが、「ネイティヴ」に批判的分析のメスを差し入れることを人類学が拒んできた最大の理由だった。同じようにして、「民族」すなわち「エスニック」という概念も、特定の「場所」と結びついた実体的な概念として人類学的認識のもっとも本質的な部分を構成していたがために、批判的な再検討の機会にさら

エジプトへの西欧からの観光ブームがはじまった1900年頃の，ドイツ人写真家レーネルトとランドロックによるカイロの「ネイティヴ」な風景。こうした写真は絵葉書として大量に制作され，現地の書店やスーヴェニア・ショップで販売された。（Lehnert & Landrock）

写真による「ネイティヴ」の構成。熱帯的景観のなかに巧妙に配置された4人のインディオ女性の誇張されたポーズは，写真家の持つエキゾティシズムの意識構造によって決定されている。20世紀初頭，メキシコ南部，イチュアンテペックにて。（カリフォルニア写真美術館蔵）

1912年，バリ。ドイツ人医師グレゴール・クラウゼによって撮影された4000枚以上の写真の多くは，バリ島人の日常所作にひそむ文化の深淵を不思議な直感によってとりだしている。これらの写真では，現実の示す美学的力が,「ネイティヴ」な景観を見つめる西欧人のエキゾティックなまなざしを凌駕している。(Krause)

されることは少なかった。しかしいま、哲学的・学説史的作業を積み重ねてこれらの概念を検証する動きを無視することはできなくなりつつある。しかも、そうした作業のはるか先をゆくようなかたちで、わたしたちの前にすでに圧倒的な真実性を湛えて展開するポスト・ネイティヴィスティックでポスト・エスニックな風景を、もう誰も否定することはできない。たとえばサンフランシスコに住むチカーノ作家リチャード・ロドリゲスの次のようなことばのなかに、「ネイティヴ」や「エスニック」というような概念が地理的圏域をそなえた「場所」と本質的な対応を示したり、それらが特定の文化的枠組みの連続性のなかに正確に位置づけられたりすることがもはやまったく不可能となった状況が見事に証言されている。

I am of Mexico. I mean I retain aspects of culture, the deepest faiths and moods of my ancestors, an inheritance deeper sometimes than I dare reveal to you, formal you. Finally, however, I must return to my earlier admission. While Mexico survives in me, the air I breathe is America. I am one of you.(10)

(私はメキシコのものです。私がいいたいのは、私がその文化のいくつかの側面をまだ保持している、私の祖先たちの信仰心や気分のもっとも深淵の部分を心のどこかに持ちつづけている、ということです。たとえここで私が思い切ってみなさんにそれらを開示しようと挑んだとしても、それらの祖先の遺産はときに私が公の席で示しうる以上に深く私の内部に刻み込まれているものなのです。しかしそうはいっても、私は私がさきほど認めた事実に還ってゆくほかありません。メキシコが私のなかに生き残っているとしても、私が呼吸しているこの空気はアメリカです、私はみなさんのなかの一人なのです)(11)。

＊

「場所」の生成に潜む力の相互作用からはじめて「境界」や「領域」が画定されるときの政治学的プロセスを精密に再現し、さらにそうしたカテゴリーがポストコロニアルな状況を経過することによって出現した「混血」や「クレオール」や「難民」（これらすべては「場所《プレイス》」の固定的な原理が崩壊したあとの「転位《ディスプレイスメント》」の過程のなかでもたらされたものである）といったアクチュアルな問題群までを見通そうと考えているいま、私がここで採用する方法論的立場を明確にし、さらにそれらに認識論的な限定を加えておくことは誤解を防ぐうえでも無駄ではないと思われる。

その立場をひとことでいえば、文化におけるノン・エセンシャリズムである。[12] 文化を規定するさまざまなカテゴリー（たとえばいままで問題にしてきた「土着性」あるいは「伝統」、さらには「人種」・「民族」といった概念が示す正統性や純粋性といったもの）の本質性と実体的把握に立脚した立場がエセンシャリズムであるとすれば、ノン・エセンシャリズムはそれらのカテゴリーの不採用であるととりあえず考えられる。こうした立場は、すでにフーコーを出発点にしたヘイデン・ホワイトらによって、歴史記述における「事実提示」という作業の虚構性を明るみに出すというかたちで主張されていたものだった。[13] すなわちそこでは「歴史的事実」というもの自体の本質性が、疑問に付されたのである。事実の客観性や実体論的認識に基礎をおくエセンシャリズムが見逃してきたのが、とりわけ表現における修辞学的側面であった。だからノン・エセンシャリズムとは、大胆にいえば、表現やレトリックといった文化の表象《リプリゼンテーショナル》的なレヴェルをもっぱら問題にする立場だといえるかもしれない。いや、それは「立場」というよりも「戦略」と呼ぶべきだろう。なぜなら、「事実」をレトリカルな「表象」のカテゴリーに置きなおしてゆくノン・エセンシャリスト的発想は、結局「本質」などないのだ、というような認識論的なニヒリズムなどでは全くないからだ。エッセンスの存在そのもののデリケートな政治性に疑いをさしはさむことなく、エッセンスの神話を無自覚に採用するような従来の社会科学のディスクールのなかで見えなくなったものを明らかにし、「事実」や「実体」がこうむる政治的・詩学的なプロセスを表面化させるための一つの過渡的な戦略として、ノン・エセンシャリズムはある。

社会科学的な経験そのものではなく、あえてその記述＝表象的な地平に意図的に立って思考しようとしている私の立場はこうした考えに由来している。そして厳密にリプリゼンテーショナルな領域の分析は、結果としてそれがリプリゼントする「現実」のある相を、正確に照らしだすことにつながってゆくことになるはずだ。表現＝表象《リプリゼンテーション》はそれ自身の浮遊する生命のなかで自己言及をくりかえすパラドキシカルなテクストの戯れであると見なされたりもするが、わたしたちはそれらの表現をうみ出すことになった現実のなかにそれらをふたたび投錨してやる必要がある。実体のレヴェルと修辞的なレヴェルとの無戦略な混同や混乱こそ、もっとも避けるべき立場である。そうした立場は、気づかないほど巧妙な認識のヘゲモニー的作用によって、客観性や科学性の名のもとに、排除や細分化や特殊化の罠に陥ってゆく危険を持っている。「疑いなき現実」という表現によって主張されるような現実の背後には、つねにこうした排除や細分化の力が働いている。現実を「疑いうる」ものにとどめておくこと。疑問のない、還元主義的な「本質」に異議をとなえること。これこそがノン・エセンシャリズムの戦略にほかならない。従来の「歴史」という概念に込められた、「物質的過去」の存在を素朴に信じるような感覚にたいしてリプリゼンテーションの分析が持つ優位性を明確に主張しながら、しかしそれが認識論的ニヒリズムに陥ることがけっしてないことを説得的に述べる、次のようなレイモンド・ウィリアムズの言葉を反芻してみよう。

リプリゼンテーションの分析は、歴史から分離した主題ではない。むしろ、リプリゼンテーションが歴史の一部であり、それが歴史に寄与しているということは、歴史が続いてゆくためのアクティヴな要因となっているのである。そのことはまた、権力が配分されたり、人々が状況を知覚したりするときの方法に活力を与えてもいるのである。[14]

II　ワイエスの村——場所論2

The mandoline is the instrument
Of a place.
WALLACE STEVENS, *Harmonium*.

〈場所〉というような主題を前にしたとき、その経験のさまざまな相をとりあつかうためにわたしたちはふつう二種類の思考のレヴェルを使い分けている。エセンシャルなレヴェルとリプリゼンテーショナルなレヴェル、とそれらを分類することができるだろう。そして後者の表現＝表象《リプリゼンテーション》のレヴェルに焦点をあわせてゆくとき、そこで問題とされるのは、「場所の経験」そのものの存在形態やその変化の姿であるよりも、むしろ、「場所の経験の記述」にかんする形式と変容にかかわるものである。

　たとえば、ある場所に「住む」という経験について考えてみる。「定住」は従来から「移動」に対立する概念としてしばしばこれと対照させられてきた。しかし現代社会のなかで一つの「経験」として、「住む」ことは「移動する」こととますます区別できなくなりつつあるようにみえる。これは一つには、現代人の「居住」そのものがほとんど全面的に「移動」に依存して成り立っている、という状況のためである。わたしたちが大都市に仕事を持ちつつそこから五〇キロメートル以上も離れた郊外に居住できるのも、郊外と都市とを結ぶ迅速なマス・トランジットの存在が前提となっているからだ。現代は、移動の技術の上にたってようやく危うい定住の形式を手に入れているにすぎない。しかも現代都市は、「住むこと」の経験の内部に「移動」の経験を組み込んでゆくことになった。これは多くの移住者や移民、季節労働者、観光客といった可動性《モビリテイ》を保持する人々が、都市を通過し、あるいは一定期間都市に住み着くことによって生じた、新しい混住化の現象に基礎を置いている。いまや、「居住」という感覚のなかには、「移動」にかかわる微細なレファレンスが無意識のうちに内蔵されていることになる。

このような立場から考えられた「居住」をめぐる経験への認識は、近年の表層的な「ポストモダン社会」をめぐる議論における一つの論調としてしばしば見られるものだ。しかしこうした議論の多くは、「居住」の形式がいかなるかたちでリプリゼンテーションの地平に投影されているか、という視点への詰めが甘いため、ともするとエセンシャリスト的な認識論へと回収されてしまいがちである。ノン・エセンシャリスト的な立場からいえば、〈場所〉の経験は、純粋にリプリゼンテーションのレヴェルにおける変容としてとらえられる。それはたとえば、現代のわたしたちが〈場所〉についての経験をどのように「記述」しているか、という問いの答えとしてある。そのとき、「居住」をつつみこむさまざまな「移動」手段の存在は、まったく違った意味を持つものとしてたちあらわれる。すなわちわたしたちの日常の「生活」が、移動機関の内部から〈場所〉を眺めるかたちで遂行されている、ということの重要性がクローズアップされてくるのだ。

＊

「居住」を記述の問題、エクリチュールの問題として見たとき、現代的な居住が前提とする移動手段はいわば筆記用具の役割を持ったものと考えることができる。たとえば、わたしたちの日常生活のなかで自動車が持つ意味は、すでに通勤や買い物のための機能的な道具であるという以上に、ある種の文化的テクストの書き込みの行為に加担するための一つの手段へと変化しつつある。わたしたちの都市経験は、文字言語として紙の上に書きつけられる前に、きわめて巧妙かつ集合的なやり方で、車の日常的な操縦感覚と見馴れた車窓の移動風景として書き込まれてしまっているのだ。こうして、ドライヴィング・シートに体を沈めて車を運転しながら都市のうえに描くトランジットの軌跡そのものが、わたしたちにとっての都市経験を語るエクリチュールへと近づいてゆく。あるいはまた、景勝の地をバスやレンタカーを利用して周遊しながら見てまわる観光行為そのものが、一種の「土地の記述」の新しいモードとして成立してゆくことになる。(1)

こうした、「書くこと」(writing)と「車を走らせること」(driving)とが限りなく同一の表現のモードに近づいてゆくようなときに現われる「記述」のポストモダニスト的位相を、語呂合わせ的な機知をも込めて「オート・ライティング」(auto-writing)と呼ぶことができる。オート・ライティングとは、いわば「制度」によって行なわれる「自己書き込み」の一つの実践的なパラダイムのことを意味している。すなわちそれは、ある種の「集合的な自伝」のようなものとして、現代社会が自己言及を行なってゆく無意識のシステムのことであり、その「自伝」の作成はたとえば車の運転といった非記述的な行為として遂行されていることになる。"auto-writing"の"auto"はだから、自動車(automobile)の"auto"であると同時にまた自動的(automatic)の"auto"でもある。

このような、車の走行を筆の走りに読み代えてゆくような発想のもとでは、〈場所〉の認識や記述にたいしても新しいパラダイムが採用されなければならない。場所や土地をめぐる人間の生活形態の記述形式として確立した「エスノグラフィー」というジャンルも、もはやこれを民族誌家によって生産される「書かれた」テクストという範囲のなかに押し込めておくことはできなくなりつつある。現代社会における文化的生産行為がこうむった複雑な変容の姿をポスト・エスノグラフィックな視点から考察しながら、ジョン・ドーストは次のように書いている。

ポストモダニティの文化は、大部分が、その文化自身の登録、固有な文脈における自身の記録、おわりのない自己省察のシミュレーションといったものによって成り立っている。エスノグラフィーの記述をめぐる理論家は、近年、すべての文化がそれ自身についての広義の「テクスト」を生産していることを明らかにしてきたが、まさにポストモダニティとはこうした生産行為によってできあがっているものなのである。それは、これまで民族誌家やドキュメンタリストたちの行為であると主張されてきたようなことを、自らのために「無意識のうちに」、また集団的に行なうのである。(2)

民族誌家の記述行為を超越したところで、文化そのものが自分自身についてのエスノグラフィックなテクストを生産しつづけているというポストモダニスト的な認識は、従来の「文化の記録者=解釈者」としての民族誌家の立場を危機におとしいれる。〈場所〉のエクリチュールを職業的に独占してきたはずの民族誌家のまえに、「オート・ライティング」によるまったく別種の民族誌的実践が突きつけられているからだ。こうした状況においては、伝統的なエスノグラフィーが依拠してきた、民族誌的な経験・観察が行なわれる〈場所〉と民族誌の記述の〈場所〉との明確な概念的区別は無効となってゆく。そのことはまた、従来のエスノグラフィックな「自己」と「他者」とのあいだの弁証法が宙吊りにされた現代の民族誌的景観を見事にあらわしてもいる。

ニューメキシコの写真家ダグラス・ケント・ホールは,「追いこし」(Passing) というテーマのもとに,自分の乗った車が抜き去る無数の匿名の車の乗客を追いこしの瞬間にカメラにおさめ,連作として発表した。ここには,「追いこし」という走行感覚の交差の瞬間に過去と未来の接点としての現在を感知するような,オート・ライティング的感性がはっきりと示されている。

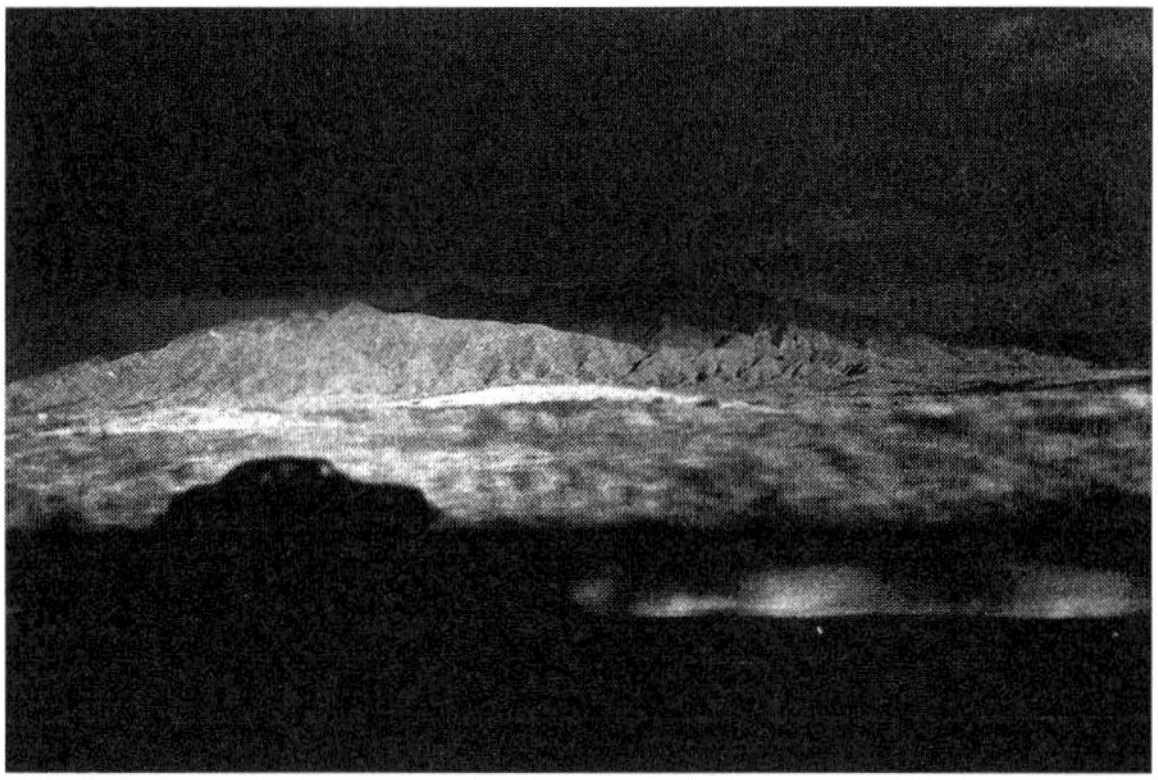

ニューメキシコ州アルバカーキの郊外。サンディア・ピークをのぞむインターステイト・ハイウェイ 25 号線を飛ばす車の影が荒野に刻印されるオート・ライティングの瞬間。(いずれも Douglas Kent Hall, *Passing Through*.)

〈場所〉の記述としてのエスノグラフィーが抱え込むことになったこうしたディレンマをまっ正面から見すえながら、新しい〈場所〉のエスノグラフィーの可能性に挑んだ意欲的な民族誌が、ジョン・ドーストの『書かれた郊外』である。この本は、ペンシルヴェニア州の小村チャッズ・フォードを舞台とする民族誌であるととりあえず規定することができるが、ドーストが対象とするチャッズ・フォードという〈場所〉は、すでにさまざまなかたちで文化的な「書き込み」をほどこされた、すぐれてインターテクスチュアルな土地として認識されている。

チャッズ・フォードは、表面的には合州国東部の、褐色の森と枯れ草の丘と灰色の空に代表される「郊外」(suburb)の景勝を保持する典型的な小村である。しかし一見どこにでもありそうな鄙びたこの村をなによりも有名にしているのが、ここに画家アンドリュー・ワイエスが住んでいるという事実である。アンドリュー・ワイエスは、やはり画家であった父親N・C・ワイエスの代からずっとこのペンシルヴェニアの小村に住み、この土地の風景をひたすら描きつづけてきた。ワイエスの傑作として知られる「テナント・ファーマー」あるいは「カーナー牧場の夕暮れ」といった作品は、主にドイツ人とクェーカー教徒の移民によってつくられたこの地方の典型的な景観——整序された田園の風景、堅固な石造りの家々、何代にもわたる注意深い手仕事によって美しく耕された農地——を微細に再現している。

こうした土地の風光を余すところなく描いたワイエスの作品群を所蔵しているのが、チャッズ・フォードの村外れにあるブランディーワイン・リヴァー美術館である。この美術館の存在のため、村は

A・ワイエス「テナント・ファーマー」(1961)。この古いクェーカー教徒によるコロニアル様式の建物は，現在では歴史的建造物として保存されている。

A・ワイエス「カーナー牧場の夕暮れ」(1970)

ワイエスの絵と彼が愛する風景を求めてやってくる観光客に広く門戸を開いている。そして、ドーストが『書かれた郊外』のなかで分析の対象とするものの一つが、この「ワイエス美術館」のイデオロギー性である。ドーストは、美術館の収蔵品やディスプレイの方法、建物の構造やパンフレットの形式といったあらゆる要素を総合的に分析しながら、この美術館がきわめて「読みやすく」できていることに注意を向ける。そして、ワイエスの絵画を中心に、地域のさまざまな美術・工芸作品をきわめて体系的に陳列したこの美術館が、いわば支配的なディスクールの再生産を目的としたイデオロギーの正当化の役割を果たしていると主張する。すなわちそこには「ブランディーワイン地方の芸術的遺産」というようなものの公式的で完璧なイメージを、システマティックな陳列法によって訪問者に無理なく伝達するようなアレンジメントが、巧妙にできあがっているというのである。ドーストはこの精密なアレンジメントを「イデオロギー再生産の工場」であると比喩的に表現しているが、こうしたイデオロギーは地域の文化的情報をコントロールする役割を担った専門家集団の要請を的確に反映しているのである。

このような文化的ヘゲモニーのプロセスをブランディーワイン・リヴァー美術館のイデオロギーのなかに見てとったドーストは、さらにチャッズ・フォードという村が、自身の歴史的アイデンティティを「創造」するために動員したその他のさまざまな実践を一つ一つ分析してゆく。たとえば行政機関が情熱を込めて取り組んでいる「歴史的景観」保存のプロジェクト。あるいは、毎年定期的に開かれる地元工芸品フェアを中心としたコミュニティー・セレブレーションのような祝祭的行事。観光事業とそれに付随して作成されるあらゆる観光パンフレットや土産物、絵葉書といったガジェット。さらに歴史的な建築法や旧来の集落分布のパターンを取り入れつつ近年進められている郊外型住宅開発事業……。

これらすべての実践は、チャッズ・フォードについての継続的なテキストを生産しつづけるための仕掛けとなっている。ギャラリーのディスプレイ、観光案内書、絵葉書、観光客の写すスナップ、アマチュア美術家の絵、インテリアデザイン、郊外建築、景観デザインといったあらゆる形式を通じて、「チャッズ・フォード」という文化的テクストが生産されてゆく。だからここでいう「チャッズ・フォード」とは実体的・地理学的な「場所」(place)ではなくて、イメージとしての、理念としての、イデオロギー的ディスクールとしての、あるいは無数のテクストのアセンブラージュとしての〈場所〉(site)であると見なすことができる。そしてこうした、無数の制度的テクストの集成によって一つの〈場所《サイト》〉が作られてゆく過程を、ドーストは「オート・エスノグラフィー」(auto-ethnography)と呼ぶのである。

「オート・エスノグラフィー」は、すでに「オート・ライティング」のところで述べたように、土地の集合的な「自伝」(autobiography)であると同時に、自発的で出所不明の「自動的」(automatic)な民族誌という含意をも持っている。制度的な文化テクストのアセンブラージュとしての「チャッズ・フォード」という〈場所《サイト》〉は、まさにこのオート・エスノグラフィックな過程を通じて「発明」されたものにほかならない。そうだとすれば、今後のエスノグラフィーの一つの可能性は、こうしたオート・エスノグラフィーの断片を収集し、整理し、それらに批判的な解読を加えていくことによって、〈場所〉に書き込まれたあらゆるヘゲモニー的な制度を脱構築してゆくことでなければならないはずである。(3)

すでに示唆したように、政治的なリプリゼンテーションとして「場所」の問題を考えてゆくことは、必然的に従来の民族誌家と土地との安定したアカデミックな関係を鋭く問い直すことにつながる。民族誌家が実体的かつ主体的にかかわっていると思い込んでいた「場所」(「フィールド」)が、じつはすぐれて修辞学的な創造物であることが明らかになり、同時に民族誌家の実践を超えた地点でとどまることを知らないオート・エスノグラフィーが蓄積されはじめているという事実の確認は、従来の民族誌家の認識論的立場を土台から打ち砕いてしまうからだ。
経験・観察が行なわれる「場所」と、記述が行なわれる「場所」との概念的・カテゴリー的区別が無効とされることによって揺らぎはじめた民族誌的自己と他者の関係について省察しながら、ポスト・エスノグラフィックな実践の方向性がどのあたりにあるかについて、ドーストは次のように示唆している。

伝統的なエスノグラフィーの批判的な力は、いうまでもなく、それが「自己」を見慣れないものにし、「他者」を親しいものにするという能力を持っているという事実のなかにあった。これにたいして、ポスト・エスノグラフィックな実践は、その中心的な主題を歴史的生産のなかに見すえるという認識を通じて、従来の自己／他者の弁証法的関係を宙吊りにしようとする。ポスト民族誌家のめざすのは、こうしたラディカルな「自己疎遠化」、顕現《エピファニー》の瞬間、めくるめく眩暈の一瞬の閃光のようなエネルギーの力を、戦略的・批判的に利用してゆくことでなければならない。そうした試みのなかで、彼は自己の民族誌家としての見せかけの安定した主体性が一挙に溶解してゆくのを目撃することになる。(4)

*

メゾナイト板の上にテンペラで描かれたワイエスの「飛翔」という作品が、〈場所〉へのもう一つ

A・ワイエス「飛翔」1950年。猛禽の視線が見下ろすチャッズ・フォードの風景は，しかし，一軒の建物から周囲を見渡したときに別の建物がけっして見えないというこの地方の伝統的景観構造の基本を見事に映しだしてもいる。

の、より詩学的なアプローチがありうることを暗示している。三羽の猛禽がチャッズ・フォード付近の田園の上空をゆっくりと輪を描いて飛翔するのを同じ鳥の眼から見下ろすように描いたこの作品は、その不思議な遠近法と視線によって、画家にとっての「場所」や「景観」のイマジナティヴな構造がどのようなものでありうるのかという問いをわたしたちに突きつけてくるからだ。シェルバーン美術館のカタログによると、ワイエスはこの絵の成立について次のように語っている。「子供の頃、三月か四月になると、私はよく草原に寝転がって空を見ていました。そんなとき、ヒメコンドルが飛んでくると、私はそれらを見上げながら、こちらを見下ろしたときにどんな風景が見えるのかをいつも想像していました。私はこの絵を、はじめて飛行機に乗って上空からの景観を知るずっと以前に書き上げたのでした」。こうした発言が示しているように、「飛翔」は一見写実的な風景画のように見えながら、じつはまったく非リアリズム的な視線によって描かれた作品である。ワイエスにとって、場所の景観をキャンヴァスの上に写しとってゆくことは、一つの想像的な「地勢」(terrain)の発見を意味していた。そしてその地勢《テレイン》は、そこで画家が思考し、逍遥し、生き、仕事してゆくためのもっとも基本的な「場」のようなものであったのだ。

ワイエスの「飛翔」は、同じように合州国東部の風景を相手に思索を続けた詩人ウィリアム・カーロス・ウィリアムズの三〇歳のときの作品「漂泊者」(5)と奇妙に重なるイメージを示している。「漂泊者」の冒頭で、詩人は森を出たところで一人の生き物に出遭い、それに導かれて空の旅へと舞い上がる。その生き物は最初は若く美しいカラスの姿をしているが、やがてまぶしい光を放つ白いカモメに変身し、さらに一人の娘になる。そして詩が語られてゆくうちに、それがじつは年老いた女王であったことが明らかにされてゆく。しかしこの作品が興味深いのは、詩人が景観を鳥の視点から獲得してゆくという点である。ウィリアムズはこの詩によって、彼自身の生きる土地の景観を頭脳のなかに作図し、それによって彼の詩的実践の将来に向けての地勢学を確立していったのである。
エスノグラフィーを創作的な叙述形式に限りなく近づけてそのポエティックな力をテストしようとする「物語民族誌」の先頭をゆく一人ダン・ローズは、詩人が想像力のなかに作りあげてゆく「風景」の意味を次のように考察する。

詩人は建築家ではないから、設計図を描くようなことはしない。そのかわり、詩人は詩作によって彼らの生涯の比較的早い時期に、一つの詩的な「風景」を作りあげる。彼らはその風景のなかを横切り、行き戻りしながら、その後の彼らの詩作に必要なあらゆる空気をそこから呼吸してゆく。それはまるで、私たち西欧人が、ちょうど軍人か地理学者のように、そこで仕事し、そこで思考や想像力をめぐらせるための観念的な地勢《テレイン》を必要としているかのようである。(創造された無数の)都市、農村、郊外[6]……。

わたしたちはまた、「場所」の問題を、ここで述べられているような詩学的地理学の産物としても考えてゆかねばならない。創造的な精神が作りだす「観念の地勢」に地理学者や地質学者の視線を投影させてみることは、けっして科学的なリアリティを欠いた行為ではない。事実、地理学と文学は、現在きわめて刺激的なディシプリンの交差の時期を迎えている。このような潮流を代表する一人ジム・ウェイン・ミラーは、「土地」の認識のうえにたった批評行為についてのマニフェスト的なエッセイ「いつだって地面は平坦ではない[7]」のなかで、土地と人間の関係にかかわる表現行為を正しく測定してゆくことの重要性に触れながら、風景と特別の結びつきを持った現代アメリカの詩人として、ウォレス・スティーヴンズの名をあげる。詩人が「観念の地勢」を彼自身の意識のなかに作りあげてゆくとき、つねに人間自身の存在を風景や土地の存在に重ね合わせてゆくような感性を見ることができるが、そうした「風景の表現として人間を見る」感覚が、スティーヴンズの作品「無数の人々の逸話」のなかにはっきりと示されている。

The soul, he said, is composed
Of the external world.

There are men of the East, he said,
Who are the East.
There are men of a province
Who are that province.
There are men of a valley
Who are that valley.

There are men whose words
Are as natural sounds
Of their places
As the cackle of toucans
In the place of toucans.(8)

A・ワイエス「クリスマスの朝」(1944)。降誕祭の日の朝に死んだ友人の母親の肉体は，見馴れた轍の跡が残るいつものカーナー農場の丘陵の風景になかば同化しかかっている。

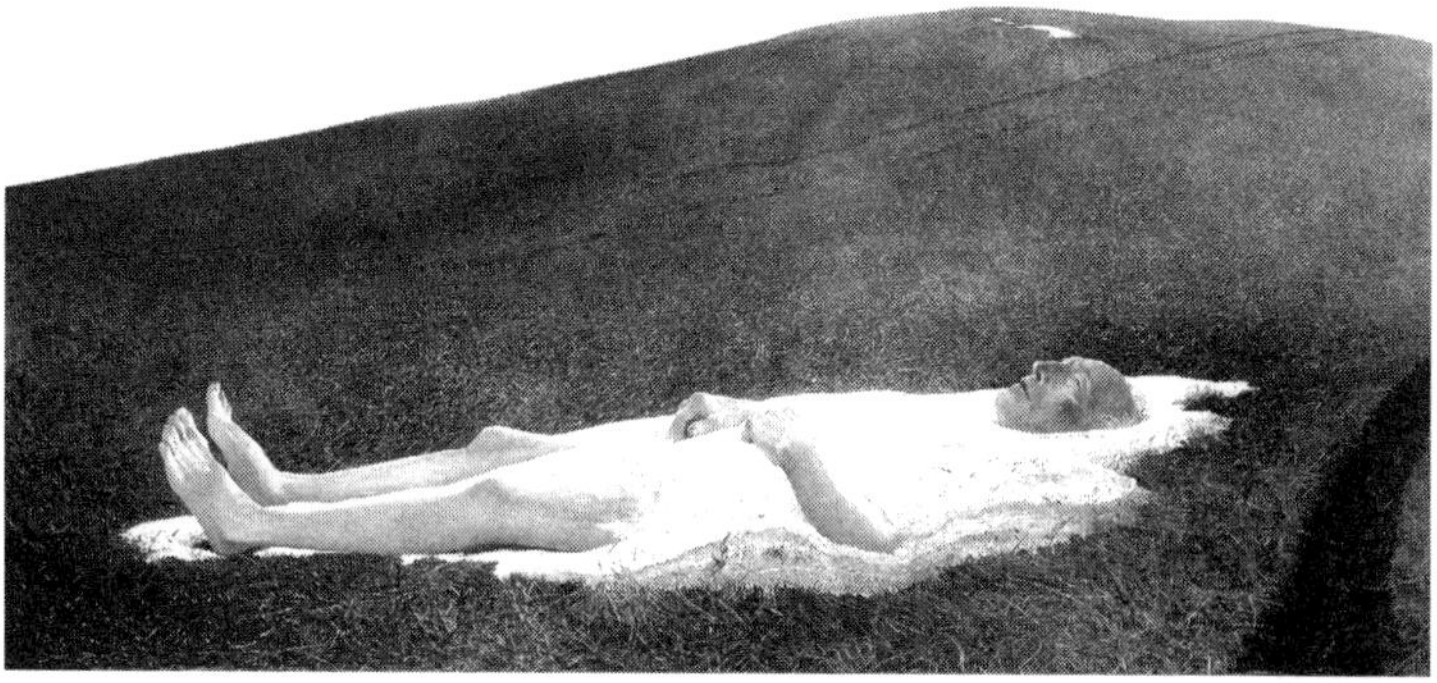

A・ワイエス「春」(1978)。春の解けはじめた雪の中から姿を現わしたかのように横たわるカール・カーナー。土地と人間の連続性への感覚が横溢する。ワイエスの「観念の地勢」としてのカーナー農場の丘と轍の跡はここにもはっきりと描かれている。

「田舎の人々がいる／彼らはその田舎でもある。谷にすむ人々がいる／彼らはその谷でもある」といった部分は、もう一度私たちにアンドリュー・ワイエスの絵画的世界を思い出させずにはいない。人間の「土地への帰属」にたいする深い認識を通して死と再生のヴィジョンを提示したかに見える二つの幻想的な作品、「クリスマスの朝」と「春」は、まさに画家が作りあげた「観念の地勢」のなかに、人間の身体的な存在への意識が奇蹟のようにして埋め込まれていたことをわたしたちに示している。ワイエスは（そしてウィリアムズもスティーヴンズも）、「アメリカ」の風景を探索することを通じて彼ら自身のなかの「アメリカ人」を求め続けた。そのとき、自己と土地とは混ざり合い、溶解し、あるいは相互におわりのない漂泊と徘徊を演じたのだった。

　人間と場所とのこうした特異な連関は、土地と出逢い、土地を見つめ、土地を抱きつつ、そこから自己を疎外し、異化し、あてどなく逍遥を繰りかえさざるを得ない状況におかれている現代の民族誌家にとってもまた、大きな示唆をもたらしてくれる。画家も、詩人も、民族誌家も、彼自身のつくりだす「地勢《テレイン》」の専有を表現行為として提示してゆくという点で、なんら変わりない生を生きているのだ。

　〈場所〉のおかれていた定位は、いまこうして変容のなかにある。ヘゲモニー的なプロセスによって発明された〈場所《サイト》〉の傍らに、もう一つの詩的創造物としての〈場所《テレイン》〉が潜んでいるという意味で、〈場所〉は二重のゆらぎを見せながら私たちの意識の表象空間を漂っている。

III　サウスウェストへの憧憬——プリミティヴィズム論1

外国というものは存在しない。存在するのは、ただ「旅人」と呼ばれる外国人だけだ。そして彼らはときどき記憶力の閃めきによって、地上によこたわる差異に光をあてる。
ロバート・L・スティーヴンソン

「場所」が画定されるときの政治学的・詩学的編制の過程を見てきたいま、そうして定立した複数の「場所」のあいだに認識される差異が生み出すさまざまな力の作用について考えるための一つの有効な視点を提供してくれるのは、意外にも「旅」や「観光」とよばれる行為や表象の領域であるかもしれない。

「旅」はつねに、ある種の未知の知識の獲得とむすびつけられてきた。一つの「場所」から他の「場所」への移動が必然的にともなう「差異の横断」の経験は、「外なるもの」を知ると同時に「内なるもの」への反省的《リフレクシヴ》な認識をもたらすと考えられたのだ。そのことは、「場所の移動」という概念が、修辞学的・言語的認識の生成と関連づけられていたことからもうかがえる。たとえば、ギリシア語の「メタフォラ」（隠喩《メタファー》）という言葉は、語源的にみれば「場所の変化」（ラテン語でいうtranslatio）という意味であった。事実、現代ギリシアの都市のもっとも日常的なバスによる「移動」は、「μεταφορά（メタフォラ）」（＝移動・輸送）という名で呼ばれている。

だから旅することは、場所を越えて一つの認識へたどりつくことだった。そしてその認識の根幹には、場所の「差異」に身をさらすという行為そのものによって自己を他者から差異化するという力の作用が潜んでいた。こうした、「場所」の差異化を契機とした「旅」を押し出してゆく大きな原動力となったものに、野性的で未開なものに惹かれる心性としての「プリミティヴィズム」がある。旅の推進原理としてのプリミティヴィズム、あるいは、民族誌的な認識を発揚するプリミティヴィズムについては、それ自体、モダニズム芸術とのかかわりを中心にきわめて精緻な検討が要求されるテーマである。[1] しかし本章では、モダンな想像力のなかに投影されたプリミティヴィズムを、アメリカ南西部のインディアン世界に追うことによって、特定の文脈のなかでこの近代特有の憧憬がいかに変奏されていったかを探ってみることにしたい。

＊

日常生活がいわば「平坦な文化的湿地帯」において営まれているとすれば、近代社会はその外側に、新雪に光り輝く山脈のようにひときわ高くそびえる、ある、美学的に突出した地帯を想像するという観念の地理学的傾向を持ちあわせていた。文化の多様性とは、モダンな想像のなかで、いわば平野をさまざまに穿つ渓谷や湖水、悠然と立ち上がる丘陵や急峻な連山といったあらゆる景観を含む、ひとまとまりの複雑な地形の起伏のようなものとして捉えられていたのである。

そうしたモダンな感性がその極にあった一九二〇年代のアメリカ都市文化において、日常生活の空間からははっきり区別された一つの突出した美学的トポスとして成立したのが、グリニッジ・ヴィレッジという場所であった。第一次大戦がはじまる直前から、ダウンタウン・ニューヨークのウェストサイドの一地区の伝統的な居住者であった人々が離散をはじめた。そのために生じた比較的安価な住宅供給の機会を、時代の「反逆者」たちはのがそうとはしなかった。グリニッジ・ヴィレッジに自然に集結してきたのは、当時の日常的制度、すなわち一流企業、大ジャーナリズム、大学生活、その他のあらゆる組織的営為の本流からはみ出したボヘミアンたちだった。アングロ清教徒的価値観をもはや時代遅れとみなし、金銭原理の台頭に背を向けた彼らがそこで目指したのは、自らの自由な生活信条に忠実に、きわめて個人的な「文明生活」を確立することだった。そうした気ままでかつ反逆的な生活の場として、グリニッジ・ヴィレッジという凋落しかけたマンハッタンの周縁住宅地区は彼らの気質にうまく適合したのである。ヴィクトリア朝文化および「世紀末」というヨーロッパに連続した空気のなかから、アメリカ自身が「近代アメリカ」を独自に生みだしてゆくための揺籃となったこのグリニッジ・ヴィレッジの雰囲気を、たとえばL・P・ラドニックはつぎのように描写している。

グリニッジ・ヴィレッジのラディカルで純粋な知識人たちは、彼らのために必要なこの新しい世界でさまざまな実験を試みることの意義について、あふれるばかりの楽観と意欲とをそなえていた。そこでは、男も女も、彼らのセクシュアリティを十分に享受しあい、あらゆる階級の人々が非搾取的な経済原理の実現に向けて一丸となって活動していた。芸術家も、文人も、社会科学者も、政治活動家も、そこでは変化の流れを確かなものにするために力をあわせた[2]。

彼らの反抗的なエネルギーの多くは、自由恋愛、奇妙な服装、風変わりな職業、夜を徹してのパーティー、飲酒、高踏的な芸術談義といった行為によって発散された。フロイトとアヴァンギャルド・アートが彼らのそうした行動を支える説明原理となった。しかしこの一種の「対抗文化」的な動きの底流には、一つのきわめて強力な精神的傾向が存在していた。それが、文化の「純粋性」ともいうべきものへの限りない憧憬であった。そもそも「ヴィレッジ」での気ままなボヘミアン的生活自体が、日常社会を拘束するあらゆる無意味な約束事や複雑な社会機構からのがれ出て、可能なかぎり人間の本性に忠実で、あるがままの「純粋」な生存のかたちを手に入れようとする文化的叛乱の企てだった。だからこそ、彼らは無差別的な金銭主義に走る傾向をみせていた当時のビジネスの世界からいちはやく離脱して、精神的価値の追求へと突きすすむことになった。そこには、中産階級の知識人としては意外なまでの理念的「清貧主義」ともいうべきものすらあったのである。[3]

都市ボヘミアンたちの純粋文化への憧憬は、この理念としての清貧主義的な傾向と結びついて、より徹底した「貧困の文化」の称揚へとエスカレートしてゆくことになった。そしてまさに同じころ、アメリカは、まだ確立されて間もなかった広大な国土の南西部の片隅に、偉大な「未開文化」の純粋な活力を再発見しつつあった。それが、サウスウェストのインディアン文化であった。このインディアン文化の近代的「発見」は、一九世紀の末に完成したサンタ・フェ鉄道によって、東部の都市圏と、ニューメキシコの褐色の荒野にかつてスペイン人の入植者によって作られた小さな町サンタ・フェとが接続されたことによって加速されることになった。一九二四年までには、サンタ・フェ鉄道は年におよそ五万人の観光客をホピ族やナヴァホ族の居住するグランド・キャニオン地帯のへりまで運んでいた。[4] そしてまもなくサンタ・フェの町を拠点としてさまざまなインディアン・ツアーが企画され始める。こうして一九二〇年代半ばには、数多くのバスや大型のツーリング・カーを仕立てた旅行者の集団が、大地との永遠の調和を示すインディアンのアドベ住居や、壮大なスペクタルとしての宗教儀礼やダンスを求めて、サウスウェストの荒野に引き寄せられていったのだった。

ジョン・スローン「インディアン・ツアー」(1927)。サント・ドミンゴのプエブロ・インディアンによるコーン・ダンスに集まる観光客を描いたもの。スローンは1919年にはじめてサンタ・フェにやってきたあと，まもなくこの町の芸術家コロニーの中心人物のひとりとして，インディアンを素材とした作品をつぎつぎに生産していった。同時に彼は，インディアンのフォーク・アートをはじめて本格的に収集・組織した展覧会を開催したりもした。

ジョン・スローン「イースター前夜のワシントン広場」(1926)

こうしてアメリカン・サウスウェストは、グリニッジ・ヴィレッジのボヘミアン的知識人にとって、まさに純粋文化への美学的憧憬を充足させる聖地のようなものとして特別視されていった。素朴で非物質主義的な生活形態のなかで永遠の静かな安定に寄り添って生きるかに見えるインディアンの文化の「発見」は、いわばアメリカ近代の精神にとってオアシスの発見でもあった。こうした「プリミティヴ」なものへの憧憬によってグリニッジ・ヴィレッジとサウスウェストを結んで往還した知識人や芸術家の代表として、たとえば画家のジョン・スローンをあげることができる。二〇年代半ばに制作された、彼のエッチング作品「イースター前夜のワシントン広場」と「インディアン・ツアー」は、ひとりのモダンなニューヨーク・ボヘミアンにとって、グリニッジ・ヴィレッジとアメリカ南西部という数千マイルを隔てた二つの土地が、美学的な憧憬という位相においてみごとに相同的な位置を占めていたことを物語っている。

＊

しかし、「アメリカ近代」を推進してゆくこうしたプリミティヴィスト的な感性をもっとも典型的に示し、知識人世界とサウスウェストとの関係をめぐる精神史の流れのなかで一種の「公分母」的な存在となったのは、ひとりのきわめて自由な気質に富んだアメリカ人女性だった。メイベル・ドッジ、のちのメイベル・ルーハンである。東部バッファローの裕福な銀行家の家に生まれ、芸術的な雰囲気のなかで少女時代を過ごしたあと、メイベルはパリでアメリカ人建築家エドウィン・ドッジと結婚し、フィレンツェへ住居を移してアーティスティックな実験が花開くヨーロッパの空気を呼吸する。第一次大戦勃発直前に故国へ戻った彼女はグリニッジ・ヴィレッジに落ち着き、まもなく彼女の家は多く

タオスの「ロス・ガヨス」（雄鶏）と命名されたアドーベ造りの邸宅でくつろぐメイベルとトニー・ルーハン（1934）。写真は，ニューヨーク・ハーレム・ルネッサンス期に活躍した写真家・作家でメイベルとは親交も篤かったカール・ヴァン・ヴェクテンによる。

のアヴァンギャルド・アーティストたちの出入りするサロンとなってゆく。しかしジャーナリスト、作家、詩人、画家としての彼女の無限の好奇心は、やがてある種の拡散状態に陥り、彼女自身そうした無数の関心の断片をつなぎとめ統一する芸術的核心を失いかける。こうした状況の彼女の前に立ち現われたのが、ニューメキシコ州タオスのプエブロ・インディアンの土地であった。

リオ・グランデ上流の広漠たる山と渓谷の土地に六〇〇年以上にわたって定住するプエブロ・インディアンの集落は、メイベルに生のもっとも本質的で純粋なモデルを示すことになった。タオスに移り住み、そこを自分の「コスモス」と呼んだ彼女の感覚は、この土地のなかにすべての個人的、社会的、芸術的、そして宗教的価値が奇蹟のように統合されていることを直感した。やがてメイベルは、タオスのプエブロ・インディアンであるアントニオ（トニー）・ルーハンと恋に落ち、一九二三年、彼らは結婚する。メイベルは、この結婚が、二つの文化のあいだを自らの手で架橋することによって、サウスウェストを「アメリカ」の新しい生誕地として蘇らせるための出発点であるとみなしていた。こうして二〇年代、三〇年代そして四〇年代を通じて、メイベル・ルーハンはアメリカの近代的美学におけるプリミティヴィズムの中心的称揚者のひとりとなり、数多くの作家やアーティストがサウスウェストを探訪する際のパトロンヌ的な存在となっていった。(5) アンセル・アダムス、ジョージア・オキーフ、レオポルド・ストコフスキー、そしてD・H・ロレンスといった人々が、メイベル・ルーハンを頼ってこのインディアンの土地にさまよい込み、サウスウェストとのそれぞれに強烈な出逢いをとげていった。この「純粋」な土地が、彼らにとっていかなる美学の発見を意味していたかについて、たとえばロレンスの『不死鳥』に収められた「タオス」というエッセイにおけるつぎのような記述が美しく語っている。

地球上で、ある土地は過渡的な場所でしかないように見える。たとえばサンフランシスコがそうだ。いっぽう、まさに最後の、究極的な場所であるかのように見える土地がある。そうした土地には真の「結節性」のようなものが存在している。もちろん土地は、その結節性を失うことがありうる。ローマはそれをなくしてしまった。ヴェネチアで、人は東洋と西洋をかつてつないでいた古い華麗な節目の存在を感じとることができるが、すでにそれも失われかけた残光の美でしかない。しかしタオスはいまだにこの太古の結節性を保持し続けている。巨大な古都のようにではなく、しかしそれ自身の優雅なやり方によって。それは、ちょうどヨーロッパの小さな修道院のように私を感動させる。そこへたどり着いた私たちは、なにか究極の感情を抱く。そこにはプエブロの村があり、それは神だけが知る太古からそこにありつづけてきた。しかもそこにはインディアンたちがか細く暗い糸をゆっくりと紡ぎだすようにしていまだに生きつづけている。以前よりもいくらかためらいながら。そしてロバの背に乗った私たちは、自分とこの土地とのあいだに流れる時の裂け目を前にして、ただうわのそらで立ち尽くすしかない。しかしやはりそこには、まだあの古き結節性が持続している。それはいまも、ほの暗いなかでうごめく神経細胞のように、意識の見えない糸を紡ぎつづけている。(6)

ロレンスが、ここでサンフランシスコやローマといった都市と対照させながらタオスという土地の本質性を説こうとしているのは偶然ではない。モダニズム的感性が、二〇世紀の都市性そのものが排除しつつ生成するマージナリティ（＝「グリニッジ・ヴィレッジ」）の力によって栄養を与えられていったとするならば、それは、匿名化し肥大化する巨大な制度としての「都市」へのアンチテーゼを、この地上のどこかにさがし求めてゆく性向をはじめから胚胎していたともいえる。サウスウェストと出逢う以前のオキーフが、ニューヨーク・レキシントン街に建ったばかりのシェルトン・ホテルの三〇階の部屋の窓からイースト・リヴァーと周囲の褐色の工場群を無機的なタッチで描きつづけ、彼女の夫である写真家アルフレッド・スティーグリッツが、目立ちはじめた摩天楼のスカイラインや同じイースト・リヴァー周辺の光景を壁とブロックとガラスとチューブの構成体として写しだそうと執拗に試みたことは、いずれも生物的環境の不在としてのモダンの光景を逆説的に提示する試み以外のなにものでもなかった[7]。一九二九年、タオスをはじめて訪問してサウスウェストの風土と運命的な邂逅をはたしたオキーフが、まるで憑かれたようにしてこの土地のもっとも単純でかつ深遠な地形の「線」の世界に埋没していったのは、モダンな感性が示すプリミティヴィズムへのもっとも形而上学的な憧憬を示すものとして象徴的であったといえる[8]。

＊

「純粋文化」を求めるモダニズムの旅は、しかし作家やアーティストたちのみによって実行されていたわけではなかった。サンタ・フェ鉄道の開通によって促進されたサウスウェストの「発見」は、詩的・審美的探求と同時に、より科学的な関心、すなわち人類学的な探求への道をも大きく拓いていった。

ニューヨーク、ウォール街の金融ブローカーの娘で、コロンビア大学の博士課程を修了して新進のフェミニスト社会学者として活躍していたエルシー・C・パーソンズがプエブロ・インディアンの居住地にやってきたのは、一九一〇年代の半ばのことだった。ズニ・インディアンを皮切りに、ラグーナ、ホピ、アコマ、イスレタ、タオス、ピマの各部族、さらにメキシコのソノーラ州やオアハカ州で

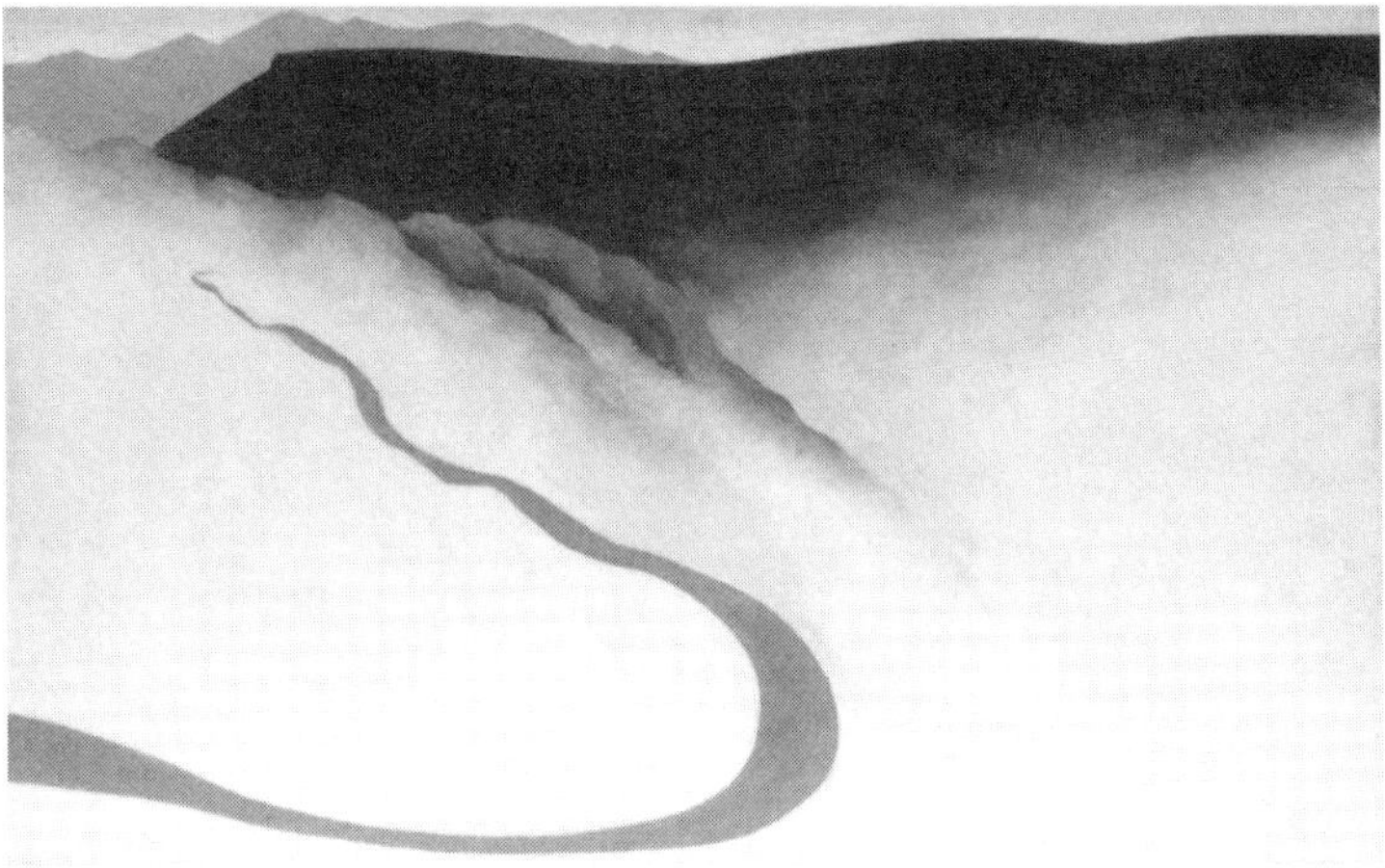

ジョージア・オキーフ「風景の彼方の道」(1964)。遠景の山，中景のメサ，近景の丘陵とフリーウェイ。ここにはサウスウェストのもっとも本質的な「線」だけが描き込まれている。

ジョージア・オキーフ「シェルトン・ホテルからのイースト・リヴァーの眺め」(1928)

の調査、そして四〇年代には遠く南米エクアドルにまで足をのばして行なわれた彼女の飽くことなきフィールドワークへの情熱は、パイオニアのひとりとしての不屈の使命感と、家族の無尽蔵の財産によって支えられたものだった。ニューヨークでの「日常」に嫌気がさすと、彼女はすぐさま乗馬服に身をつつんでサウスウェストのプエブロに出かけてゆき、精力的に動き回っては、いつもおそろしいほど大量の速記録のノートを泥だらけになったサドルバッグに詰め込んで浮浪者のような恰好で再び都会に姿を現わした。調査する彼女を撮影したフィールドでのいくつかのスナップ写真を見ると、いつもそこにはひとりの「人類学者」というよりは、奔放で好奇心旺盛なひとりの「旅人」の姿がある。しかし、彼女の膨大な調査ノートは、のちに『プエブロ・インディアンの宗教』(一九三九)という百科全書的な研究にまとめられ、二〇年代から三〇年代にかけて彼女はアメリカ・フォークロア学会、アメリカ民族学会の会長をそれぞれつとめたあと、女性で初めてアメリカ人類学会の会長となって後進に大きな影響力をおよぼした。

パーソンズに代表される当時の人類学者たちは、確かに「アカデミック」なスタンスで仕事をしなかったわけではない。しかし、それ以上に、彼らはグリニッジ・ヴィレッジ的なモダニスト文化ときわめて近いところに位置する人々だった。事実、当時のニューヨークの人類学者の多くは、ボヘミアン・アーティストたちのサークルに出入りしていたし、さまざまなリトル・マガジンへの積極的な寄稿者でもあった。こうした状況においては、サウスウェストへのフィールドワークとは、学問的な視点から一般化された「調査地」という実験室に入ってゆく行為であるというよりは、むしろきわめて個人的でエキゾティックな感情と結びついたプリミティヴィスト的な「純粋文化への憧憬」のようなものによって促されていたと考えるほうがあたっていた。(9)

しかし、サウスウェストとの出逢いがディシプリンとしての「アメリカ人類学」を真に目覚めさせ

タオス・プエブロ。あらゆる旅人，人類学者がもっとも心打たれる「純粋」な人間の生存が，優美な山裾に抱かれたこのタオスの集合住居の風景にあった。撮影アンセル・アダムス。

ニューメキシコ州，サン・ガブリエル・ランチで調査するエルシー・パーソンズ。1913年ごろ。乗馬ズボンの上にコートをはおり，おしゃれな帽子を被った姿は人類学者というより，ボヘミアンのものである。

たという意味では、やはりルース・ベネディクトとズニ・インディアンの出逢いをあげなければならない。有能な生化学者スタンレー・ベネディクトと結婚して家庭の主婦となり、ニューヨークの郊外に住んでいた三二歳のルースは、学生時代からのフェミニスト的な向学心を抑えがたく、一九一九年、ニュースクール・フォー・ソーシャル・リサーチで開設されていた「民族学における性」という講座に登録する。当時この講座を担当していたのはサウスウェストへの往復を始めて間もなかったエルシー・パーソンズであった。ここで人類学に目をひらかれたベネディクトは、別の講座で教えていたボアズ派の異才アレグザンダー・ゴールデンワイザーによって、はじめて「文化」というものを一つの総体としてとらえてゆく当時のもっとも先端的な人類学的発想の洗礼を受けることになった。まもなく彼女は、パーソンズの紹介によって、コロンビア大学の碩学フランツ・ボアズのもとに弟子入りし本格的な人類学修業を始めることになる(10)。

一九二四年、ベネディクトははじめてサウスウェストを訪れる。パーソンズの設立したサウスウェスト協会による調査基金を得てのフィールドワークであった。このあと数年間、彼女はほぼ毎年六週間程度の期間をとって、ニューメキシコのズニ族およびアリゾナのピマ族を中心にインディアン文化の儀礼やフォークロアについて調査する。ベネディクトはただちに、この土地の文化が持つ一種の神話的・詩学的力を感じとった。ズニ族の聖なるメサ（テーブル・マウンテン）の広大無辺の光景を前にして、彼女は「地上の外側に拡がる無時間の大地に足を踏み入れたよう」であると感動しつつ、日誌に次のように書きとめた。「もし私が神だったら、この場所に、私は自分の都市を築くだろう(11)」。

しかしベネディクトは、かならずしも現地での調査に我を忘れて熱中するというタイプの研究者ではなかった。一九三四年に刊行された、彼女の出世作であると同時にアメリカ人類学史に光彩を放つ著作『文化のパターン』で取り扱われているズニ、クワキウトル（アメリカ北西海岸）、ドブ（メラネシア）の三つの文化のうち、彼女が少なくとも実地の調査を行なっているのがズニだけであるという事実が示しているように、彼女のスタンスは「純粋文化」との出逢いのインパクトを自文化への省察の基本的核心に据えてゆくような感性とははっきりと一線を画したものであった。ベネディクトはあきらかに、フィールドの旅が提示する直接的な「場所」の経験を、従来のモダニスト的なプリミティヴィズムから新しい科学的パラダイムの方へ誘導しようとしていた。めくるめく歓喜の陶酔を手に入れるために儀礼に過剰にのめり込んでゆくピマの文化を「ディオニソス的」と規定し、一方あらゆる危険で挑戦的な経験を可能なかぎりミニマムな消失点へと追いやってゆく傾向のあるズニの文化を「アポロン的」と規定したようなベネディクトの文化観は、現実の「場所」に立ってうちふるえる自らの昂揚した精神を表現しようとしたモダニズム的立場を離れて、より冷静で、鳥瞰的な科学的認識に至りつこうとする精神の萌芽を示している。

クリフォード・ギアーツが「わたしたち／非‐わたしたち――ベネディクトの旅[12]」という周到なエッセイで述べているように、ベネディクトの人類学的手法とは、複数の「文化」相互のあいだに横たわるタイポロジー的な「差異」を意図的にきわだたせることによって、「文化」について「語る」ための可能なかぎりシャープでコンパクトな枠組みを作り出そうという発想に支えられていた。その意味でベネディクトは、「土地」と「土地」とのあいだに認識された「差異」を「文化」というタームによって解釈し、語るための「レトリック」の世界へとはじめて歩みを進めたきわめて先駆的な人類学者だったといえるかもしれない。ギアーツが指摘するように、ベネディクトが開発した文化記述の修辞学は「アポロン的」「ディオニソス的」「エクスタシー的」「儀礼的」「ヒエラルキー的」といった相互に対立・補足し合うような統合的メタファーの採用によって特徴づけられ、さらに他者を親しく、自己を見慣れないものとして描き出す独特の手法は、「自己ネイティヴ化」（self-nativising）のテクニックと名づけることもできる。後のベネディクトの著作『菊と刀』(一九四六)において、他者を媒介にして自分たちを相対化するという、その後の人類学的・比較文化的なディスクールのなかで一つのドミナントな流れを形成してゆくこの方法が、縦横に駆使されていったことはあらためて言うまでもない。

＊

ベネディクトの方法を、今日の人類学的・民族誌的記述のなかに一つの制度的モデルとして位置づけてみることは、ここでの関心ではない。しかし、一九二〇年代のサウスウェストの土地に交錯した人々の軌跡を追ってゆくことが、プリミティヴな文化にたいする認識の受容に一つの大きな変化がもたらされる時期を正確に照らしだしていることには注意しなければならない。モダニスト的な「純粋文化」への憧憬としてあらわれたプリミティヴィズムは、それ自体たしかに「場所」と「場所」とのあいだに拡がる「差異」を文化的地形の起伏として捉える点において、当時の人類学的認識と多くの部分を共有していた。その意味でも、「人類学者」と「旅人」とは、きわめて近い位置関係にあったことはすでに述べたとおりだ。しかしベネディクトの出現に象徴されているように、「差異」の発見の処女的な感動は、やがてその「差異」そのものを説明し記述するためのレトリックの世界へと導かれることで、一つの科学的認識として承認されるようになっていった。そしてその過程が「人類学」というアカデミズム世界の確立と連動していたことはいうまでもない。

「プリミティヴィズム」というレンズを通じて「文化の地理学」が読み取られてゆくプロセスを追いつづけることは、結局、西欧が自文化とエキゾティックな文化とのあいだの「差異」を「確認」してゆくときに採用されるさまざまなシステムの検討へと、私たちのノン・エセンシャルな知の考古学をうながしてゆく。モダニストたちにつづく個性的あるいは没個性的な旅人たちが、多様なやり方でこの「差異」を「美学的システム」として大衆化していったのと平行して、プロフェッショナルな人類学者たちは、この「差異」を「文化的システム」として権威化《オーソライズ》していった。場所の移動としての「旅」によって発見された「差異」は、やがてさまざまなシステムのなかにあらかじめ書き込まれてゆくことによって、「プリミティヴィズム」が投影される表現の相を急速に変容させていったのである。

まもなく、摩天楼はまるで風に吹き飛ばされるアザミの果穂のようにして雲散霧消し、純粋なアメリカが、ニューメキシコに誕生するアメリカが、新しい道を歩み始めるだろう。今はそれまでの、空位期間だ。[13]

一九二四年、タオスのD・H・ロレンスはこう宣言して、文明のプロセスをモダンとプリミティヴを繋いで回転する輪廻のようなものとしてイメージした。しかし現代のわたしたちは、サウスウェストではなくてニューギニアのジャングルのなかで、ロレンスが想像もしなかったようなプリミティヴィズムの担い手としての「食人族ツアー」の観光客たちと、奇妙な出遭いをはたすことになる。

IV　ファンタジー・ワールドの誕生――プリミティヴィズム論2

もし観光客がもっとたくさん金を払ってくれたら彼らの船に私も乗りこんでここを出てゆけるんだが……
パランベイ村の民芸品売り(1)

パプア・ニューギニアの北部低地のジャングルを貫流するセピック川の河口付近。とある河岸に、場違いなほど豪華な、真っ白い大型クルーザーがエンジン音をうならせ、エア・コンディショナーをきかせながら停泊している。船体にえがかれた飾り文字は、"Melanesian Explorer" と読める。いままさにこの船に乗り込もうとしている観光客たちの国籍はまちまちだ。ドイツ、アメリカ、イタリア、オーストラリア……。彼ら／彼女らは一概に年配者で、よく見ればあしもとのおぼつかない者すらいる。しかしその表情はみな底抜けに明るい。夢にまで見た「食人族ツアー」が、いよいよ始まるからだ。彼らが手にしているジャングル・クルーズの説明書には、次のような文章が見える。

地球上でもっとも魅惑的な「奥地の旅」が可能な場所、それがセピック川流域地帯です。セピック川の周囲に住む人々は、文字どおり西洋的な生活スタイルをまったく知らないままこれまで生きてきました。村人は巨大な木を切り倒し、これをくり抜いて作ったカヌーで毎日釣りや狩猟の旅に出かけます。しかし彼らの旅はたんに食料を持ち帰るためだけではありません。旅の副産物として彼らは美しい鳥の羽根、虹色に輝く貝殻、動物の皮や骨などを採集し、それらによって儀礼のために使う豪華な頭飾りや精巧なアクセサリーをつくりあげるのです。……ですからみなさんは、ここで、天性の腕を持った芸術家たちの手になるみごとな儀礼用仮面や、堂々たる神の彫像を購入することができます。さらにみなさんは、部族の伝統的な集会のなかでくりひろげられる歌や踊りを体験することをつうじて、未開人たちが生きる本当の世界にきっと触れることができるでしょう(2)……

このセピック川を遡る「食人族ツアー」の一部始終を、観光客や村人へのインタヴューを交えながら興味深く描きだしたのが、オーストラリアの映像作家デニス・オルークの作品『カンニバル・ツアーズ』(一九八七)である(3)。ムーヴィー・キャメラのいくらか皮肉な目は、このツアーに参加した現代の観光客がどのようにして自分たちと「プリミティヴ」な世界との関係を打ち立てるかを、忠実に、一種のシンパシーすら込めながら映しだしてゆく。そして奇妙なことに、この映像のなかで、観光客たちは二種類の行動をつねに繰り返していることがわかる。その第一が、写真を撮ることだ。彼ら観光客は、ひとりひとり、男も女もほとんど例外なくカメラを首にさげて、ツアーのあいだじゅう無数の写真をひたすら撮りつづける。そこで食人がかつて行なわれたといういわくありげな巨大な礎石。成人儀礼で体に鰐の模様の傷をつけられた若い男の赤く染まった背中。無垢な表情をたたえた裸の子供たち。ダンス用の美しい衣裳で着飾った少女たち……。こうしたプリミティヴな風景や現地人への観光客の接触は、彼ら自身の肉眼や身体によってではなく、つねにカメラのファインダー越しに行なわれてゆく。

この写真撮影という行動のなかには、現地人と西欧人とのあいだに横たわるさまざまな社会的断絶

デニス・オルーク『カンニバル・ツアーズ』の一シーン。原住民の男をアップで映し出すムーヴィー・キャメラの背景に突然一人の観光客の女性が写真機をかまえて侵入することによって，このシーンは視線の奇妙なフュージョンをつくり出している。

を象徴するいくつかの構図が見事に示されている。その一つは、写真のフレームによって切り取られたこの土地の風景や人々が、その時点で、周囲のいかなる社会的・文化的・政治的コンテクストからも切り離されてしまうという事実だ。脱文脈化されたスナップ写真は、したがっていともたやすく撮影者である観光客自身の固有の「物語」のなかに組み込まれてゆくための無色透明なアイテムへと変貌することになる。しかしもう一つのより重要な点は、カメラという道具自体が、ここでは一種の防御のための手段として利用されていることである。土地のあらゆる文化的コードから孤立した観光客たちは、その孤独で居心地の悪い状況がひきおこす原住民との直接的な身体的接触への恐怖を、たくみにカメラのレンズの背後に隠れることによって回避する。すなわちカメラは、セピック川のジャングルにたち現われるあらゆる光景を彼らがなんの当惑も畏れもなく「凝視」するために、必要不可欠な視覚的防衛の道具になっているのである。

オルークの映像作品のなかで観光客たちが恒常的に見せるもう一つの行動が、買い物である。しかもおもしろいことに、彼らはけっして売り手の最初の言い値で買おうとはせず、より廉い価格を要求する。いうまでもなく、彼らは「値切る」という行動に出ているわけであるが、よく考えてみると、これらの観光客はもはや自分の母国でそのような可変的な商取引を経験することはほとんどなくなっているといえる。高度産業社会の要求する合理主義が、商行為の末端部分において売り手と買い手のあいだに伝統的に成立していた柔軟性を持ったさまざまな言語的・身体的コミュニケーションを奪って以来、文明社会の人々は「定価」という固定化され基準化された価格の体系に拘束されることによって、自ら価格設定の場に人間的に介入する可能性を閉ざされてきた。その彼らが、セピック川のジャングルのなかで見いだした美しい民芸品の数々を、けっして「定価」で買おうとしないという事実のなかには、現代の「文明人」が置かれた文化経済学的な立場の逆説性が見事に示されている。すなわちここでは、西欧とニューギニアとのあいだに横たわる文化的「差異」の感覚は、そのまま為替レートという仕組みをつうじて、経済的「差異」の感覚にあっさり読みかえられているのだ。ドル（あるいはマルク、フラン、円！……）に換算していくらぐらいで、たとえばイアトムル族のみごとな神像を買うべきか、という観光客の判断のなかには、彼らの「ジャングル・クルーズ」の旅が前提とする西欧／ニューギニアのあいだの文化的＝経済的「落差」の感覚が、きわめて正確に反映されている。観光客たちは、神像をおどろくべき「安さ」で手にいれることで、想定されている（西欧とニューギニアとのあいだの）おどろくべき文化的「差異」の存在を再び確認して満足するのである。

　金をいくらでも持っていそうに見えながら、民芸品を買いたたくこの観光客たちの印象的な行動を、ひとりのニューギニア人が不思議そうに語る。それによると、ニューギニア人は、手製の民芸品を観光客に売った代金を持って、食料や家族の衣類などを現地のストアに買いにゆくのだが、そこではかならず最初の言い値で買うことが原則だ、というのである。その点からみても、観光客の執拗な「値切り」の行為は、現地人にとっていかにも不可解に映る。別のニューギニア人はこう話す。

「学校へ行っている私の子供がいうには、ああやってやってくる観光客はみな大金持ちなのだそうですね。彼らの祖先が莫大な財産をつくったから、彼らは自由に旅行ができる。一方金のない私たちは、村から一歩も出られないというわけです(4)」。

　この素朴な理解から発せられる表現のなかに、「植民地主義」と「土着性」をめぐる文化の政治経済学に関する真実が巧みにいい当てられていることに、わたしたちは驚かざるをえないのだ。

＊

『カンニバル・ツアーズ』がとらえた映像は、過剰な編集をおさえた即物的ともいえる眼差しによって、現代の西欧的プリミティヴィズムが押し出す「観光旅行」が、どのようなかたちで権力のシステムの一部を担っているかを見事に示している。すでに〈場所〉についての考察のなかで見てきたように、「未開文化」とは、それを破壊・変容させた張本人である植民地主義の想像力がうみだした、ノスタルジックな憧憬の対象であった。その後、人類学あるいは民族誌とよばれる学問分野が、「未開文化」を科学的・客観的な記述の対象に仕立てあげることでこの概念の延命を計ってきたこともいうまでもない。しかし現在の民族誌的実践が示すように、もはや人類学ですら、このシミュラクル空間となりかけた「未開文化」の現在を純粋に客観的に見るというナイーヴな視線を持ちつづけることはできなくなった。その意味では、現代社会において「観光」こそが、人類学に代って、この「プリミティヴ」な世界を一種の憧憬をもって見つめるための最後の拠点となっている。そしてそのために、観光は永久に「プリミティヴ」を創造しつづけることを運命づけられてしまった。存在しない「未開文化」は、いまや観光客のために新たに、そして独占的に創りだされているのである。

植民地主義を起点に、人類学、観光というかたちで受け継がれてきた西欧世界のプリミティヴなものへの認識の変遷を透視することで、帝国主義的な想像力が現代まで引きずっている一つの大きな言説の流れが見えてくる。そしてその流れのなかで、「人類学」と「観光」はちょうど、権力の空間的外延化を計ろうとしたコロニアリズムという巨大な西欧精神のシステムが時代を隔てて産みおとした、奇妙な一卵性双生児でもあったのである。

だが、オルークの映像のなげかけるメッセージは、もう少し微視的なかたちで現代の「旅」あるいは「観光」というものの特異な姿を描き出してもいる。その一つは、現代において「旅」は場所のあいだに横たわる文化的「差異」の存在を一つの前提条件として行なわれている、という事実についてである。観光客の行動が示しているように、彼らはジャングルの奥地でなにか得体の知れない未知のものに出逢うことを期待してやってきたのではけっしてない。その土地の地勢も、風土も、人間たちの暮らしも、あらゆるメディアの情報とともに、すでに彼らの想像力のなかに書き込まれてしまっている。彼らは、出発する前にすでにつくりあげられている安定した「差異」の感覚を現地での観察や体験のための指標としながら、その「差異」を証明するさまざまな記録や証拠を発見・収集しようとする。写真や民芸品といったものは、まさにそうした発見の記録や証拠品として持ち帰られるものなのであり、だからこそ、それらは観光客にとってなによりも不可欠の関心事となるのである。

　観光旅行における土産物の購入が、エキゾティック（＝プリミティヴ）なモノの専有をつうじてエキゾティックな土地とのあいだの距離そのものを専有しようという西欧近代の欲望のあらわれであることを刺激的に論じたのがスーザン・スチュアートの著作『憧憬論』である。[5] スチュアートによれば、旅の土産物や記念品を所有することには、標本を持つことと戦利品を持つことの二重の意味がある。なぜなら、第一に土産物は「外部」であり「エキゾティック」である文化の産物の一つの「実例」として持ち帰られたものであり、第二にそれはその所有者（購入者）の現地での直接体験が成功裡におわったことを記念するためのトロフィーでもあるからである。その意味で、土産物はエキゾティックな土地と文明社会とのあいだの広大な「距離」をきわめて親密なものにつくりかえ、「外部」の空間をたくみに「内部」の空間、パーソナルな空間へと変換するための重層的な仕掛けとなっているのだ。これはちょうど、骨董品《アンティーク》の収集行為が、過去とのあいだに広がる長大な「時間」を一瞬にして内部《インテリア》化し、親密な空間のなかにそれを封じ込めてしまうのとみごとな対応を示している。

『憧憬論』は、西欧の文芸作品における極小《ミニチュア》と極大《ジャイガンティック》の問題を扱いながら、文化における内部化と外延化のセミオティクスをめざした意欲的な著作であるが、そうしたテーマのなかでスチュアートが旅行と関連づけながらとりあげるのが「絵葉書」というオブジェについてである。絵葉書は、空間的に見れば、ディメンションの縮小をその特徴としている。景色や建物や人物像の写真のついた絵葉書は、まず現実の三次元的景観や人物を二次元空間にミニチュア化して提示する。しかも、手のひらのサイズまで縮小されたそうした写真のなかの物体は、それが本来の文脈で所有していた公共性やモニュメンタルな性格を弱め、個人の私有化された視点の対象へと還元されてゆく。こうした、公共の場所を私的空間に、歴史を個人的時間に変換してゆくような絵葉書のオブジェとしての特徴をふまえて、さらにそれが観光という経験を権威化するためにいかなるかたちで活用されているかについて、スチュアートは次のように述べる。

絵葉書というみごとな記念品は、公から私への変換がなされたことを示すさまざまな説明書き《キャプション》や表示による複雑なプロセスによって特徴づけられている。まず絵葉書は、文化的に分節化された特定の土地の大量生産的景観を映しだしたものとして、購入される。しかし、観光地という「現場」におけるオーセンティックな行為として行なわれたこの絵葉書の購入は、はがきの片隅に印刷されたありきたりの「社会的」キャプションの脇に、さまざまな「個人的」文章を購入者が手書きで書きつけるという再生のプロセスを経ることによって、一種の個人的行為へと変化する。こうして絵葉書は、社会的なものが自らを分節化してゆく過程を凝縮して示す一つのやり方によって――すなわち義務が生産される場所とそれが受領される場所を明確に位置づける「贈り物」という身振りのなかで――特定の（それを受け取らせる意味のある）相手に向かって投函される。相手によって受け取られた絵葉書は、だから領収書でもあり、あるいはチケットの半券でもある。絵葉書が受領されることで、それを投函した彼／彼女自身の現地での経験そのものが有効なもの

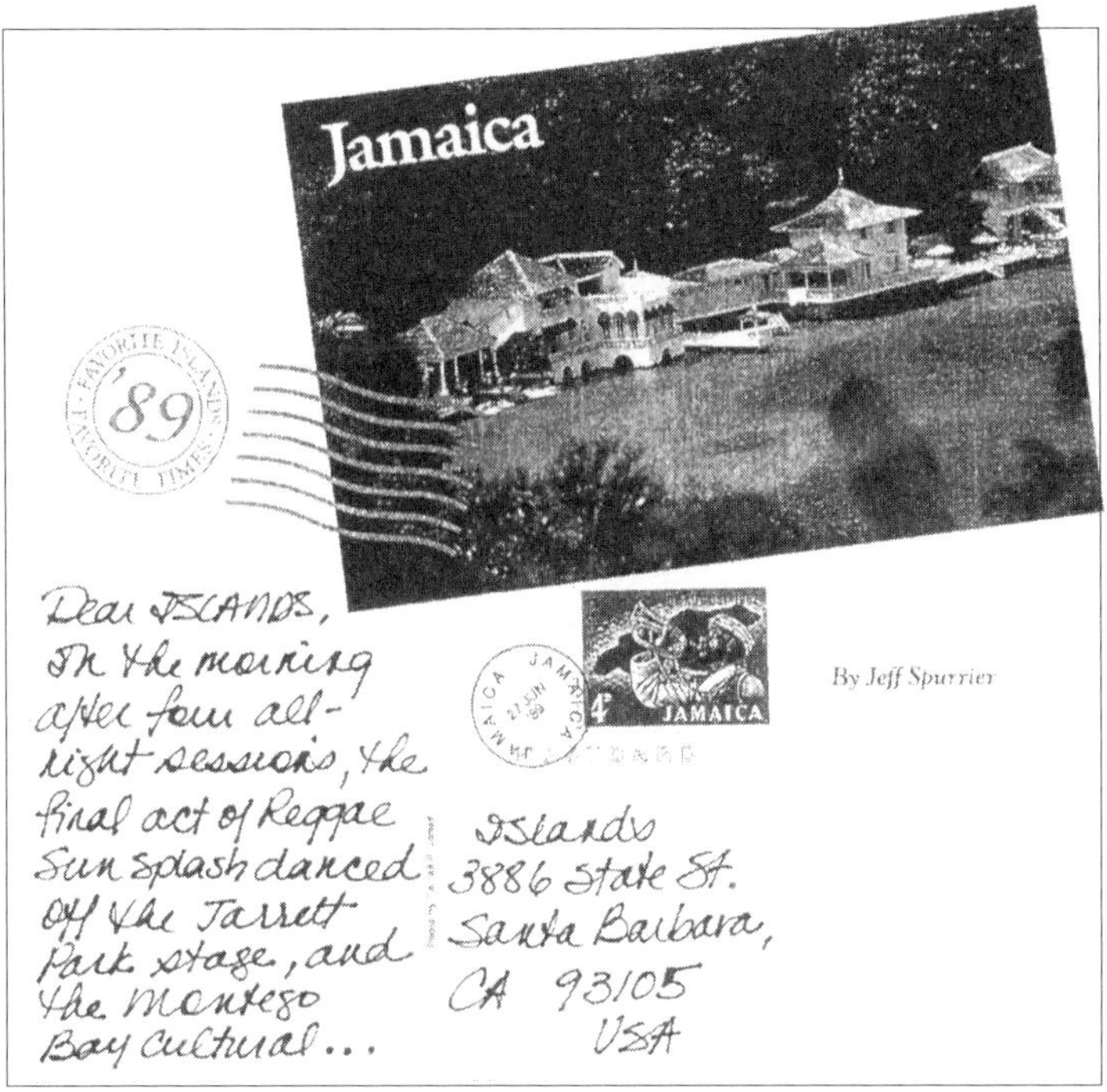

現地のパノラミックな写真，大きく印刷された土地の名，自筆の文字，切手，消印，それが送付される相手の名前，といったさまざまな要素が統合されて，観光地からの絵葉書はひとつの〈場所〉の個人的な専有を宣言するものとなる。

とみなされるからだ。土地はこのとき、ついに彼／彼女自身のものとなったのである。(6)

　このように考えたとき、「食人族ツアー」の参加者が執拗に繰り返していた身振りがいかなる意味を孕んでいたかがわかってくる。セピック川を探索し終わった観光客たちは、スチュアートがいうような社会的なものを私的なものにつくりかえる行為に無意識のうちに加担しつづけるかぎり、おそらく親戚や友人たちにたくさんの絵葉書を送ったであろうことは想像に難くない。そして彼らがひたすら写し撮るスナップ写真は、物理的なディメンションを縮小させることによって「瞬間」を保存しようという意味において、ちょうど「押し花」という習慣の論理的な延長線上にある。押し花のようにして保存され凍結された「経験」や「風景」の写真を前にして、故郷に帰還した彼らは嬉々として「語り」始める。写真の示す沈黙が、逆に語り手の「物語」の発火をうながすのだ。撮影され、グロッシーなプリントの上に焼き付けられたイアトムル族の男の野性の肉体は、ひとことも言葉を発しはしない。シャッターが切られた時点で、あらゆる修飾の言葉と物語は、撮影した本人の方にすでにすっかり譲り渡されてしまっているからである。

＊

　もう一つの大きな問題点として、「食人族ツアー」の観光客たちの意識の背後に、近代的な「喪失」の感覚が濃厚に流れているということを指摘しておく必要があるだろう。これは、なぜ「文明化」した近代人が「プリミティヴ」な人々との出逢いをこれほどまでに熱望するのか、という根源的な問いへの解答として現われてくるテーマである。

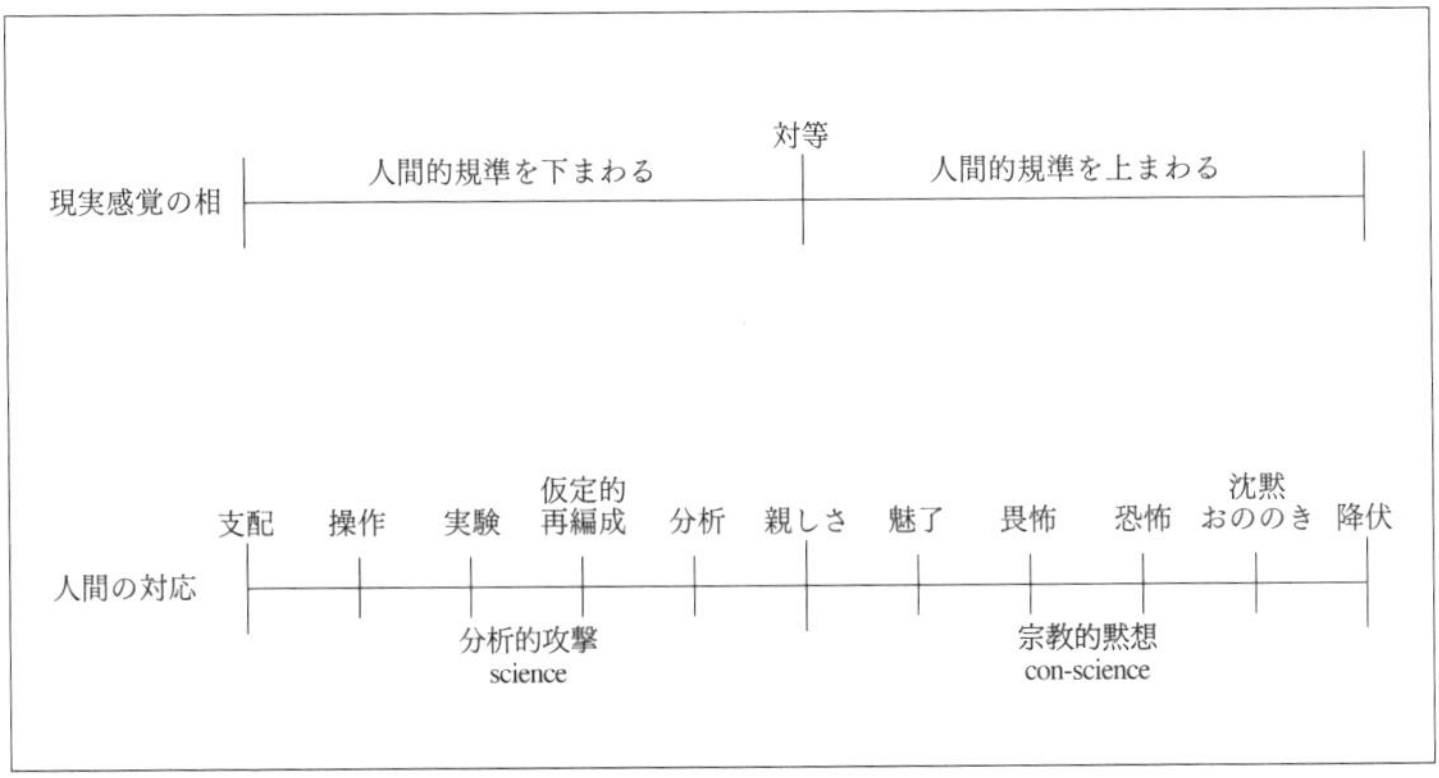

現実感覚の位相とそれに対する人間の反応。(ラッカートによる)

一つの視点は、近代が喪失してしまって久しい、人間のある種の「純粋」な生存のかたちを求める代償の旅として、プリミティヴな土地への観光を位置づける考え方である。そのときの「純粋」性とは、しばしば宗教的な感覚と結びつけられて意識されている。アメリカ・インディアン、ナヴァホ族の「コヨーテ神話」を解説することを主たる目的としながらも、聖なるものの社会学への暗示的な眼差しにみちたある論文[7]のなかで、宗教学者カール・ラッカートは現代人が知覚する現実を、人間の力やサイズを超え出てゆく現実の相と、人間の力やサイズより劣る現実の相とのあいだに広がるさまざまな現実感覚の配列として示した。それによれば、人間の力量を超越する現実に対する人間の態度は、魅了、畏怖、恐怖、沈黙(おののき)、降伏(放棄)という順でより超越的なものと向かい合っており、一方人間的規準より劣位にある現実に対する態度は、分析、仮定的再編成、実験、操作、征服(支配)という順でより強く現実のコントロールを行使しているという。そしてそのちょうど中間に、支配しもされもしない、潜在的に平等な「親しい」現実の相がある。こうした図式を借りれば、近代文明社会が自らのものとしてきた知識、学問、テクノロジー、芸術、政治、戦争といったものすべては、人間がコントロールを及ぼすことのできる現実の領域に所属していることがわかる。ラッカートはこのディメンションを「分析的攻撃」の領域と呼び、それを「科学」(science)といいかえている。一方、その反対側のコントロール不可能な現実の相に属するのが宗教的感覚、帰依、死といったもので、ラッカートはこれらを「宗教的黙想」の領域と呼び、さらにこれを「反科学＝良心」(con-science)と名づけた。

現代の文明社会の人々の現実感覚が、ますますこの図式における「科学」の領域に拘束されつつあることを否定することは難しい。そして、現実においてこの「科学」の領域へと引きずられる力が強ければ強いほど、人間は失いかけた「反科学」の世界とのつながりを、日常的現実以外のどこかに強く希求することになる。近代の「喪失」感が求める純粋な人間の生存が、しばしば「宗教」的な感覚として想起されるのはまさにこのためである。だからこそ、プリミティヴな社会へと旅する近代人がなによりも関心を持つのは、そうした未開文化の示す豊かな宗教的・儀礼的実践であることが多い。「食人族ツアー」の観光客たちもこの点でまた例外ではなかった。彼らはまさに、「食人《カンニバリズム》」という、「食べ」「食べられる」という先程の図式の両極に位置する現実の相が、一つの文化において一致してしまうという未曾有のリアリティーの世界へと、言葉にならない情熱とともに引き寄せられていったのだ。そしてまた、成人儀礼の神秘的な踊りを見物し、神像の微細な彫刻に込められたアニミスティックな宗教観について話をするときにこそ、彼らの瞳はもっとも輝くのだった。

しかしプリミティヴな世界への旅は、近代人の充たされない生感覚の代償を提供しただけではなかった。それ以上に、旅は彼らの喪失感を「癒す」ための一種のサイコセラピー的な行為として利用されてゆくことになった。そのことを象徴的に示すシーンが『カンニバル・ツアーズ』のなかに印象的にとらえられている。ジャングル・クルーズの最終日、観光客たちは船のデッキ上で「さよならパー

デニス・オルーク『カンニバル・ツアーズ』の一シーン。船上での「さよならパーティー」で顔に彩色をほどこした観光客たち。この模様はニューギニア西部に居住するメルパ族らの伝統的な儀礼における顔面装飾を模していると思われる。(O' Rourke)

ティー」を催す。さまざまな余興のあと、彼らはセピック川流域の部族のしきたりどおりに白い縞模様を基調としてみずからの顔に彩色をほどこし、子供のようにして「原始人」ごっこに興じるのだ。おそろしい悪魔のような顔で目をむき、仲間に飛び掛かろうとするものもいれば、踊りながら木製のペニスケースを持ち出しておどけるものもいる。こうした疑似演劇のなかで野性への回帰を果たした彼らの心は一時的に癒される。野性と触れあい、人間のもっとも自然な生存の状態とファンタジーのなかで接触することを通じて、観光客は、はかないエクスタシーを瞬間的につかもうとするのだ。

ここにおいてニューギニアのジャングルは、西欧人のイマジネーションの遊戯場となる。だが、「バナナ・リパブリック」のサファリ・ジャケットやシャツに身をつつみ、土産物の仮面を片手に抱え、カメラを首にぶらさげてセピック川を上下する彼らのエクスタシーにみちた心象世界のなかでつかのま生きられたファンタジー・ワールドは、彼らの周囲をつつみこむ「モダン」な、あるいは「ポストモダン」な現実の正確な倒立像でしかなかったことはいうまでもない。

＊

西欧の想像力が〈場所〉の上にファンタジーを投影してゆくとき、その「空想の土地」はイマジネーションの遊戯場としてのはなやかな様相を呈すると同時に、ある種の崇高さをたたえた桃源郷的なトポスとしても立ち現われる。オーストラリアの文化史家ピーター・ビショップは著書『シャングリラの神話[8]』において、チベット・ヒマラヤ地帯への一八世紀以降のあらゆる旅行記・探検記の記述を綿密に解読しながら、西欧近代の想像力が「チベット」という土地を認識上の聖地へと、さらにファンタジックなユートピアへと時代に応じて変容させてゆく過程を現象学的地理学とユング派の思想をダイナミックに導入しながら明らかにした。イタリアのチベット学者ジュゼッペ・トゥッチはその著『チベット』（一九六七）のなかで「チベットに足を踏み入れることは、たんに別世界にいる自分を発見することにとどまらず、空間的な断絶を飛び越えることで何世紀も昔へと時間を遡ったかのような印象を持つことをも意味する」と書いたが、ビショップはこうした記述を手掛かりにして、チベットという場所が西欧の旅人にとって時間とか空間とかいった概念を超越した神秘主義的な「無時間の空白地帯」として認識されていることを例証する。このような認識は、シャングリラという名のユートピアが誕生するもととなったヒルトンの『失われた地平線』（一九三三）以来現在まで、西欧人の異国に対する想像力を支配する一つの強力な通奏低音として存在してきた。一九世紀的な宗教上の「聖地」にたいする態度は、緊張と怖れと崇拝のいりまじった一種の矛盾する感情を抱え込んでいたが、「ユートピア」はそうしたパラドクスをみごとに解消する。ユートピアを志向するイマジネーションは、聖地の中心にそびえ立っていた「世界軸」から巧みに地下世界に連なる暗黒部分だけを排除し、快活で健康的な光だけに満ちたハイキーな場所を仮構として創りあげるからだ。

こうしたユートピアとしてのファンタジー・ワールドの発明は、結局、〈場所〉にたいする「想像力の純粋性」が認識論的危機にさらされることを回避するための現代人の最後の手段であるとみなすことができる。チベット世界へのファンタジーは長いあいだラサという実在の都市をめぐる伝統的な空気のなかで機能してきた。しかし現実のラサがますます世俗化され、その文化的・政治的脆弱性をあらわに見せはじめているいま、ファンタジーの投影される場所が「現実」のそうした世俗性・脆弱性につなぎとめられてしまうリスクをのがれるためには、どうしてもその場所の「遠隔化」が必要となるのだ。こうして、「純粋」なファンタジー世界を温存する手段として、「チベット」は「時間」の彼方に追放され、「実体」の外部へと疎外された。「無時間」で「無形態」のユートピア、観念の「ネヴァーランド」はこうして創りだされたのであった。

西欧が異世界のうえにうち立ててきたファンタジー・ワールドが、現実の地理学的な土地の上に重ね合わせられながらも、つねにそこから逸脱しズレながら時空間の彼方へと逃れてゆこうとするのは、いま述べたこの「遠隔化」の力のためである。イマジネーションによって遠隔化された「チベット」も「ニューギニア」も、もはやそうした土地の現実の文化的・政治的状況がいかに動揺を見せようとも、ゆらぐことはない。実体と切り離された〈場所〉は、もはやなにものによっても危険にさらされることがないからである。

＊

エキゾティックな、未開の土地にたいする「プリミティヴィズム」によって押し出される「旅」に書き込まれてきたさまざまな観念のシステムを探査してゆくことで立ち上がってくる問題点は、要するに現代において、「旅」を想像し、「旅」を思いつくための条件がどのようなものでありうるかということである。場所のあいだを移動することが、文化的「差異」の発見をうながしていったことはすでに見てきた通りだが、現代において、もはや「旅」はけっして「差異」の知見を生みだすことはない。いまや、「旅」は「差異」の知見を前提としてしか行なわれえない。すなわち、現代の旅は、「差異」の意識を一種の必要条件としてしか構想されることがないのである。このことは、ちょうど「未開」の存在が「文明」の存在を証明するのではなく、「未開」が「文明」の存在自体を前提としてしか規定されえないという状況と、みごとな対応を示している。

その意味で、わたしたちの「旅」はきわめて意図的で、恣意的な活動である。ニューギニアのジャングル・クルーズにわれを忘れる観光客たちの目が、もし作為のない無垢の眼差しに見えるとすれば、むしろそれは、その背後に潜む観念のシステムが巧妙に働いていることの結果だともいえる。現代における「旅の政治学」の探求は、まさにこうした批判的認識の地点から出発しなければならない。

Ⅴ　文化の交差点で――越境論

一人の男が、フェンスの網の破れた穴を、身を屈めながら通り抜けようとしている。おそらくは早朝の、爽やかで鮮明な陽光が、男のズボンとスニーカーの白をきわだたせている。だがこのフェンスは、運動場のフェンスでもなければ、工場の囲いでもない。それが男の身長に比べて異常に高いことに気づきさえすれば、このフェンスが「アメリカ合州国」と「メキシコ」と呼ばれる二つの「国家」の境界を画すボーダーラインであることに、それほど困難もなく納得できるはずだ。

ここには、もっともストレートな、文字通りの「越境」の行為が即物的な眼差しによって写しとられている。あらゆる行政的措置や、対策や、取り締まりや、規則の存在にもかかわらず、毎年数百万にもおよぶメキシコ人たちが国境を越え、そのうちのかなりの者が再びメキシコに戻るという往復運動を繰り返す――この事実は、もはや「越境」という行為が、個々人の政治・経済的な欲望や必要性によって押し出されているというよりは、一つの文化的な「力」の見えざる連帯によって突きうごかされている、と見なす可能性をわたしたちに示唆している。こうした状況のなかでは、越境をめぐる従来の社会学も統計学も経済学も、ボーダーを毎日のように行き戻り、国境地帯を住みかとし、「メ

メキシコ領ティファナとアメリカ合州国サン・ディエゴのサン・イシドロ地区との間のボーダーに立つフェンス。この両都市間の国境は，米墨の間を通行する者がもっとも頻繁に利用する地点であるが，国境の検問所からさほど離れていない場所に立つフェンスを破って不法入国する者は絶えない。「越境」の行為が日常的な文化景観でもあることをこの写真は示している。2009 年時点の調査では，アメリカとメキシコの国境約 3000 キロメートルのうちのほぼ 3 分の 1 にあたる 1000 キロメートル余りがこうしたフェンスや壁によって遮断されている。（Hall）

国境の町テキサス州エル・パソの「黒い橋《プエンテ・ネグロ》」と呼ばれる鉄道橋。もっとも頻繁に，不法入国者による「越境」が行われるポイントでもある。2010年6月，この鉄道橋の下でリオ・グランデ川の対岸のアメリカ側に向かって仲間とともに投石していた15歳のメキシコ人少年セルヒオ・エルナンデスがアメリカの国境警備隊によって銃殺された。「セルヒオ，きみの敵討ちは，怒れる同胞たちの連帯の力によってなされるだろう」という落書きの文字を，この鉄道橋の下にいま見ることができる。ボーダーの政治学と文化学が交差する象徴的な地点といえる。

キシコ」と「アメリカ」という二つの原理を絶えずジャッグルしながら生きる人々のあいだに立ち上がりかけた特異な自己意識にたいして、まったく無力な分析の道具でしかない。「越境」の行為が、すでに経済的・社会的目的意識をまったく欠いた、ある種の詩学的な「冒険」のようなものにすら変化しつつあることを、メキシコ側の国境の町フアレスに住む一人の貧しい詩人が次のように語っている。

私は、詩を書くのに必要な紙や筆記用具を買うために、対岸のエル・パソの町に行きます。そのとき私は、いつも不法に国境を越えます。それが違法であることはもちろん知っていますが、だからこそ経験としてそれは不可欠なのです。なぜなら越境の行為は、私が詩を書くときの方法そのものに影響を与えるからです。いつも私は、国境の橋からそれほど離れていない地点を越えます。そこには小さなトンネルがあって、パンツ一枚になった私は暗闇のなかを一気に駆け抜けてゆくのです(1)……。

アメリカ側に渡った詩人は服を身につけ、文房具屋に行って必要なものを買いそろえ、ふたたびフアレスの家に戻るだろう。認識論的冒険を終えた彼が、その副産物として持ち帰った「アメリカ」の紙とペンによって書きとめる詩には、だからつねに「ボーダー」のイメージャリーが色濃く出現することになる。それはしかし、もはや社会現象としてとらえられる実体としてのボーダーではなく、文化の存在の様態そのものがヘテロ化され、ハイブリッド化されて生みだされた、一つの思想的立脚点としての「ボーダーランズ」の姿を写し出しはじめるのである。

＊

「ボーダー・クロッシングズ」と題された刺激的なエッセイのなかで、チカーノ系人類学者レナート・ロサルドは、従来の人類学的あるいは社会科学的な視点からは類型化できないような文化的エア・ポケットの存在を「文化的ゼロ度の地帯」と呼んで、そうした地帯に加えられてきた学問的暴力について批判的に検討している(2)。ロサルドによれば、人類学的認識においては世界のあらゆる人間行動はなんらかの「文化的」媒体を通じて表現されている、と考えられてきた。いいかえれば、人間は世界を知覚し、組織してゆくための「文化的モード」をつねに所有しており、それが家族であるとか、社会構造であるとか、儀礼とかといった行為として時と場所に応じて示されている、というわけだ。しかしこうした発想のなかには、一つの重大な落し穴が仕組まれている。すなわち、特定の人間社会が所有する知覚可能な「文化的モード」の量の多少によって、その社会の「文化」自体が定量的に把握されてしまいがちだ、という点である。

ロサルドは、彼が大学院の学生時代に、フィリピンでフィールドワークを行ないたいと申し出たときの彼の指導教授の忠告を一つの例としてあげる。その教授は彼に、フィリピン人は「文化を持たない人々」だから、「豊かな文化」を持ったマダガスカルに調査地を変えるようにと忠告したのだった。事実、彼が調査したルソン島北部のイロンゴット族の社会は、民族誌がその主要項目とするようないかなる文化的要素、すなわちリネージ、集落、洗練された儀礼、母系交差イトコ婚といったものが全く見られない社会だった。しかし、移住者や宣教師によって急激な社会変化を経験し、文化的な核心を失っていくかに見えたこのイロンゴット族の社会と我慢強くつきあい続けるうちに、ロサルドは、社会科学が無批判に依拠してきた、文化を定量的に見るクセ（豊か／貧弱、厚みがある／薄っぺらな、精巧／素朴）のようなものが、逆にフィリピンを「文化の空白地帯」へと追いやっているのではないか、という推論に達する。

そう考えてみると、世界には、社会科学的な類型化を拒むような文化的不可視のゾーンやエア・ポケットが数多く存在していることがわかる。そしてそれらは、つねに文化の疑似進化論的階梯の両端に現われる「文化以前」と「文化以後」の地帯として想像されている。フィリピンのネグリートが前者の代表であるとすれば、イロンゴットやフィリピンの低地人は後者の代表であるとロサルドはいう。さらにこうした「文化的ゼロ度の地帯」は、今日特に「移民」という状況によってつくりだされた流動的な「移動」の領域にもっとも顕著に見ることができる。

アメリカ合州国的な理解からすれば、移民はみずからの過去の文化を捨てて、「アメリカ人」として生きてゆくために自己を社会にたいして「透明」な存在に変える。特に、いわゆる「不法入国」というかたちで国境を越えてやってきた移住者たちの示す複雑で混乱したアイデンティティ意識は、彼らを、一種の「文化を持たない人々」として規定したがるジャーナリズムや社会科学にとって都合のいい素材を提供することになった。たとえば、一九八六年一一月三日のニューヨーク・タイムズに掲載された「不法入国者が彼らの夢を語る」という記事には、三人の国籍も職業も異なる移住者の声が、次のように紹介されている。

ラン・ティエット・ルー（ベトナム・主婦）

「ここが私の国だと思います。いえ、そう思いたいのです。なぜならもう自分の国を失ってしまったのですから」。

シュンスケ・クラカタ（日本・音楽家）

彼はまだアメリカ国籍を取るかどうか決心していない。彼は言う「どうもよくわからないんです。まだすべてが非現実的な感じがして……」。

マルセリーノ・カストロ（メキシコ）

彼は、何とか通じる英語で、自分の人生を運命論者のように話す。「ニ・モード」（しょうがないさ）とスペイン語まじりで、彼は周囲のさまざまな困難について諦観を示す……。彼のいまの夢は、自分自身の商売をはじめ、アメリカ国民になることである。彼はすでにカラーテレビ二台とコードレス電話一台を持っており、ダラス・カウボーイズの熱烈なファンである。(3)

この記事の筆者は、移民たちの内部に隠された文化的紛争の深淵から発せられた言葉を、表面的なアイデンティティの混乱を示す声へと巧妙にすり替えながら、彼らを文化的な境界領域に所属する、文化的特性を欠いた、「透明」で「不可視」の人々として描き出そうとする。そしてこうした不法入国者が、最終的には「アメリカ」と呼ばれる移民社会の原理を受け入れてそこに同化してゆく道が、ほとんど彼らの唯一の選択肢として暗示されている。

「不法入国者」というイメージをつくりだし、それを消費することによって彼らの異質性をホモジニアスな社会の透明性のなかへ吸収してしまおうとする大衆ジャーナリズムの戦略と同質のものは、アカデミズムの世界にも見ることができる。異文化受容《アカルチュレーション》と同化《アシミレーション》の理論がそれだ。これらの理論によるかぎり、複数の文化の接触は必ずその帰結としてマイナーな文化の支配的文化への融合と同化のプロセスを多かれ少なかれ経過することになる。一つのまとまりを持ち、一貫性をそなえていると見なされるドミナントな文化の画す「境界」の外側から、別の文化の侵入がなされたとき、そのボーダー・ゾーンに起こる葛藤や紛争は、最終的に「受容」と「同化」という動きによって解決の方向にむかう、とそこでは想定されたのである。

だが現代において、文化的「境界」を越える行為が、従来の政治・社会的力学のなかで容易に融合・同化のプロセスをたどってゆくような性格のものではないことは、すでに冒頭から述べてきたとおりである。なによりも、「文化」そのものが、明確な領域と境界をそなえ、自律的で内的な一貫性を持った主体的ユニットであるとする考え方が、もはや破産しかけていることは明白だ。「われわれ」も「彼ら」も、ともにかつて考えられたような独立したホモジニアスな性格を持った主体として見なすことはもうできない。「われわれ」のなかにはすでにいつのまにか「彼ら」が住み始め、はじめてわれわれと出会ったかに見えた「彼ら」の内部にも、すでに「われわれ」は棲息していた。この事実を受け入れようとしない首都的な、ドミナントな、支配的な科学や権力だけが、いまだに文化のボーダー・ゾーンに生起する動きを抑圧しようとしているにすぎない。

＊

英語およびスペイン語でどちらも「国境地帯」を意味する、『ボーダーランズ／ラ・フロンテーラ』という評論集・詩集のなかで、チカーナのフェミニスト作家グロリア・アンサルドゥーアは、複数の文化が出会い渦巻く交差点に立つ人間のなかにこそ、新しい人間的理解を生みだす潜在的な力が宿されている、と力強く説く。(4) テキサス－メキシコの国境地帯イダルゴ郡に生まれ育ったアンサルドゥーアにとって、「境界」の意識はつねに物理的・象徴的「痛み」の経験としてまずあった。「第一世界」が「第三世界」に接触するその地点で、社会の無数の傷口が開き、人間とモノと精神とが血を流していた。国境は安全と危険との境界を教え、文明と野蛮の対比を視覚化した。それは世界を区別し、分離し、切断した。そしてそのことによって、ボーダーの住民は、自己の内部につねに癒されることのない裂傷をかかえながら生きることになったのである。しかし、複数の世界が血を流し、その血液が混じりあって新しい皮膚へ向けてのかさぶたを形成する現場にたちあううちに、国境の住人のなかには一つの力強いハイブリッドな文化認識が育ちはじめる。

自分自身を一個の複合的なハイブリッド人間に変革するという主体的なプロセスのなかで、アンサルドゥーアは彼女の血液と意識のなかに混在するインディオ／メキシコ／アングロという三つの文化要素を創造的に合体させ、新たな意思と感情を持ったアサンブラージュとして組み立て直そうとする。アンサルドゥーアはこう書いている。

新しい「混血女性《メスティーサ》」は、みずからのなかに矛盾に対する寛容を、曖昧さに対する包容力を育むことによって困難をきりひらいてゆきます。彼女は、メキシコ文化においてインディオであることはどういうことかについてよく知り、アングロ文化の視点からメキシコ人であることは何を意味するかについて学ぶのです。彼女は文化をまるでお手玉のようにして操ることを覚えます。彼女は複数の人格を持っていて、複数のやり方で人々に働き掛けることができます。だからそこではなにものも排除されることはありません。善も、悪も、醜も、そこでは拒否されず、なにごともそこでは放棄されないのです。しかも彼女は矛盾を抱え込んでただそれに耐えるだけではありません。彼女は矛盾を、二律背反を、なにかまったく別のものに変化させることさえできるのです。(5)

ここに明確に宣言されているように、アンサルドゥーアはチカーノの一人として具体的な政治的ボーダーランズに立ちつつ、より根源的な人間文化の「境界領域《ボーダーランズ》」のほうを見つめている。旧来の「文化の純潔性」への信仰を、男性原理の支配する国家的権力構造ともども切り裂いてゆこうと身構えながらも、アンサルドゥーアの主張は人間の文化的帰属意識を解体させるどころか、それをさらに強靭なものにしようとする意志にみちあふれている。しかしそこで希求されるアイデンティティの基礎には、もはや単一の、首尾一貫性をそなえた「文化」というフィクションが入り込む余地はない。文化の果てる「辺境」にあって無為な葛藤を繰り返しているかに見えた「境界の住人」たちが、逆にいまこそ文化をブレンドして操ることのできる、まったく新しい叡知と技術を持ち合わせた人間として、時代の前衛に現われでようとしているのだ。

境界に立つことによって生まれ出る新しい文化認識のなかでは、個別言語や文化の間の意味論的対応への信仰にもとづく「翻訳」という概念じたいが失効する。事実、アンサルドゥーアの文章が採用することばは、個別言語の内部にふつう実現される語彙の整合性や意味の収束をまったく欠いた、流体のような言語である。英語とスペイン語とのあいだのたえざる往還によって特徴づけられたその流動するテクストは、しかしサウス・テキサスの貧しいチカーナの一人として生まれ育ったアンサルドゥーアの現実と生活感覚を表現するための唯一の可能な言語だった。彼女の言葉でいうチカーノ(ナ)たちの“el modo de vivir”(「生きるさま」)を写しとる言語としては、英語もスペイン語も、それ自体単独では無力の言語にすぎなかったからである。その意味で、アンサルドゥーアのテクストは、チカーノの生そのものの翻訳不可能性を、テクストの実践として提示しているとも考えられる。

文化的境界だけでなく言語的境界にも住む一人のチカーナにとっては、言葉や記述そのものが孕む虹のような流動性のなかにこそ、「メスティーサ(混血女)の意識」がもっともたしかな造形としてた

アリゾナ州ルークヴィルとメキシコのソノイータの境界を画す有刺鉄線。ルークヴィルは人口30人ほどの集落で，ボーダー地帯に典型的なアメリカの行政区分未編入地の一つである。2010年現在人口1万人を超えるソノイータは17世紀の終わり頃にスペイン人の宣教師たちが教会建設とともに拓いた町で，19世紀なかばに現在の米墨国境が引かれる前からここに存在していた植民地時代からの古い町である。国境である有刺鉄線の出現によって，古い共同体に文化的「裂傷」が刻まれる。だがこの柵が，第一世界と第三世界の国境であることを直ちに想像できる者は少ない。（Hall）

ちあらわれた。標準英語、労働者階級のスラング英語、カスティリャ語（本国の正統スペイン語）、メキシコの標準スペイン語、スペイン語の北部メキシコ方言、チカーノのスペイン語、テックス・メックス（アングロ化されたスペイン語）、パチューコ（チカーノの気取ったやくざ言葉）といったさまざまな言語的変異のなかを遊泳することを日常としてきたチカーノたちは、彼らのしゃべる言葉が、英語でもスペイン語でも、もちろんそれらのバイリンガルでもない、無数の「交差」の経験のうえにかたちづくられる混成言語としての「パトワ語」、すなわち一つのクレオール語であることを予感していた。英語とスペイン語のさまざまな相を往復しながら綴られるアンサルドゥーアの記述は、まさにこの言語的交差、言語的越境の行為によって、個別言語間のボーダーがきわめてあいまいで流動的なものとなるチカーノ的経験の本質を照らしだしているのである。

しかしアンサルドゥーアのテクストの、通常の「翻訳」という概念へのラディカルな抵抗はそれだけにとどまらない。英語とスペイン語を混合させながらなめらかに語る手法と並行して、彼女が採用するもう一つの記述の手法が、スペイン語のフレーズとそれに対応する英語のフレーズとの非対称的並置である。一つのまとまった文章がまずスペイン語で語られ、そのあとに今度は一見その翻訳のような英語の文章が続く。しかしそれらはよく読み比べてみるといかなる逐語的な対応をも欠いており、むしろパラフレーズと呼んだほうがふさわしく、さらにしばしば英語の文章は前のスペイン語の文章の内容と大きく対立・矛盾する内容を示していたりする。たとえば次のような連続する二つの文章のなかに、そうしたアンサルドゥーアの「反－翻訳」への力強い実践の意思を読みとることができる。

わたしは部屋のなかに閉じこもる、誰も触れたことのない皮膚をかくして。夜とともに、漆黒のヴェールのなかに身を寄せる。悪夢が体内をよぎるのを感じ、慈愛の骨を捜しあてながら、わたしは老いてゆく。いまにあなたにもわかるだろう、どんなに奥底深くわたしが落ちてしまったのかが。

（原文スペイン語）

わたしはドアを閉め、世界を外に締め出した。わたしはじっと動かぬ植物のようにすごし、冬眠し、停滞し、空転した。電話も、テレビも、ラジオもない。たった独り、部屋の妖気とともに。だれ？　わたし、わたし、わたしの精神《サイキ》、それとも影の獣？

（原文英語）(6)

第二の文章は、けっして第一の文章を「翻訳」しようと企てたりはしていない。それぞれの言葉が、それを書きつけるアンサルドゥーア自身の経験のなかに生きている状態に忠実なリズムと深度と包容力を示しながら、それぞれ違った美学とロジックを抱えた言語として並置される。ここでは、英語の文章はスペイン語の文章をパラフレーズし、拡大し、飛翔させ、あるいは鎮めている。こうして、異なった外的な相貌をもつ二つの言語を交互に繰り出しながら語ることによって、アンサルドゥーアの文章は未知の豊饒性のなかで輝きはじめる。測りがたい深淵に落ち込み、そのなかでもがくうちに、混血の意識は不思議な浮力を与えられて力を回復し、奈落の谷を越え出て二つの大陸のあいだに意識の橋を建設しはじめるのだ。

複数の文化に架橋し、複数の言語を創造的に駆使する役割は、しかし政治的・社会的ボーダーランズに住むチカーノのような現実の境界人だけに課せられているのではない。ロサルドが、そしてアンサルドゥーアが主張するような意味において、現代社会に住むわたしたちすべては、越境者の運命を引き受けつつある。権力が、制度が、土地にいかなる文化的「境界線」を暴力的に引こうとも、もはや境界はまるでモザイクのようにわたしたちの内部に張りめぐらされている。具体的、可視的境界の存在に足をすくわれて自己を見失うよりも、わたしたちは見えざるボーダーの一つ一つを果敢に越境することを通じて、自らも世界を覆う「ボーダーランズ」の住人の一人であることに連帯を表明してゆくべきなのだ。

自己のなかを越境すること。自らの土地へのイミグレーションをこころみること。そうした行為の果てに、わたしたちは固定的で同質的な「場所」や「文化」のロジックから自由になった、ヘテロなものが共棲する一つの新しい認識の風景を手に入れることができるのである。

＊

ロサルドやアンサルドゥーアらのちょうど対極的な地点から、人間の日常生活に微細に張りめぐらされた心理的「境界」を越えて出てゆくことの意味について考察した特異な民族誌が、コンスタンス・ペリンの『アメリカに住む』である。[7] チカーノの論者たちが、アメリカにおけるいわばマイナー文化の側から「越境」の問題を照射しようとしたのに対し、ペリンは、アメリカの大都市郊外に居住する白人中産階級というドミナントな「アメリカ的アメリカ人」を対象に、彼らが無言のうちに引く、日常のリアリティーを差異化する無数の境界線の存在を浮き上がらせようとする。

すでにペリンは、前著『すべてのものを定位置に――アメリカにおける社会秩序と土地利用』において、特定の土地の郊外居住者のほとんどが白人人口によってしめられていることの発見から出発して、その背後にある郊外土地利用のゾーニングと不動産売買の慣行のなかに、非白人を差別化し、その人種に応じて特定の領域に隔離するという見えざる文化システムが働いていることを明らかにしてきた。[8] そうした精巧な差異化のシステムのなかでは、つねにアメリカ的イデオロギーや規範から見てその社会的ステイタスや位置が曖昧で境界的な人々にたいして、先入見をともなった心理的・社会的「線引き」の習慣が根強く行なわれてきた。黒人をはじめとする有色人種はもとより、賃貸住宅居住者、子供、中高年低所得者といった人々が、そうしたスタンダードなアメリカ的価値観が覆う郊外的「日常空間」の境界から外側に排除されていった。さらにペリンは、一般のアメリカ人がそうしたマージナルな、明確に定義された社会的ステイタスの狭間に生きるような人々にたいして向ける眼差しが、未開社会の住人にたいして持つ眼差しにきわめて近似していることも指摘している。

こうして、すでに制度によって巧妙なテリトリーの差別化を経て誕生した「郊外」という場所を対象に、『アメリカに住む』のペリンは、ミネアポリス、サンフランシスコ、ヒューストンおよびワシントンDCの四つの大都市郊外の白人中産階級にたいして広汎なインタヴューを行ない、彼ら／彼女らの日常生活における最も微細で意識されにくい心理的位相に踏み込んで、「アメリカに住む」という経験が惹き起こすさまざまな文化的フリクションをつかみ出そうとする。

ペリンがそうした作業のなかで焦点をあてる一つのテーマが「隣人」という観念の領域である。アメリカにおける「隣人」(neighbor)あるいは「近隣」(neighborhood)という概念は、日本的な慣習における「町内」や、それよりやや柔軟な「近所」といった考え方と比べても、きわめて定義しにくい曖昧な性格を抱え込んでいる。アメリカ的生活のなかで、「隣人」を認めることはたぶんなんの利益をも生みだすことはないだろうし、また「隣人」をまったく無視したからといって、それによって不都合が生じるということもまずない。アメリカ人が持つあらゆる人間関係のなかで、おそらく「隣人」とはもっともその境界がはっきりしない概念であり、それゆえに、人間が日常生活のなかで意識するさまざまな社会的・心理的ボーダーラインのもっとも原初的な表現を示している、とペリンは考える。

曖昧で多義的な社会空間の上を日常的に横断し、無数の文化的「境界」を交差させながら生きる人々の心象のなかに写しだされる「隣人」の風景を、「アメリカの意味と多義性の宝庫」と呼びつつ、ペリンは次のように書いている。

わが家のドアの外側に踏み出し、私たちにとってもっとも親しく、いとおしい場所を離れようとするとき、私たちは外の世界に入りかけている自分を意識する。その境界の外側で、私的な領域を越えて最初に私たちと潜在的な関係を持ちはじめるのが隣人たちである。家の前の道や交差点に現われる、男たち、女たち、子供、犬……。そうしたものとの関係の潜在性や現実性のなかで、「アメリカに住むこと」の意味が白日のもとにさらされていく。なぜなら、私たちと隣人との関係は、目に見える外面的な関係ではないからだ。私たちが住む現実の土地の背後に、もう一つの不可視の「近隣」という網の目が走っている。その近隣の網の目は、私たちが「家庭」と「コミュニティ」とのあいだに区別をつけ、境界線を引くときのやり方に従ってデザインされている。それはまた、アメリカ的対概念としての、「公と私」「家庭と仕事」「プライヴァシーと依存」「選択と義務」「信頼と疑念」「友人関係と血縁関係」といったもののあいだに引かれる線に対応してもいる。(9)

ここに語られているように、あらゆる基本的な社会的対概念の領域の交差する地点に立つことが、現実には「隣人」の経験としてもっとも日常的なかたちに凝縮されて浮上してくる、とペリンは主張する。すなわち、現代のもっとも「アメリカ」的というべき白人社会の日常的居住の経験においても、やはり多義的な境界線を越えるという行為のなかに、一つの「生存」のかたちが強く確認されるプロセスが隠されていたことを、ペリンの研究は裏付けているのである。

こうして、現代社会において、文化的交差点に立つという経験が、人間にとってきわめて普遍的な性格のものであることがたしかめられる。そのことはつまり、さまざまに変奏された文化的「越境」の行為によって、従来の「場所」や「領域」や「境界」の固定的原理が、大きな変移をみているのが現代である、と言いかえることもできるだろう。

わたしたちはこれから、あらゆる制度と権力の要請する一貫性と純粋性への要請によってみごとに塗り分けられていた世界の文化地図のさまざまな狭間から、ボーダーランズが力強くにじみ出し、それが世界を「クレオール」という虹色の色彩に変えてゆくのを目撃しようとしている。

VI　異種交配するロシア＝ブラジル——混血論1

植民地主義的想像力によってすみずみまで体系化され、歴史認識や現実の記述のクライテリアとして言説を支配してきた一つの大きな理論的伝統に、根底的な批判のメスを差し入れること……。そして、それによって見えてくるポストコロニアルな状況における文化のヘテロジニアスな組成そのものを、新しい決定的な認識の出発点としてわたしたちの現在に導き入れること……。まもなく「批判的クレオール主義」と呼ばれはじめるであろうこの生成途上のプロジェクトにいま明確な方向性を与え、モノロジックでない包容力のある言葉によってそれに概念的肉づけをしてゆこうとするとき、「混血」というテーマがわたしたちの思考を押し出す一つの推進力としてたちあらわれる。

なぜなら「混血」の思想は、まずなによりも、単一の原理にすべてを従わせようとするあらゆる権力にたいして、もっともシンプルで徹底的な抵抗となりうるからだ。現実的な意味でも比喩的な意味でも、すべての混血を産みだしてきた、そしてこれからも産みだすであろう人間の行為——奴隷貿易、植民地化、移住、移民、亡命、越境……——と、それによって誕生した無数の人間たちの生の軌跡とが、そのことをときに熱く、ときに静かに証明してきた。混血に加担する行為にひとたび踏み出したとき、彼／彼女は、新しい思考と感性の力学が生まれ育つ未知のテリトリーに入ってゆく。「血」という、もっともエセンシャルな自己確認の幻想的基盤が取り払われたとき、権力の源泉であったこの「差異のシステム」に潜在的に依拠していたありとあらゆる行為や概念が崩壊してゆく。そこでは、固有の完結性を持っていると思われた彼ら／彼女らの「言語」も虹のような変異を示しはじめる。「歴史」は、まったく新しいリズムと方向性を持った参照点として人間を迎える。なぜなら、混血のテリトリーにおいては、起源の探索はそれほど意味のある作業ではなくなるからだ。混血児は、もはや単一性の反復や、再生産の神話や、オリジナルへの帰還といったパラドクスに充ちた道程を逃れ出て、徹底的にかつ非本質的に、別の存在、別の独立体《エンティティ》へと自らを変容させようとする意志に身をまかせ、未来をめざしてゆく。

彼らの身振りを、思考の言葉が、どこまで真似ることができるのか？　非混血的な科学のロジックをとりあえず「理解」の最低限の条件として採用しながら、混血児たちの脱歴史的・脱言語的なアクションにどこまで伴走してゆけるのか？　そうしたほとんど不可能な試みに賭けることで、「クレオール主義」の輪郭が次第に明らかになってゆくだろう。

「混血」あるいは「混血児」という表現は、日常の、通俗的な言語用法のなかに否定的なニュアンスをともなって生きつづけてきたが、それらの言葉はかならずしもじゅうぶんに科学的な吟味の対象とはされてこなかった。科学の領域で問題となっていたのは、むしろ血の神話によって形成された「人種」という概念のほうだったからだ。

いうまでもなく、「人種」という概念はすでにながいあいだ、自然科学的に意味を持ちうる規準としては、一つのフィクションでしかないと見なされてきた。「白人」や「黒人」や「ユダヤ人」についてわたしたちが言及するとき、そうした一般化自体が厳密には生物学的な誤用であることにわたしたちは気づいていたし、それらが社会科学的な文脈のなかにあらわれるとすれば、それは隠喩としての機能以上のものを持ちえないことも了解していた。しかしそうであるにもかかわらず、わたしたちは知らず知らず「人種」という概念のなかに、ある実体的な対応物を想定し、一八・一九世紀の西欧精神がつくりあげたこの疑似科学にもとづく用語法を、きわめて安易に利用してきたこともまた事実であった。「人種」という概念が日常の修辞学的用法のなかで使用されるときの危険は、それがしばしば差異の分類のための客観的指標であるかのように自己を装うことにある。そこでは、言語、信仰、文化的習慣、あるいは心理的性格や気質、さらに肉体的俊敏性やリズムやスタイルといった身体的特徴などの人間のあいだのあらゆる差異が、つねに最終的に「人種」という曖昧な分類指標によって説明されることで落ち着き先を見いだしてゆく。その意味で、「人種」は文化のあいだに横たわる、それ以上還元しえない究極の「差異」を表わすレトリックとなっていったのである[1]。いいかえれば、それはきわめて自由に、恣意的に適用できる概念であったからこそ、差異のレトリックとしての究極性を獲得できたともいえる[2]。

認識の明晰性の前に立ちはだかるこの曖昧な「人種」という問題は、しかし近年になってまったく新しい光をあてられながら文化理論の焦点にふたたび登場してきた。しかもそこでは、「人種」とともに「血」という問題が、それまでの優生学批判や現実のレイシズムや抑圧への抵抗というイデオロギー的なコンテクストからは切りはなされたかたちで、文化的主体性の問題として語られはじめたのである。新しい議論の担い手の多くは女性たちだ。アドリエンヌ・リッチの『血、パン、詩』やトリン・T・ミンハの『女性・ネイティヴ・他者』といった著作、あるいはゾラ・ニール・ハーストンの作品の復活などが、そうした傾向の一端を示している[3]。

ここでは、二〇世紀初頭の隔絶した二つの土地で偶然にも同時に生まれた「混血」の思想の理念的地平を追跡し、それが現在の認識論的なポスト・コロニアリティーの言説のなかでどのように継承され、あるいは変容を見、さらに豊かに変奏されているかを、二章に分けて探ってみたい。

＊

文化の「混血性」を新しい社会的共同性への基礎としてとらえるような発想は、意外にも今世紀初頭のロシアの風土のなかにその原理的始祖を幾人か出現させていた。その一人は、マヤコフスキーとならんでロシア・アヴァンギャルドの代表的詩人として知られるヴェリミール・フレーブニコフである。フレーブニコフの放浪の生涯を亀山郁夫によるみごとな評伝『甦るフレーブニコフ』(4)のなかでたどるかぎり、ロシアの複雑な民族伝統をうつしだす土地土地を風を切るように横切ってゆく彼の軌跡は、無数の豊かで独創的な想念との格闘のなかで、文化の異種交配のはてに現われる一つのユートピックな「混血性」のヴィジョンを生みだしてゆく。なかでも特筆すべきは、ロシア、インド、ペルシア、シャム、中国といった文化的異質性の融合によってたちあらわれるアジア的「宇宙人種」の誕生というヴィジョンである。(5)カスピ海西岸のカルムィク高原に生をうけ、ヴォルガ川河口の町アストラハンを「祖先の町」として慕ったフレーブニコフの精神のなかには、ラマ教を信仰したモンゴル遊牧民の一系統にぞくするカルムィク人が示すアジア的霊気が、つねに息をひそめるようにして存在していた。カザン大学で数学や生物学、物理学等の自然科学的知性を身につけながら、動植物のハイブリッドで共生的な生態が示す時間・空間概念を人間界の歴史観や存在観につなげてゆこうというほとんど神秘主義的ともいえる直感を彼が示したのも、アストラハン的宇宙が育んできた民族的混血性を彼が自らの内部に胚胎させていたからにほかならなかった。一九一八年、ヴォルガ川河口デルタ地帯の視察旅行の際に、デルタに密生する蓮の花に強い詩的インスピレーションを受けて起草したといわれる『インド・ロシア同盟』のなかで彼は「星の単一性へのぼくらの道は、アジアの単一性を通して、大陸の自由を通して地球の自由へといたる道だ」と記し、さらに翌年書いた『人民大学の創設』のなかでそのアイディアを次のように展開させている。

ヴォルガの入江でロシアと中国とインドの大いなる波は出会い、ここに人類と遺伝法則研究の殿堂が建設されるのである。そこでは各種族を交配して、きたるべきアジア住民の新たな種族が創造される。……アストラハンがインドを望む窓であることを思いおこさせるであろう。(6)

ここに神秘主義的なかたちで構想された、人種の自由な交配による新しい種族の創造という特異な発想は、亀山がいうように、歴史上有数の混血を生みだしてきたタタール人的な精神の発露ととらえることもできるし、またアストラハンという町がつねに示してきたハイブリッドな文化感覚の投影であるともみなしうる。しかもフレーブニコフのこうしたヴィジョンは、彼の生きる時代の急速な動きとも連動していた。対馬沖でのバルチック艦隊の壊滅によって詩人が感じ取った帝政ロシアの崩壊の予感。ロシアが受容したキリスト教の神々の背後に透視されたより本質的なスラヴ異教の神々。日露協定によって示された日本青年たちのロシアへの連帯に呼応しつつ呼び覚まされたアジア的自我の発見。ロシアに流れ込んだ日本の伝統詩に寄せる強い関心……。こうしたものはすべて、フレーブニコフのなかに、空間的・地理的閉域に押し込められていた国家や民族や文化といったものを新しいかたちで再編成してゆくための「混血のヴィジョン」を力強く誕生させていったのである。

さらにこうしたヴィジョンは、やがて三六歳の短い生涯の最後に書かれた超小説『ザンゲジ』のなかで、世界を数字とアルファベットの響きのなかに解消させてしまおうとするおどろくべきキメラ的な宇宙へとフレーブニコフを連れ出してゆくことになるが、それらの詩学的な意義を追及することはここでの目的ではない。ここで確認しておくべきなのは、フレーブニコフの示した「混血」の発想のなかに、新しい思想と感性の立脚点となりうる一つのハイブリッドな文化感覚が明確に提示されていたという点なのである。

*

もう一人、フレーブニコフより一〇年遅れて一八九五年、ロシアの田舎町オリョールに生まれたミハイル・バフチーンを、やはり「混血」を宣揚する思想家の先駆者の一人としてとりあげねばならない。バフチーンは、未来派の詩人たちと一定の距離をおいたところで思索したということもあり、夭折したフレーブニコフと直接の知的な交流があったことは疑わしい。しかしバフチーンの生涯とその仕事のなかには、フレーブニコフの場合と同じように、ロシアの風土そのものが潜在的に持つハイブリッドな文化感覚がとりわけ強く作用することになった。カテリーナ・クラーク、マイケル・ホルクイスト共著の力作評伝『ミハイル・バフチーン』[7]は、この思想家の複雑で多彩な思考の軌跡をロシアの隠された思想と精神の風土に置き直すことによって、文学理論や言語哲学の領域でバフチーンが創造したと思われている「ポリフォニー」や「異言語混淆《ヘテログロッシア》」といった概念が、じつはロシアが胚胎していたある種の文化的「混血性」の伝統のなかからまっすぐに生みだされたものであったことを、わたしたちに確信させてくれる。

一九〇四年、バフチーンが九歳のときに引越した当時のリトアニアの首都ヴィリニュスは、一九九〇年のソ連からの独立宣言に揺れたこの街の現在の姿からは想像もできないほどの民族的多様性を持った、人種と言語の坩堝のような都市であった。当時そこはロシア人の支配下にあるロシアの植民地で、ロシア語が公用語、ロシア正教が公式の宗教だったが、住民の大半はリトアニア人とポーランド人で、彼らはローマ・カトリックの信者としてロシア正教徒に強い反発をいだいていた。また街には大勢のユダヤ人も住んでおり、社会に溶け込んでロシア語を日常語とするような裕福な者は少なく、ほとんどのユダヤ人がイディッシュ語を話していた。さらにヴィリニュスはヨーロッパの知的ユダヤ人の一つの中心地でもあったため、シオニズム運動が高揚し、ヘブライ語学校が目につき、学者のあいだではタルムードの釈義研究が熱心に行なわれていたりもした。

クラーク＝ホルクイストが指摘するように、ヴィリニュスの街のこうした無数の言語と文化が混在する雰囲気は、少年バフチーンを魅了した。バフチーンの人間社会にたいする洞察は、意識の孤立という状況を否定し、あらゆる自己があらゆる他者と連続し、思考と意識の同時性を共有しあうという不思議な確信へと彼を導いていったが、そうした、自己と他者がより大きな共生をめざすコミューナルな地平で融合するというヴィジョンは、ヴィリニュスの街のマルチ・エスニックでマルチ・リンガルな空気とまちがいなく通底していたのである。

〔バフチーンは〕社会あるいは文学には「単一の統一された言語」が存在するという幻想と、いかなる社会も異言語混淆に満たされており、言語そのものが重層的であって、「個々の言説へと分裂する」傾向があるという現実との対立に焦点をあてる。……彼はここでも巨視的に歴史を概観し、人間あるいは教会などの制度が言語の自然な多様性と流動性を無視して「真理の唯一の言語」あるいは「正しい言語」を押しつけようとした時代を列挙する。バフチーンは、彼が「社会言語生活の求心力」(8)とも呼ぶ「中心化」の力と、異言語混淆の「遠心」力との、時代を超えた壮大な闘いを跡づける。

クラーク＝ホルクイストがこう書いているように、バフチーンが彼独自の言語哲学の領域で「異言語混淆《ヘテログロッシア》」という概念をキーに、単一の正しいと見なされる「公式言語」によって思想や人間の意識が統率・支配されてしまうことへの根源的批判の作業を行なった裏には、あきらかに彼の経験したロシア的風土のなかに潜む創造的なハイブリディティへの確信があったと考えるべきだろう。しかもそうした確信はさらに、バフチーンが一五歳のときに移り住んだ南部オデッサの体験によって増幅されていたかもしれない。棕櫚の並木のつづく黒海に面した港町オデッサも、ヴィリニュスとはまたちがった雰囲気ながら、おなじように複数文化の混ざり合う濃密な「混血」の表情をたたえていた。大きな港のそばに巨大なオペラハウスが建ち、船乗りの居酒屋や泥棒の巣窟が街角のあちこちに喧騒をまきちらしていたこの街には、イサーク・バーベリが『オデッサ物語』で描いたような、祝祭的な詐欺師やラブレー的ギャングが跳梁跋扈してもいた。のちにドストエフスキーやラブレーの研究において、社会秩序を固定的で永遠の原理のなかに押し込めてゆく支配的イデオロギーに真っ向から挑み、「カーニヴァル」という概念を核に、肉体と笑いの復権によって生成と非決定性の美学を打ち立てるバフチーンにとって、オデッサの街の祝祭的空気への記憶が大きな作用をはたしていたにちがいないことも、もはやいうまでもないだろう。

＊

ニューヨーク大学で映画論を講ずるロバート・スタムは、刺激的な著作『転覆させる快楽』において、バフチーン理論を介してラテン・アメリカとりわけブラジルの文学やポピュラー・カルチュアにあらわれたカーニヴァレスクな伝統、パロディーの戦略、文化のインターテクスチュアルな対話性について論じている(9)。すでに述べたように、バフチーンの「カーニヴァル」や「ヘテログロッシア」をめぐる理論は、文学研究という学問的地平から導き出されただけではなく、西欧世界における「首都的」な文化の主流からつねに周縁化されてきたロシアの豊かで力強い口承的文化の伝統にねざすものだった。スタムによれば、この点でとりわけ今世紀のロシアとラテンアメリカの文化状況には興味深い共通性があるという。どちらの地域においても地理的周縁性と時間的遅滞の意識が広く社会を覆い、そのことがともにヨーロッパの「へり」に存在する過渡的で中途半端な社会を特徴づけていたことを指摘しつつ、スタムはつぎのように書いている。

どちらの地域にも、西欧の知的影響下にあるエリートによって支配された社会のなかに、一種の不安定で臆病でさえあるナショナリズムが起こるのを見いだすことができる。どちらの社会にも、検閲による圧力や思想弾圧の現実的な危険を鋭く感じとっているきわめて政治化されたアーティストがいる。そしてどちらにも、そうした抑圧的な社会のなかで生きるための方策として、多声的で、寓意的で、パロディックな表現の戦略が生みだされてきている(10)。

バフチーンは、よく知られたラブレー論のなかで、グロテスク・リアリズムとのかかわりでチリの詩人パブロ・ネルーダにわずかに言及してはいるものの、ラテンアメリカ文化の存在が彼の知的射程に入っていたとはいいがたい。にもかかわらず、逆にラテンアメリカの知識人は、彼ら自身の社会の文化的営為の持つユニークな性格をもっとも的確につかまえることのできる分析方法として、バフチーンの理論を近年ひろく援用しはじめている。(11) ラテンアメリカ文化そのものが原住民インディオ、スペイン・ポルトガル系ヨーロッパ人植民者、そしてアフリカから労働力として導入された黒人というきわめて多様な文化が融合しせめぎ合う現場であったために、そのなかで形成された政治・経済的依存と支配の構造のなかで、ラテンアメリカの思想的・芸術的表現は必然的にパロディックで両義的でインターテクスチュアルな性格を持たざるをえなかったのである。

すでにガルシア＝マルケスやカブレラ＝インファンテ、さらにボルヘスやプイグといったさまざまな意味で「カーニヴァレスク」な作家たちの描き出す作品言語を、バフチーンの理論的タームを駆使して解読しようとする作業はあちこちで試みられている。しかしここでは、「混血」というバフチーン的文化戦略をラテンアメリカ的風土のなかで明確に宣揚したムーヴメントとして、一九二〇年代にはなひらいたブラジル・モダニズムの「食人宣言」に触れないわけにはいかない。「食人宣言」は、強固な反植民地主義的動機によって支えられた運動だった。しかしそれはたんに支配と被支配という植民地主義の遺産としての表面的権力構造にたいする批判であるというよりは、近代を経過してなおブラジルが文化的「奴隷」状況にたたされていること、輸入文化に席捲され、陳腐な思想の上にあぐらをかき、植民地的メンタリティーによって無意識のうちに心理を操作されてしまっていることへの根底的な批判行為だった。モダニストたちにとって、「食人」とは、ちょうどブラジルの原住民であるかつてのトゥピナンバ族が、侵入してくる敵（白人の植民者）を「食べる」ことによって彼ら自身の力を高めていったのとおなじように、輸入された文化的生産物を「生肉」として食し、その栄養分を効果的に「消化」することによって新しい力を獲得しながら文化を転倒し変容させるための戦略として選びとられた言葉だった。
しかもモダニストたちは、一種のアナキズム的発想のなかで、あらゆる法律制定の行為を危険であるとみなし、彼らのカウンター・ユートピアであるインディオの母系社会を一つのオルターナティヴなモデルとして提示する。そこには軍隊もなく、警察権力もなく、社会階層も存在しない。「食人宣言」[12]（一九二八）の起草者である詩人・作家オズワルド・ジ・アンドラージの言葉を借りれば、その文化は「大地との共生のなかで学びとられた感受性によって」特徴づけられているのである。スタムはバフチーンを意識しながら、次のように「食人宣言」の本質を説明する。

「食人」は、ラテンアメリカと「第一世界」の都市地域との文化的接触が不可能のものであることを前提とし、その結果として、彼らが文化的純粋性という起源の場所にノスタルジックに回帰することがまったく不可能であるという地点から出発する。外的影響からの処女性をたもつ彼らの起源に帰還するいかなる行為も不可能となったいま、他者によって支配された文化のなかのアーティストたちはそうした外的要素の存在を無視するのではなく、むしろそれらを「飲み込」み、「カーニヴァル化」することによって、民衆自身の目的のためにそれらを再活用すべきなのだ。[13]

ここに示唆されているように、世紀初頭のブラジルが直面していた新植民地主義的文化支配というコンテクストのなかで、オズワルド・ジ・アンドラージらモダニストたちの精神は、バフチーンの「カーニヴァル化」や「インターテクスチュアリティー」の思想が生まれ出ることになった精神とじ

ブラジル・モダニズムのなかから奔流のように流れ出した「混血」の美学は，「食人」の宣言や「マクナイーマ」というハイブリッド人間の造形のなかでその内容を盛られていったが，同時に一人の特異な画家の仕事を通じてその精神にもっともふさわしい形態を獲得していった。タルシーラ・ド・アマラウ。モダニズム運動がもっとも高揚期にあった20年代後半に，オズワルド・ジ・アンドラージと結婚し，運動の中心の一人となった女性画家である。この作品「アバポル」（1928）――トゥピ＝グアラニ語で「食べる人」――は，巨大な足をもって大地にどっかり根を下ろした「原始人」あるいは「食人族」のイメージを伝えることによって，オズワルドの食人宣言に美しく力強いエコーを送りかえしている。

タルシーラ・ド・アマラウ「労働者たち」(1933)。近代の社会機構のなかで不可能なノスタルジーに埋没しかけたブラジル民衆をメランコリックなまなざしのなかで描いたこの作品には，混血社会の未来を透視する画家の視線が感じとられる。それにしても，ここにはなんと多様な顔が描かれていることか！

タルシーラ・ド・アマラウ「食人」(1929)。裸の人間の誇張された足と乳房。背後の熱帯植物とサボテンと太陽。ブラジルの始原のエレメントであるジャングルと裸族にむきあったモダニストたちは，そこにいかなる文明的「特性」によっても範疇づけられることのない，むしろ文明そのものを咀嚼してしまうまったき自由のイメージをみいだした。オズワルドは『食人宣言』のなかに書いている。「前進だ。教義によって説き伏されることなく，夢遊病者のように脈絡なき法に従って生きよう。キリストをバイーアに誕生させよう。あるいはパラ州のベレンに。だが決して論理がわれわれのなかに生まれることを許すまい」。

タルシーラ・ド・アマラウ「黒人女性」(1923)。バフチーンとおなじように，公式に美しいと認められたものを「美」の規準とするような美学に対し否定的態度をとったオズワルド・ジ・アンドラージは，宣言のなかで「規範的美への抵抗！自然の美とは，醜く，凶暴で，非論理的なものなのだ！」と書いている。このタルシーラの作品は，ブラジル・モダニストたちの新しい革命的な「美」を，黒人女の顔かたちのなかに見事に造形している。マリオ・ジ・アンドラージの創造した「英雄」マクナイーマの姿は，私の夢のなかではいつもこのタルシーラの絵のイメージとして登場してくる。

つはきわめて近接した位置にあったのである。さらにいえば、「食人」も「カーニヴァル」も、ともに口を利用した抵抗（一方は文字どおりの、他方は比喩的な）を目指していたし、またどちらも自己と他者との身体的・精神的混合を通じて、個人的存在のあいだにある境界線を溶解し尽くしてしまおうとする企てでもあった。

オズワルド・ジ・アンドラージとならんでモダニズム運動の中核にいた作家・詩人・人類学者・民族音楽学者マリオ・ジ・アンドラージが一種のアンチ・エピックとして書いた小説『マクナイーマ』[14]（一九二八）の主人公マクナイーマは、ブラジルに伝わるあらゆるフォークロアや伝説を収集し、それらをまるでプロップ的な民話形態学[15]にしたがって再構築してつくりあげたようなハイブリッドな人格であったが、そこで主人公マクナイーマは人種的には黒人であると同時に白人でもインディオでもあるとされている。すなわちそこでは、特定のインディオ神話のなかの登場人物が、ときにアフリカ神話の登場人物の行動形態を示すというように、個々の神話の形態素は自由に置換され、作者による異種交配の手続きを経て、不思議な民俗的ポリフォニーの色彩にみちたユートピックな人物像が造形されているのだった。しかもマクナイーマは、「特性のない英雄」というこの小説の副題が示すとおり、性格的特徴をすっかり欠いていた。しかしこの場合の「特性のなさ」とは、通常の倫理的な価値判断においてではなく、むしろ心理学的に見て独立したエゴとしての一貫性を欠いた、あらゆる「本当らしさ」の範疇から逸脱するようなハイブリッドで混沌とした性格のことを意味していた。マリオ・ジ・アンドラージの描き出すこのアンチ・ヒーローは、利己的で貪欲であるかと思えば寛大で優しく、冷酷のようでいて柔和だった。

『マクナイーマ』のなかには、ブラジル的混血が生みだす新しいエネルギーの称揚とともに、旧来の規範的小説言語への徹底した反逆が込められてもいた。そこにはあらゆる言葉遊びと言語的不調和が

ジョアキン・ペドロ・ジ・アンドラージ監督による映画『マクナイーマ』(1969)。

1927年，アマゾン流域への旅の帰途につくオズワルド（右）とタルシーラ（中央）。

導入され、ギリシア語やラテン語といったヨーロッパ系エリート文化の言語的規範性が諧謔と哄笑のなかでこっぱみじんに粉砕されていた。マクナイーマは「汚いことば」を探すためにギリシア語を学ぶし、彼の住む世界では猿でさえラテン語を解したのだ。

こうしてマリオ・ジ・アンドラージの世界も、バフチーンの言語的実験との共通性を証明してゆく。民族音楽学者でもあったマリオ・ジ・アンドラージが、バフチーンとほぼおなじ二〇年代の後半に、特異な詩論「イサウラではない女奴隷」のなかで「ポリフォニー」という音楽的概念を利用して、モダニズムの詩的実践の多声的効果について論じていたことは、偶然の一致以上のものがあったといわねばならない(16)。さらにいえば、マリオ・ジ・アンドラージが『マクナイーマ』等で試みた言語実験は、彼自身の表現を借りれば言語的な未踏地をめざす「真のエスペラント」の創造にかかわる行為であったが、こうした発言は、わたしたちに『ザンゲジ』の詩人フレーブニコフの「世界言語」を希求する壮大な夢との疑うことのできない連続性を暗示してくるのである。

「混血」の思想という地平のなかで、今世紀前半のロシアとブラジルには、感性の不思議なシンクロニシティーが生まれていた。

Ⅶ　父を忘却する――混血論2

そのひとがだれであるか、それをここでなんの留保もなく記述することはできない。年齢、性別、人種、経歴、宗教、主義、思想……。そのひとのこうした出自や帰属や信条について知りたければ、手近にある最近の人名辞典か、著作のすみについているかもしれない小さな「著者略歴」の欄でもさがせばいい。けれども、いくらそうした「客観的」な事実や定義をつみかさねていっても、そのひとについてわたしたちがなにかを「理解」したことにはならない。いやそもそも、そんなことをいくら知ってみたところで、そのひととわたしたちが精神的・認識論的な地平において真に出逢うことはけっしてないだろう。なぜならそのひとは、まさにあらゆる外面的な自己規定が生まれでる現実そのものをラディカルに問いつづけ、みずからが生まれ、生きてきたすべての文化的地盤の存在をきっぱりと認め、自明と見なしてきた無数の社会的条件をもういちどはっきりそれと名ざしながら、自分自身の「位置《ロケーション》」をあらためて認識していこうという冒険的な思考に踏みだしたからだ。出自や信条にかかわる自分自身の社会的・文化的・政治的「位置」を確定しなおすという作業そのものをつうじて、そのひとはあらたに自己の真の出自と信条とをつかみだそうとこころみるのである。

「位置の政治学」と名づけられたこの思考のプロジェクトは、まず自分自身の「からだ」が示すさまざまな意味での「混血性」の認識からスタートする。

私が生まれついたからだは、女で、白人であるだけでなく、ユダヤ人でもあった――地理的位置としては、あの年月、決定的役割を演ずるに十分なものだった。私は混血児《ミッシュリング》〔ユダヤ人とアーリア人の混血をあらわすナチ用語〕で、第三帝国がはじまったとき四歳だった。もしボルティモアでなく、プラハかウーチかアムステルダムに住んでいたなら、……私はだれか別人になっていただろう。私の中心地はたぶん中東かラテンアメリカになり、私の国語そのものもべつの言語になっていただろう。あるいはそもそも生きていないかもしれない。

しかし私は、ヨーロッパの戦争から三千マイル離れたところで生まれ育った、北アメリカのユダヤ人なのだ(1)。

彼女、アドリエンヌ・リッチは、『血、パン、詩』のなかでこう書くことによって、位置《ロケーション》の確定をめざそうとする自分が、女で、白人で、ユダヤ系の「混血児」であり、「アメリカ人」でもあることをみずからのからだを起点にしてとらえ直そうとする。アドリエンヌ・リッチは、ユダヤ人の優秀な病理学者である父と、南部出身の白人プロテスタントである母とのあいだに生まれた。外的世界の反ユダヤ主義的な空気のなかで社会的成功のためにみずからのユダヤ性を現実的に操作しながら生きつつ自己嫌悪にさいなまれる父親と、南部的な騎士道精神の裏返しとしてのロマンティックな異性愛幻想の保守性のなかにとどまりつづける母親とのあいだで思春期をおくったリッチは、自らのユダヤ性をはっきりと直視することのないままに、ある日ヨーロッパのホロコーストの現実に突然覚醒する。

記録映画の映像として彼女の網膜に焼きつけられたあの強制収容所の男女は、いったい「彼ら」なのか、それとも「私たち」なのか？　まもなくハーバード大学へ進学した彼女は、東欧の正統ユダヤ教徒の家系の男性と結婚し、生物学的には彼女自身よりもよりユダヤの「血」の濃い三人の息子を出産する。しかし六〇年代にはじまる公民権運動、人種主義へのラディカルな批判の動き、そして胎動をはじめたフェミニズムとりわけレズビアン宣言といったものが送りだすインパクトが、彼女のユダヤ人としての、女としての、そして母としてのアイデンティティの「根っこの裂け目」をあらたに検証する作業へとリッチを導いていった。

とりわけユダヤ系「混血児」としての彼女の存在の「位置《ロケーション》」の確定にとって必要不可欠な作業は、なによりもまず彼女の「父」をもういちど認識しなおすことにほかならないとしながら、リッチはつぎのように書いている。

父を私の父であるときっぱり認めること。なぜなら私がユダヤ人であることは父に由来するのであって、異教徒《ジェンタイル》の母からではないのだから。そして彼の沈黙を、彼のタブーを破ること。彼を父と断言するためには、私はある意味で彼の秘密をあばかなくてはならないのだ。(2)

「父がだれであるか」を問うことは、両刃の刀を手にしたときのようなあやうい危険性を隠し持っている。なぜなら、父を認めることは、つねに自らの「血」の正統性を確認する行為へとつながってゆく可能性を孕んでいるからだ。しかも父をつうじてさかのぼられた血の系譜への想像力は、そのまま「血統」という概念の彼方に「国家権力」を透かし見るようなイデオロギーを必然的に産みだしてゆく。リッチはむろん、そうした危険性をじゅうぶんに承知した上で、なお「父」に由来することによって条件づけられた彼女の「位置《ロケーション》」が示す制約や限界を、自己の内部からえぐりだそうというもっとも勇敢な行為に着手しようとする。

こうしたリッチの危険な選択は、ある意味で「アメリカ合州国」という強大な国に生まれた白人がひきうけざるをえないぎりぎりの条件のなかで選び取られたあたらしい思考の出発点を示している。しかし、逆に大国によって植民地として支配された経験を持つ土地に生まれた「混血」という現実とその思想的系譜は、父へとさかのぼろうとする血統的想像力をいさぎよく断つための、まったく独自の文化的な戦略として自らをつくりあげようとしてきた。

*

南米コロンビアの作家ホセ・エウスタシオ・リベラの一九二四年の作品『渦』のなかに、つぎのような一節がある。


「混血女《ムラータ》よ」、と私はたずねた。「おまえはどこの生まれだい？」

「わたしがいまいる、この土地よ」

「では生まれながらのコロンビア人というわけか？」

「わたしはただマナレ出身の平地人《ジャネーラ》の女というだけ。この美しく広大な土地以外に、いったいどんな祖国が要るというの」

つぎに私は彼女の息子アントニオにたずねた。「きみの父親はだれ？」

「ママが知ってるよ」

するとと母親は言った。「息子よ、なにより大事なのは、おまえが生まれたってことだよ」(3)

この短い会話にみごとに凝縮して示されているように、ここには解釈の決定的なすれちがいがある。田舎に住む混血女にとって、国家も、息子の父親も、彼女自身の存在を正統化するために必要なものではなかった。彼女はおどろくほどの確信とともに、それらを否定する。しかし物語の語り手である首都ボゴタからやってきた白人の男にとっては、彼女がそうしたものを必要としているにちがいない

母と子の始原の風景。この二者の宇宙はそれ自体で完結し，父親の像の不在は決定的である。現代のラテンアメリカやアフロ・カリブ世界の植民地社会構造の帰結として生じた「混血」のプロセスは，家族内において，移動する搾取者としての父の影を薄いものとし，母と子の肉体的つながりだけを真実のものとして聖別化した。写真は 1983 年メキシコ，チアパス州チャムーラの母と幼子。(Abbas)

ことは、ほとんど自明のことに思われた。だからこそ、男は祖国についての質問のすぐあとに、父親についての質問をたたみかけるように浴びせる。すなわち白人の男にとって、祖国とは父親の存在によってその正統性を与えられているようななにかなのである。

もちろんこの会話の背後には、作者によって意図された換喩《メトニミー》的な歴史観を読みとることができる。西欧言語において、土地は女性であるとみなされていた。だが女性である土地は、それ自身のなかにみずからを根拠づけるものを持たなかった。土地は発見され、名づけられることによってはじめて正統性を獲得したが、その名は、植民地においては例外なく、発見者である男によって与えられたものだった。しかも多くの場合、発見者たちは自分の名をそのまま女性形に変えて土地に付与することによって、彼がその土地の父親であることを明確に土地に刻み込んだ。一五世紀末、イタリアの航海者アメリゴ・ヴェスプッチによって大陸として発見・認定され、その事実にちなんで名づけられることになった「アメリカ」(4)(いうまでもなく「アメリカ大陸」全体をさす)がそうした経緯を示す象徴的なケースといえるだろう。

こうして植民地主義的想像力においては、女性である土地の正統性は、父親とその名前に由来することになった。植民地支配を進めるヨーロッパ近代国家にとって、父親によって土地に象徴的な根拠を与えることこそ、その地に父権的な政治権力を及ぼすためになによりも重要な手続きだった。そこでは「父親を知ること」こそが、土地の、そして植民地の個人のいわば正統性と純血性への確信を支えていたのである。

しかし植民地の現実は、いうまでもなく西欧人の父と現地人の母とのあいだに、無数の「混血児」を産みおとしていった。しかも先住民の女の気まぐれな搾取によって産みだされたあまたの混血児は、最初からその父親の認知や特定にかんしてきわめてあいまいな存在だった。『渦』の混血女やその息子の発言が示しているように、彼ら混血児にとっては「父を知ること」は事実上不可能となる。そしてその不可能性の上に立ちつつ、彼らはむしろ意図的に父親を「忘却」することによって、母としての大地にまっすぐ接続された存在であることを自ら確認しようとする戦略をあるとき身につけることになったのである。ここでは、「混血である」ことが、「父を忘れる」ことと結びついて、植民地支配のディスクールがつくりあげてきた権力構造にたいする力強い抵抗の意志が表明されている。

*

父権的な支配構造のなかで展開してきた植民地の現実が、近代国家の成立のなかで「祖国《パトリア》」(＝父の国)という概念を自己の正統化の基礎としていった歴史は、そのまま社会をおおう男性原理が女性を包囲してゆく過程と連動していた。現代思想の枠組みをひろく導入しながらラテンアメリカの文学や芸術を一貫して論じてきたコロンビア大学のジーン・フランコは、論文「エスノセントリズムを超えて」において、ラテンアメリカ社会における女性の従属的立場は、女性をもっぱらプライヴェートな空間にきびしく封じ込めることによって成立したと主張する。(5) しかしこの場合のプライヴェートな空間とは、かならずしも母が社会的な意味でほとんど「監禁」されることになる「家」という空間だけをさしているのではなかった。フランコによれば、ラテンアメリカ的世界において、女性はファルス(男根)的原理との関係において三種類の位相において封じ込めを受けていた。

その第一はいうまでもなく、「母親」という位相である。結婚して子供を産み、非処女となった女性としての母親が所属する空間は、いうまでもなく家の空間である。内部にパティオ(中庭)を持ち、内側に向かってプライヴェート化されたラテン世界に特有の家屋の空間構造は、結婚した女性に社会が課する道徳的な制約を示していたが、これはかならずしもカトリック的倫理観によってのみ説明するべきではない。既婚女性を家の空間に閉じ込めようとする文化的傾向は、もともとムーア人侵入後のスペインにおいて妻の貞操を確保しようとしたスペイン人の男たちによってはじまったのであり、それが家屋の構造とともに新大陸にひろがっていったと考えることができる。ここではすなわち、異教徒との交わりを忌避する純血の観念が、女性を不可動の立場に閉じ込めることと対応しているのだ。

ファルス的原理との関係で女性が占める第二の位相は、既婚女性としての「母」の対極にある「処女」という位相である。社会的立場としては、この「処女」はすなわち神に自己のすべてを捧げた女性としての「尼僧」というかたちであらわれる。そして尼僧もまた、空間的には「修道院」という閉域に生きることを余儀なくされた、封じ込められた女性なのである。

右にあげた二つの立場の否定としてあらわれる第三の位相が、母親でもなく、処女でもないという存在、すなわち「娼婦」である。すべての男性にたいしてひらかれた存在としての娼婦は、一見パブリックな身体を持った女性としてプライヴェート化された封じ込めの原理と対立しているように見えるかもしれない。事実、たとえばペルーの作家ホセ・マリア・アルゲダスの遺作である未完の小説『上の狐、下の狐』のなかに描かれた娼婦たちは、割りあてられた小部屋の前で両足をひろげて座り、彼女らの「開放性」を誇示しながら客を待っている。(6) しかしいうまでもなく、売春宿じたいの監禁性を無視することはできない。可動性を奪われ、性の私的収奪の目的のために囲いこまれた娼婦もまた、閉域に封鎖された女性という意味で、母や尼僧と変わることがないのである。

こうしてラテンアメリカ的文化風土のなかで、女性はファルス的原理によって三通りの位相において等しく封じ込められることになった。しかしこのダイアグラムは、もう一つの組み合わせが存在しうることを暗示している。すなわち処女でありかつ母親であるという現実的には不可能な組み合わせ。

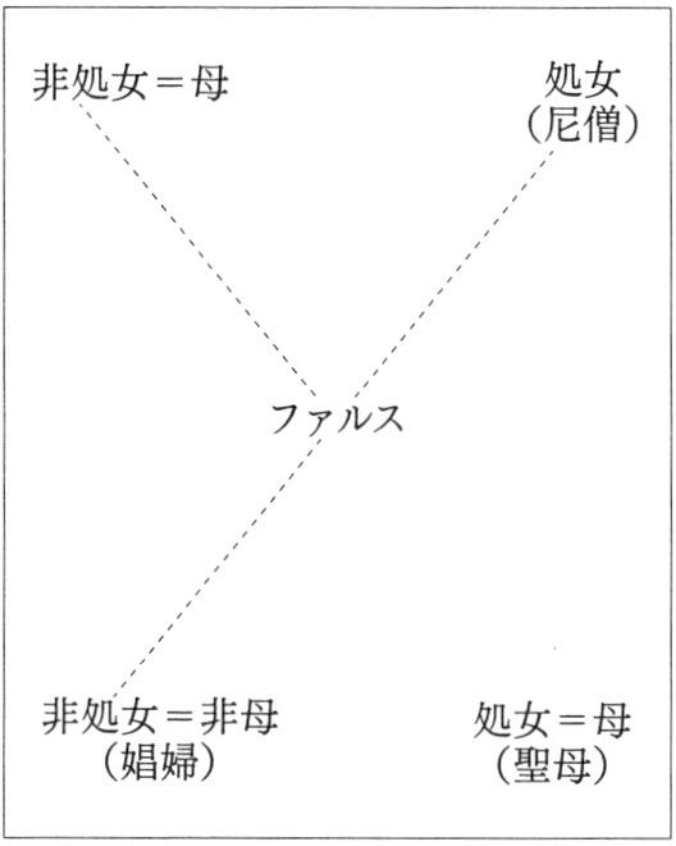

ファルス的原理を軸とした，女性が社会空間において占める４つの位相。

これを唯一成立させるのが、「聖母」という領域である。聖母によって、ラテンアメリカの社会をおおうファルス的構造にからめとられた人間は一つの脱出口を獲得する。キリスト教世界において聖母をめぐる神秘はたんに彼女が処女懐胎を行なったという点にだけあるのではない。彼女が処女のまま産んだ子供が創造主となって、すべての生命の根拠をつくりなしている、ということが重要なのだ。だから「聖母」によって、人間はあらゆる生命の根源にひそむ処女懐胎の秘蹟への可能性を予感する。スペイン人の父親の侵入によって犯され、名づけられたはずの「アメリカ」という女性が、未発の生命をじつはその処女林の奥深くから汚れなきままに宿しているにちがいないことを、ラテンアメリカの混血児たちはどこかで信じようとしているのだ。

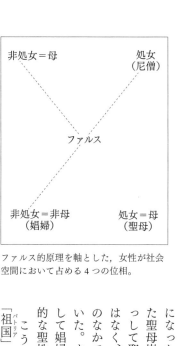

こうして、近代国家の父権的構造によって押さえ込まれていた女性の領域の彼方には、いつからか聖母マリアへとつながる秘密の通路が生まれることになった。ラテンアメリカにおいて突出して展開した聖母崇拝の信仰としての「マリアニスモ」は、けっして聖母マリアを唯一の信仰の対象とするものではなく、むしろ女性的価値そのものをある種の聖性のなかで解釈してゆこうとする傾向をかくし持っていた。すなわちそこでは、ごくふつうの母親も、そして娼婦ですら、零落した「聖母」の姿として民衆的な聖性を付与されることになったのである。

こうして、ファルス的原理の抑圧のなかで「祖国《パトリア》」と呼ばれる国家的価値に自己を同一化できない混血児たちは、あるとき、彼らにとってより根源的な「母国＝故郷《マードレ・パトリア》」の存在に気づくことになる。そのとき、彼らの帰るべき故郷は、母の姿を正確にうつしだしはじめる。母の身体が、帰るべき「家」としてイメージされたペルーの詩人セサル・バジェホの詩集『トリルセ』のなかのつぎのような詩に、聖なる母をつうじて父権的リアリティの彼方を想像するメスティーソ的精神の軌跡が美しく描かれている。

母よ、明日わたしはサンティアゴに帰ります
あなたの加護とあなたの涙によってわたしを濡らすために
……
あなたの驚きのアーチがわたしを待っているでしょう
剃髪した列柱は生きることに疲れたあなたの切望の証し
中庭《パティオ》がわたしを待っているでしょう
階下の回廊は花床や祭の飾りつけで華やいでいるでしょう
……
あなたの血の二重アーチの下
その下を通り過ぎるためには
爪先立ちでそっと歩かねばなりません
父でさえ　そんなときは
半人前以下になって慎ましく歩き
あなたが産んだはじめての子になる

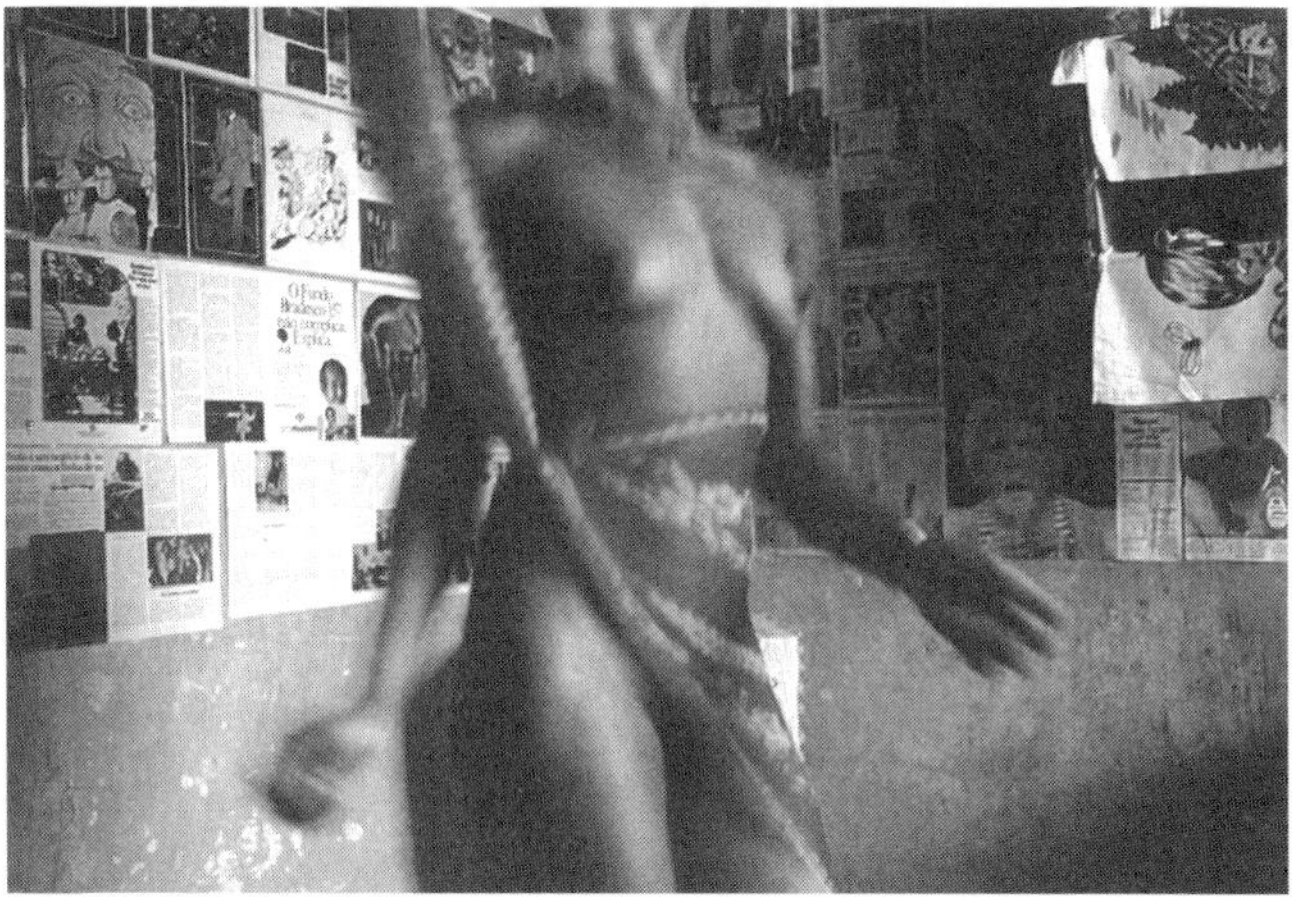

娼婦の部屋は，父権構造の抑圧によって文化的閉域へと追いやられた女性の空間として，ひとつの文化類型を形作る。それは抑圧と痛苦の空間であるが，同時に，聖母という文化類型と対をなす，民衆的聖性がはらまれた多義的な場でもあった。この対抗的な場が発する意味の強度のなかから，多くの物語が発生する。写真映像もまた，この空間の錯綜した意味を再考するための手がかりを提供する。写真はメキシコ・シティのクアウテモクツィン街（上，Cartier-Bresson）とブラジル，バイーア州（下，Rio Branco）。

……
そう、あなたは死せる不滅
あなたの骨によってつくられた柱廊は
いかなる嘆きによっても崩れ落ちはしません
そしてその骨のすきまには　運命ですら
指一本触れることができないのです[7]
……

インディオの母とガリシア人司祭の父のあいだに生まれたバジェホの母。ここには、子宮と産道をそなえた「母」のからだが、小部屋と廊下とアーチと列柱にかこまれた中庭とを持つ故郷の家屋のイメージのなかに透視されている。家族の過去の記憶をすべて蓄積しながら不動の安定を示す聖なるテリトリーとしての「家」。そこにつなぎとめられた母であったからこそ、逆に彼女は自らの内部に「確実性」を孕むことができるただひとりの存在となる。そして家や母のなかに蓄積された過去は、けっして、前進する近代国家的な「歴史」の時間[8]へと組み込まれることなく、大地と接続されたアルカイックな叡知のなかをいまだに生きつづけている。そうした「母」が具現されたテリトリーでは、バジェホがいうように、父はかろうじて遠慮がちに「爪先立って」歩くことができるだけだ。父の存在を忘却の彼方に追いやることによって、母のテリトリーはすべてのラテンアメリカの混血児をその内部に処女懐胎するための秘蹟的な力を手にいれたのである。

＊

カトリックの聖母マリアと、メソアメリカ先住民の地母神トナンツィンとが混血児たちの宗教的イメージのなかで合体して生まれた「グアダルーペの聖母」。メキシコを中心とし、さらにひろくラテンアメリカ全域のカトリック圏へ大きな影響力を持つこの褐色の聖母への信仰を、アメリカ合州国のなかで唯一いまも力強く守りつづけているのがメキシコ系の混血住民、いわゆる「チカーノ」たちである。チカーノが自らの存在の根拠について問うとき、その精神の核心に喚起されるのは父のイメージではなくてつねに聖母グアダルーペをとおして想像された母性的価値のほうである。ニューメキシコに住むチカーノ作家ルドルフォ・アナーヤは、アングロ、ヒスパニック、そしてインディオという三通りの文化が複雑なブレンド化の運動をくりひろげ、そこから「新世界の人間」とも呼ぶべき新しいタイプのハイブリッド的人格が生まれでようとしている萌芽を強く意識しながら、そうした新しく誕生する人格が彼らの集合的な過去との連続性を「母」をつうじてたもちつづけていることをつぎのように述べている。

私の価値の中心にあるのは先住民アメリカの視点であり、「新世界」のヴィジョンとでもいうべきものです。私はこれまでつねに、母の本性にたいして関心を集中してきました。それは象徴的な意味でのインディオの母であるばかりか、いまアメリカ大陸に住んでいる現実のインディオの母のことでもありました。アメリカ大陸の土地と人間の核心に流れる血は、私の母がもつ自然の力によってできあがっているのです。それは「新世界」の無数の象徴と神話をあかるみにだし

ながら、私の小説の底流にほとばしり流れているのです。(9)

アナーヤはこう書きつつ、小説『ブレス・ミー・ウルティマ』のなかで、ひとりのチカーノ少年アントニオの意識を借りながら、家父長的社会制度の抑圧のなかからぬけだして、あらたに母との連続性を回復することによってチカーノの混血のヴィジョンを未来に向けて推進してゆくための精神の設計図を描きだそうとする。(10)少年アントニオの導き手となったのが、大地につながるアルカイックな叡知をいまだに体内にいだく年老いたインディオの老呪術師の女性、祖母ウルティマだった。この老女の小さなからだのなかには、汚されていない「自然」の無垢のエネルギーと、地母神的包容力と、アステカ人に由来すると思われる妖術の冴えと、聖母の慈愛と、宇宙的生命力とが、おどろくほどコンパクトなかたちで一体となっていた。彼女をつうじて、アントニオは動植物の名をおぼえ、一日のさまざまな時間のなかに生起する無数の「美」について知り、川や丘のたましいのなかに実現された悠久の「存在」への畏怖を学んでゆく。ウルティマの体内に蓄積された神話的叡知に触れることによって、ヒスパニック・アメリカンとして生きるチカーノたちは、近代の「歴史」の流れの背後で生きつづけてきた彼らの集合的な「物語」と「土地の記憶」とを、もう一度自らのものとして回復してゆくのである。

その意味で、ウルティマはチカーノがふたたび見いだした「母」であった。そしてこの母の再発見という行為にとって、少年アントニオはちょうど媒介者的な役割をはたす。なぜなら、ウルティマ自身が、アントニオの生が所有する神秘のなかに、彼女の神秘との精神的絆を見いだすからだ。こうしてアントニオは、ウルティマの体内に奇蹟的に貯蔵されてきた「最後の」(「ウルティマ」とは「最後の」という意味だ)アルカイックな叡知の継承者となってゆくのである。

グアダルーペの聖母の版画。作者である版画家アルテミオ・ロドリゲスはメキシコ，ミチョアカン州の小さな町タカンバロの農夫の子供として 1972 年に生まれた。19 世紀末の偉大な版画家ポサーダの技法と精神を引き継ぎ，故郷の町に伝承されていたリノカット（リノリウム板版画）の技術を習得して，古い民俗的モティーフを現代的な感性によって甦らせた特異な版画を制作し注目を浴びている。

憑霊宗教カンドンブレの儀礼を準備するブラジル，バイーアの女たち。背後の壁には魚たちの母である海の女神イエマンジャーの絵が描かれている。イエマンジャーは，カトリックの聖母信仰とも習合しており，人々の混淆的な信仰心のなかで，アフリカ起源の海の精霊はキリスト教の聖母のイメージとときに重なっている。母を通じて過去との連続性を維持する民衆文化の一形態をここにも見ることができる。（Rio Branco）

メキシコ，チワワ州に住む女呪術師《クランデーラ》。チカーノの作家アナーヤが描き出すウルティマなる女シャーマンも，この女呪術師のように薬草や民間医学の知識に裏打ちされた深遠な世界観をつうじて大地の母性を象徴し，民衆の集合的な「母」との繋がりを保証する存在だった。(Dusard)

そのことは、アントニオがある日見た奇妙な夢のなかで、ある種の運命のようなものとして予言されてもいた。そこには父が居て、彼のまわりをアントニオの三人の兄が囲んでいた。屈強のカウボーイである父は、息子たちに、町が彼らの自由を奪い去ってしまったことを糾弾し、川の対岸に彼ら自身の城をもう一度うちたてねばならないと告げた。この父の言葉に応じるように、三人の兄たちはつぎつぎと力強い言葉を発し、平原の男としての自覚、征服者の子孫としての誇り、戦士の末裔としての永遠の自由について語った。しかしアントニオの三人の兄は、現実には「歴史」上の一事件として起こった戦争に「国家」によって狩りだされてしまった男たちなのだった。夢のなかで、三人の兄たちはアントニオに向かって微笑を浮かべながら不思議なユニゾンの声でこういう。「おまえは、いま生まれたばかりの人間だ。トニー、おまえが母さんの夢だってことを忘れるんじゃない。おれたちが川を渡って父さんの城を築きあげるあいだ、おまえはここにふみとどまって鳩たちとともに眠るんだ。おまえは母さんのために、月の司祭となるんだ」。

「ぼくもいっしょに行くよ！」少年は三人の影に向かって叫ぶ。「ぼくも、ぼくらの新しいお城のために川岸の泥を兄さんたちといっしょに掘り起こしたいんだ！」

しかしそのとき、アントニオ少年は、町外れの川岸にひとりの年老いた女が立っているのを見いだす。そこでは孤独な「泣き女《ジョローナ》」が目から涙を溢れさせ、川を奔流へと変えようとしていた。神話的母としての「泣き女」は、そのとき、太古の呪術によって男たちの血を飲み干すために、荒れはてた野原の川岸へと姿を現わしていたのだった。

こうしてアントニオは、チカーノの父権的社会のなかで、一種のメシア的な存在としての性格を与えられてゆく。父の世界を共有することのヒロイックな高揚感の残響のなかで、しかしアントニオは、ウルティマに導かれながら、あきらかにまったく新しい認識の地平へと進んでゆこうとしている。チカーノという混血社会の成熟のなかで、アントニオ少年はあらたに「母」の探求の作業をつうじて自己を一層ハイブリッドな人格に作りかえる冒険へと着手したのにちがいない。「ウルティマ」とは、「最後の」という意味であると同時に、「最新の」という意味でもありうることを忘れてはいけない。ルドルフォ・アナーヤは、「新生児」アントニオと「原母」ウルティマとの魂の交流を物語に造形することをつうじて、「新世界」の人間の誕生を宣言しているのだ。

こうしてすべての「混血」の軌跡が、不思議に、「母」へとつながる道をそろって歩みだした。父が指し示す地点の彼方に見え隠れする制度や国家や権力へのあいまいな執着を振り捨てて、意図的に「父を忘却する」ことをつうじて、混血児たちはいま「母」の存在を起点とした新しい人間のコミュナルなヴィジョンを透視しはじめている。

ヴァージニア・ウルフがいったように、「私たちは女であれば母を通して過去を考える」ものであるならば、いま私はこういってもいいような気がする。「私たちは混血児であれば母を通して未来を考える」と。

Ⅷ　旅する理論――ヴァナキュラー論

「ヘテロな」もの、「異なる」もの、「外生の」ものについての科学としての「ヘテロロジー」をめざす認識のフィールドが、これまでの議論のなかで、南北アメリカ大陸を中心とするいわゆる「植民地主義的」な文化の刻印を数百年のあいだにわたって受けつづけてきた地域とほぼ重なっていたことは、もちろん偶然ではない。こうした土地では、人間や文化の交通がつねにコロニアルな「関係」のなかで生じ、無数のヘテロなものの異種交配の過程がくりかえされてきた。そうしたプロセスの果てに生みだされた人間のノン・エセンシャルで混成的・接続的な生存の諸形式は、ある意味で現在の世界の「ポストコロニアル」な状況に生起しつつあるさまざまな現象の理解にたいして、一種の理論的戦略となりうる大きな可能性を秘めている。

西インド諸島における植民地化と混血化の歴史を背負いながら、クレオーリズム的認識にたった主体の再編成と歴史の再点検をこころみようとするマルティニックの詩人＝思想家エドゥアール・グリッサンは、たとえばつぎのように書くことで、コロニアルな「関係」の力学が生じた起点を彼の認識の出発点にすえようとする。

私たちは、私たちが始まった地点へと戻らねばならない。この帰還の意志によって支えられないかぎり、いかなる迂回のプロジェクトも有効とはいえない。しかしもちろんその際の「帰還」とは、起源を求める憧憬へ、存在の不動の状態へとあともどりすることではけっしてない。それは、私たちが力ずくで押し倒されることになったあの「もつれ」の地点へと戻ることだ。そしてその地点において、私たちのあの「関係」("la Relation")の力をついに一つの作品として提示しなければならない(1)。

こうした認識が生まれでるために、作家は旅をしなければならなかった。植民地を出て「第一世界」のメトロポリスに赴き、そこで彼の土地がいかなるかたちで「地図」のなかに示されているかを確認しなければならなかった。時間と空間をわたる旅が、彼にコロニアルな「関係」の存在を発見させ、ポストコロニアルな「理論」の形成へと歩ませるための力を与えた。

その意味で、ここでグリッサンがいう「関係」とは、けっして支配者/被支配者、主人/奴隷といった植民地の社会関係を貫いていた単純な二項対立的関係でないことはいうまでもない。コロニアルな「関係」を、こうした対峙する固定化された二者の構造のなかに還元してしまうことこそ、「第一世界」の理論家がしばしば足をとられてきた陥穽だった。グリッサンのような、ポストコロニアリティにたった「旅する」理論家は、たとえば「奴隷」というような概念が単純な支配/被支配の図式のなかでは扱うことのできない、いかに流動的で可変的な指標であるかについて知悉していた。たとえば西インド諸島の黒人奴隷は、歴史的・空間的にさまざまなカテゴリーとして存在した。アフリカから連れてこられた初代の黒人奴隷(slave)たちが、植民地でもうけた子供たちは、すでに植民地生まれの黒人として新たな社会的・文化的カテゴリーを生みだした。さらにプランテーション農場から脱走し、山中に隠れ住んだいわゆる〈マルーン〉(逃亡奴隷。スペイン語圏カリブ海地域では〈シマロン〉)の存在は、植民地の黒人の歴史のなかで無視することのできない勢力として、現在のアフロ・アメリカ文化の形成に貢献している。また、〈クレオール〉(スペイン語では〈クリオーリョ〉)という概念も、はじめは主に新大陸生まれの白人を意味していたものが、しだいに黒人との混血や、植民地の黒人そのものをさす概念へと変容し、言葉じたいがコロニアルな異種配合のプロセスを追体験するという象徴的な例となっていった。

以下の試みは、こうしたコロニアルな「関係」のなかで作り上げられてきた、特定の時間性と空間性の上にたった文化的概念・カテゴリーに、理論的な力を装備することができないだろうか、という考えに発している。現代世界をおおいはじめているヘテロジニアスな文化の組成について語るための論理に、植民地の黒人奴隷とその無数の混血の子供たちによって鍛え上げられてきたヴィジョンと想像力とを与えてみたらどうなるのか……。そうした試みに着手しようとするとき、まず手がかりとなるのは、〈ヴァナキュラー〉という概念であるかもしれない。

*

〈ヴァナキュラー〉(vernacular)という言葉は、語源的にはラテン語の〈ウェルナクルス〉(vernaculus)に由来するもので、それは「主人の地所に生まれた奴隷」を意味する語から派生した。しかしこの概念は、いまでは「特定の土地に固有の、その土地の人間のごく普通の表現にねざした」というような意味に転化して、特に民衆のローカルな芸術的表現や建築様式の技術を示す言葉として流通している。さらに〈ヴァナキュラー〉は、いわゆる「土地ことば」あるいは「土地なまり」といった、特定の地域に固有な言語表現を意味する言葉としても用いられており、制度的言語に対する俗語、エリートのことばに対する庶民のことばを示す概念ともなっている。

近年、この〈ヴァナキュラー〉という概念の援用によって、新しい知的射程を獲得しかけているのが、建築を主題とした文化史やフォークロアの領域である。すでに、一九六四年に刊行された『建築家なき建築』のなかで、バーナード・ルドフスキーは〈ヴァナキュラー〉という用語をつかって、建築を、限られた文化を背景に成立した「建築家」の手によるのではない、人類のコミューナルな経験と知識にもとづいた無名の技術の実践としてとらえる視点をいちはやく提示していた[2]。そこでルドフスキーは、ヴァナキュラーという言葉と平行して、ときに「血統の明らかでない」「由緒のない」(non-pedigreed)「自発的な」(spontaneous)「田舎の」(rural) といった表現をも使用しながら、いわゆる「ハイ・アート」としての西欧的な「建築」の概念を突き崩し、部族的建築や民俗的な集落の構造を広く世界のさまざまな地域からとりあげて、一種の普遍的な現象としての「建築」のヴァナキュラーな美学を回復しようとしたのだった。

しかし、さらに近年になって、デル・アプトンやジョン・マイケル・ヴラチといった建築史家や民俗学者は、〈ヴァナキュラー・アーキテクチュア〉という概念に新しい視点を盛り込むことによって、それをたんなる伝統的な民俗家屋をさす用語から、建造物をめぐる形式や技術を通して近代の歴史的過程の深部へと探りをいれるための理論的概念へと進化させた[3]。アプトンとヴラチの定義によれば、ヴァナキュラー・アーキテクチュアとは「ハイ・スタイル」でない建物であり、プロフェッショナルな建築家によってデザインされたものではなく、モニュメンタルな要素もうすく、洗練されていない「たんなる建物」(mere building) である。だがそれはけっして地方の伝統的な庶民の建築物だけをさ

ヴァナキュラー・アーキテクチュアの事例。固有の土地の，民衆の日常の造形的実践をすくいあげて成立する可変的なスタイルを反映するヴァナキュラー・アーキテクチュアは，文化の本質主義的な理解からは捉えがたい「日常の場所」の持つ文化的な力学の所在を鮮やかに示してくれる。上は南北戦争後の1870年代に建てられたヴァージニア州ボイドトンの住宅。簡素ながら，切り妻の美しい装飾などに特徴がある（Upton & Vlach）。下はテキサス州フレデリックスバーグの住宅。フレデリックスバーグは19世紀なかばにドイツ系開拓者たちによって建設された古い町で，特異なテキサス・ドイツ語の残存や，ドイツ移民に由来する特徴的な建築文化で知られている。

して、都会の建築物を排除するものでもない。民家であれ、大量生産の分譲住宅であれ、あるいは都市の商業建築であれ、そのデザインや技術の実践にかんして日常生活に基礎をおいた特定の「文化的パターン」との関連が認められるとき、それらはヴァナキュラーと呼ばれるのである。時代を通じて普遍の伝統を維持するフォーク・アートのような技術とちがって、ヴァナキュラーな文化が社会環境のもたらす無数の変移を受け入れるきわめて流動的で可変的な特質を持っていることを示唆しながら、ジョン・A・クウェンホーヴェンはつぎのように〈ヴァナキュラー〉の本質を説明する。

それらは新しい、文化的に同質化されていない環境の諸要素のなかから満足できるパターンを創造しようという庶民の非自覚的な努力の成果をあらわしているが、このパターンをつくりだす技術は、近年熱心に研究されているいわゆる民俗工芸《フォーク・アート》のそれとはまったくちがっている。それは、ケンタッキーの山岳民たちにうけつがれている民謡とか、ペンシルヴァニア州のオランダ人移民による装飾工芸とかいったものとの共通点をもってはいない。庶民の日常生活の主流からは切り離されたこれらの特殊な民俗伝統とは違って、ヴァナキュラーはたとえ無教養ではあっても自立した生活者による技芸《アート》なのである。それが発達させてきたパターンは、人種や階級にねざした古来の伝統によって鼓舞されたものではなく、むしろその反対に、日々あらたに生まれかわる社会構造の流動するエネルギーによって支えられているのである(4)。

ここに明確に述べられているように、〈ヴァナキュラー〉という概念は、これまでフォーク・アートとかネイティヴ・アートとかいったカテゴリーによってはつかまえることのできなかった民衆の日常の造形的実践を新しい視点のもとにとらえるために援用された一種の戦略的な概念である。庶民の

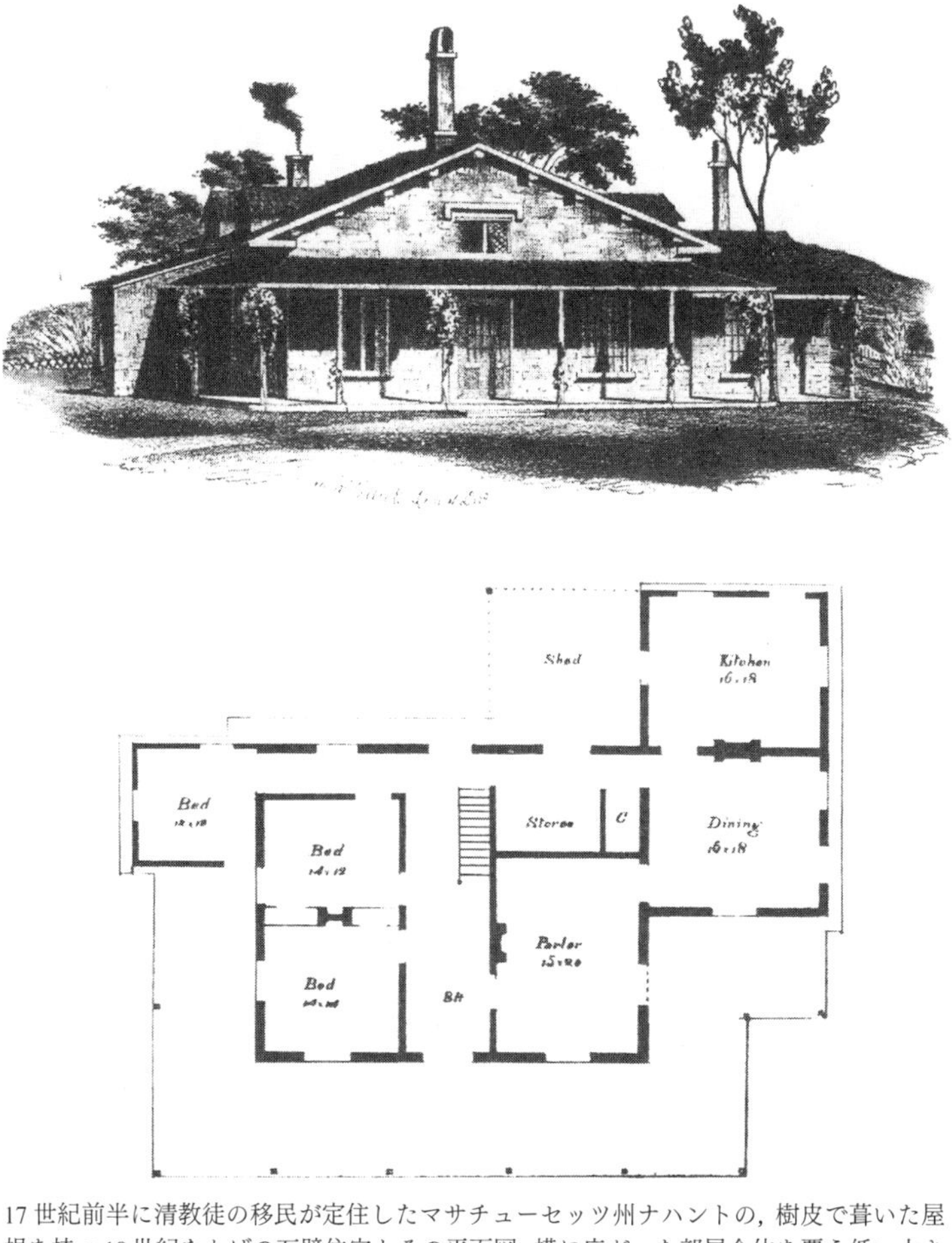

17 世紀前半に清教徒の移民が定住したマサチューセッツ州ナハントの，樹皮で葺いた屋根を持つ 19 世紀なかばの石壁住宅とその平面図。横に広がった部屋全体を覆う低い大きな屋根と，建物周囲をめぐる細長い柱で支えられた回廊が，この土地固有のヴァナキュラーな意匠を示している。（Upton & Vlach）

固定的な民俗伝統に根ざした技術への評価が、ともすれば表面的なロマンティシズムやノスタルジーやエスノセントリズムの侵入によって厳密性を失いつつあり、一方でそうした伝統とは相容れない可変的で非正統的なアートがつぎつぎと誕生してゆくエネルギッシュな現場を前にして、わたしたちはいままでまったく等閑視されてきた「普通の人々」(ordinary people)や「日常の場所」(common places)がかくし持つ文化的な力の所在を、〈ヴァナキュラー〉ということばによって捜し当てようとしているのだ。

その意味で、〈ヴァナキュラー〉とは、いわば「文化」や「土地」自体の非正統性・非本質性にたった「土地性」をさし示している。「ネイティヴ」とか「伝統的」とかいった概念によって喚起される土地性はあくまで特定文化の地域的完結性や純粋性を前提として成立してきたが、コロニアリズムを経過した近代の文化空間のなかで発生しつつあるノン・エセンシャルな人間の営為を位置づけるためには、非規範的な枠組みのなかである文化的特質を定義しうる〈ヴァナキュラー〉という表現が必要不可欠であるといえる。

建築家のロバート・ヴェンチューリは、〈ヴァナキュラー〉の概念を、近代消費社会のメカニズムにとり込まれたデザインや意匠にまで拡大し、米国人の日常生活のなかで消費の欲望を刺激する世界そのものをヴァナキュラーな世界であるとみなし、それを建築デザインの原理として理論化しようとしている。[5] こうした地点では、もはや「流行」や「趣味《テイスト》」といった現象でさえ、人間のヴァナキュラーな実践の一つとしてとらえ直されることになるであろう。

だがここで問題にしたいのは、むしろ近代のポストコロニアルな状況が生みだしてきた非本質的な土地性を、ヴァナキュラー理論によって探索してゆくことの有効性についてである。そしてそうした冒険的な作業の行なわれる「場」として、米国社会の黒人文化研究というフィールドはつねに一歩先を歩みつづけてきた。

＊

アフロ・アメリカ文学を素材に、〈ブルース〉というそれじたいきわめて複合的・混成的な概念をアメリカの多様な表現文化の層に接近するためのパラダイムとして利用しながら、アメリカ文化のヴァナキュラーなレヴェルに刺激的なやりかたで迫ったのが、ヒューストン・ベイカーJr.の著作『ブルース、イデオロギー、アフロ・アメリカ文学』だった。ベイカーはこの本でまず、〈ブルース〉をアフロ・アメリカ文化が形成されるための複雑で再帰的《リフレクシヴ》なプロセスをうみだす母体《マトリクス》としてイメージする。

母体は子宮であり、ネットワークであり、化石を内包した岩である。それは取り除かれた宝石の痕跡によっておおわれた広大な岩肌であり、合金をつくる主要金属であり、版画や写真を複製するときのプレートである。母体は、とどまることをしらない注入と産出のみなもとであり、つねに創造的な変容のなかにあってからみあい交差しあう力によって織りあげられた網の目なのである。アフロ・アメリカの文化におけるブルースは、そうした響きあい振動するネットワークをつくりなしているのである。(6)

〈ブルース〉を、こうしたアフロ・アメリカの文化的ディスクールが書き込まれてゆく多層的で柔軟な「台本《スクリプト》」のようなものであるとしながら、ベイカーは〈ブルース〉と呼ばれるパラダイムの特性

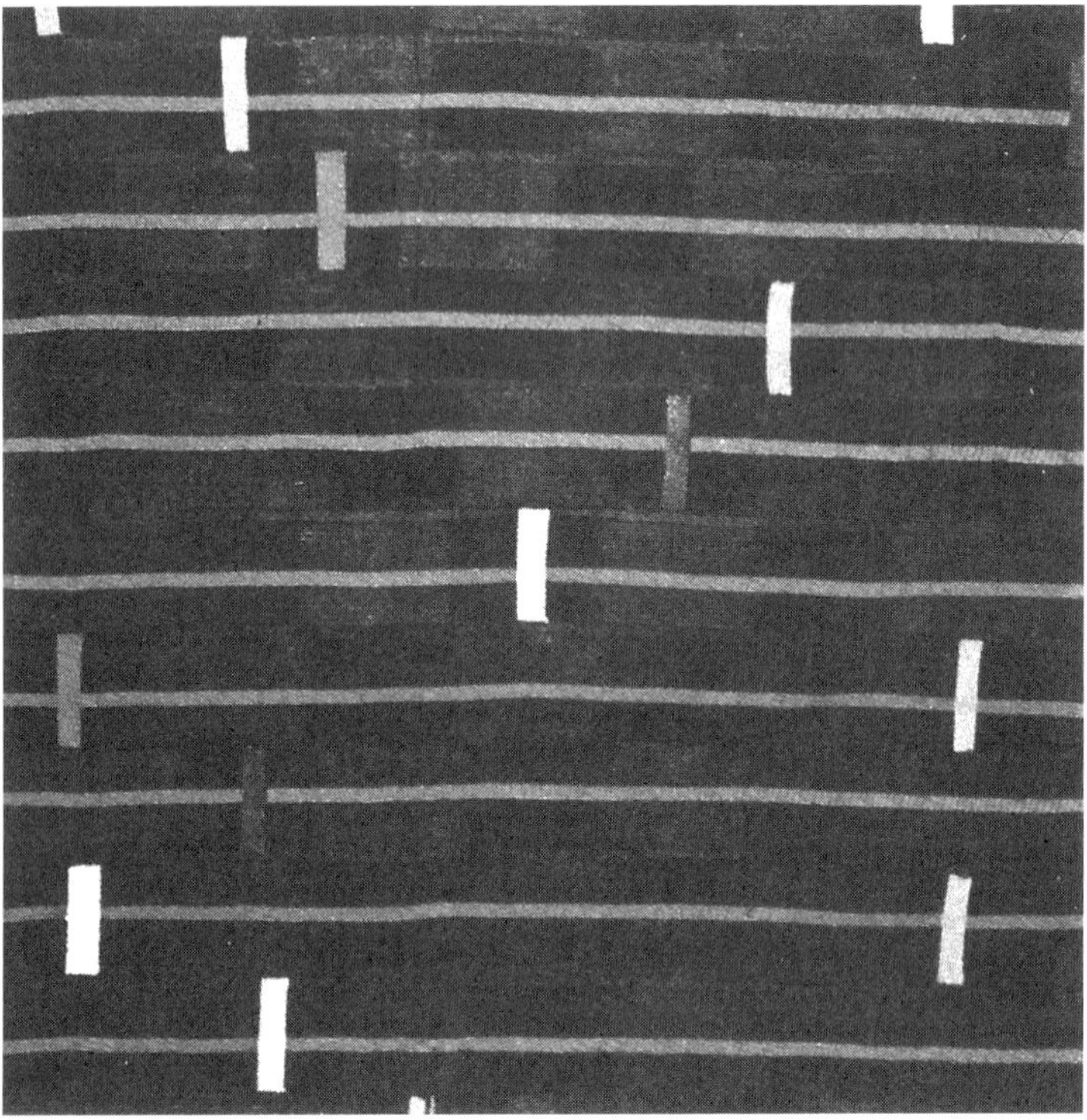

テキスタイルのなかのリズム 1

ブルース，ジャズ，レゲエ，サルサ，ビギン，メレンゲ，サンバ……。こうした多様なアフロ・アメリカの音楽的表現に共通して聴きとることのできるある種の「オフ・ビート」感は，アフロ・アメリカ人が体内にもつ「リズミック・ヴァナキュラー」として，音楽以外のさまざまな表現のなかに自在に投影されていった。なかでも，美術史家ロバート・ファリス・トンプソンが著書『スピリットの閃光』（1983）において論じた西アフリカ，マンデ文化が生みだした帯状のテキスタイルにおける模様と色彩のパターン化の技術は，奴隷交易のもとで，ちょうどブルースのように海を越え土地をわたり，新大陸の黒人たちの織り上げる生地の上に即興的で自由なリズムをもたらしていった。この図は，コートジヴォアールのマンデ人の職人によるテキスタイルの絵柄。横に伸びる朱色の細いラインと背景のチェッカーボードのパターンは一種の「ドローン」として通奏低音をなし，その上に，シンメトリーを排したタテ縞模様が配置されることによって，「マルチ・ストリップ・フレージング」とでも呼べるような音楽的オフ・ビート感がそこに飛び跳ねている。（Thompson）

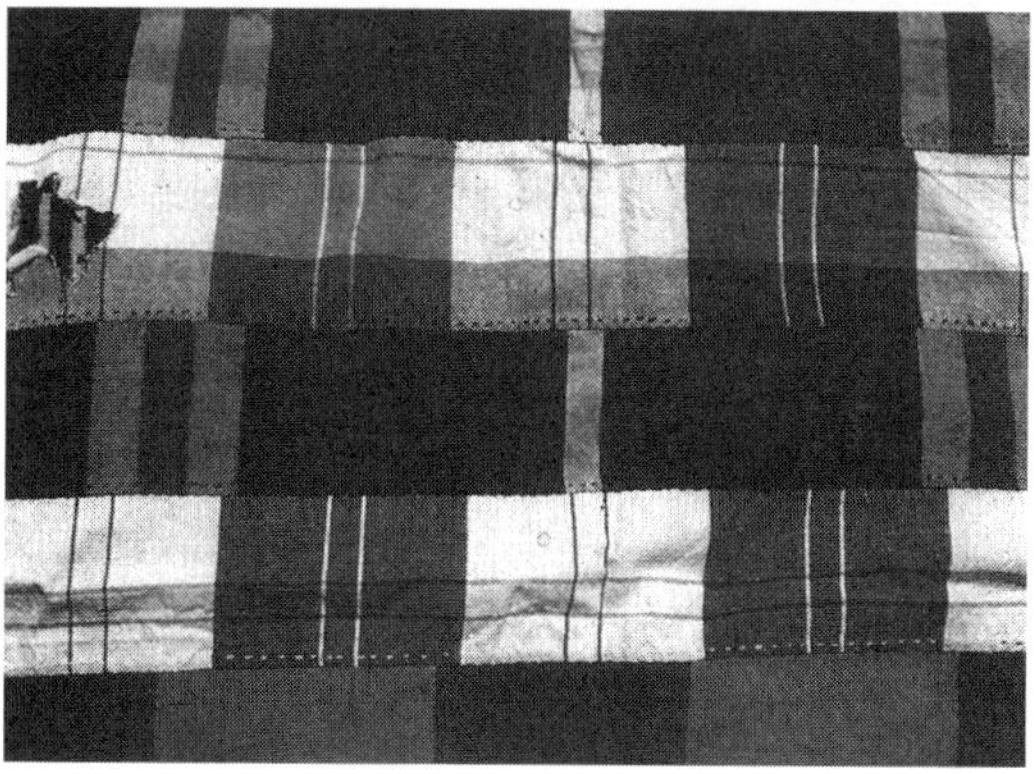

上／テキスタイルのなかのリズム２

マンデ系の織物文化のリズミック・パターンはブラジル北東部へと流れ，ここでヨルバ系やハウサ系など他の部族的な造形システムと混淆し，繊細かつダイナミックなクレオール的文様のテキスタイルをつぎつぎと生みだしていった。図は，アフリカ由来のマルチ・ストリップ・パターンを受け継ぐブラジル黒人機織師アビジアス・ド・サクラメント・ノブレによる即興性あふれる絵柄。(Thompson)

下／テキスタイルのなかのリズム３

マンデ系の織物技術は南米の逃亡奴隷社会にも流れていった。この図は，スリナム東部のマルーン共同体，ジュカ社会でみられるクレオール化したテキスタイルの帯状パターン。あるジュカ人の機織師はつぎのように語っている。「私たちが色を配置するとき，それらの色はぶつかり合わねばなりません。ひとつの色が終わったとき，その隣には似た色ではなく，まったく別の色を置かねばならないのです」。(Thompson)

をその「移動性」、「交差性」に求める。ベイカーがそうした議論を展開する際に、一つの象徴的な逸話として引くのが、「ブルースの父」と呼ばれるW・C・ハンディが一九〇三年、米国南部ミシシッピ州の町外れのとある踏切《クロッシング》で深夜汽車を待っていたときの体験談である。

ハンディはなかなかやってこない汽車を待ちながら地面に座り込み、うとうとと居眠りをはじめていた。するとそのとき、かすかなボトルネック・ギターの音のこだまが彼の浅い眠りを揺り覚ました。ギターの音につづいて、痩せてみすぼらしい格好をした一人の黒人男がしわがれた声で歌いだした。

「でかけよう、南部の男が犬と出会う場所へ……」

この、ボトルネック・ギターのトーンをバックにした踏切での声の啓示が、ハンディを覚醒させ、霊感を与え、彼に「イエロー・ドッグ・ブルース」を作曲させるひきがねとなったのである。

この象徴的な逸話から、ベイカーはブルースの生成のシーンに、南部の鉄道網を唯一の移動手段として利用しながら生きていた黒人労働者たちの移動感覚・交差感覚がつねに胚胎されていたことを確信してゆく。鉄道線路と道路が交差するポイントは、いつも旅の人々によって占領され、種々雑多な出会いとコミュニケーションが交わされるエネルギッシュな「交通」の場だった。その交差の場から音楽的実践として立ち上がったブルースは、だから生来のおどろくべき可塑性と多様性とを持ちあわせていた。ブルース・シンガーの歌う歌は、けっして旋律の流動性をとらえてそれを「変化するかたち」として音楽的に固定化してしまうこともなかったし、歌詞の多義的なゆらぎがつくりだす意味の奔流をせき止めて、それを一定の規則によって「解釈」してしまうこともなかった。

その意味で、ブルースを文化的表現の力強いマトリクスであるとみなすことは、すなわち踏切に立った黒人のブルース・シンガーが彼らのさまざまな重圧に満ちた社会環境がもたらす経験を軽快なシンコペーションのリズムのエネルギーへと変容させてゆく光景を召喚することにほかならないのだ。そのときのブルース・シンガーの姿を、流線型の軌跡を描いて跳躍し疾駆する陸上競技者の力強い姿に重ね合わせながら、ベイカーはブルースという精神運動の本性をつぎのように表現する。

ブルース・ソングは、無数の意味の遊戯的な祝祭をつくりだしながらいっきに爆発する。ブルースの形式とは厳格に個性化された形式ではなく、形式の経験じたいが一瞬のうちに生まれ変わ

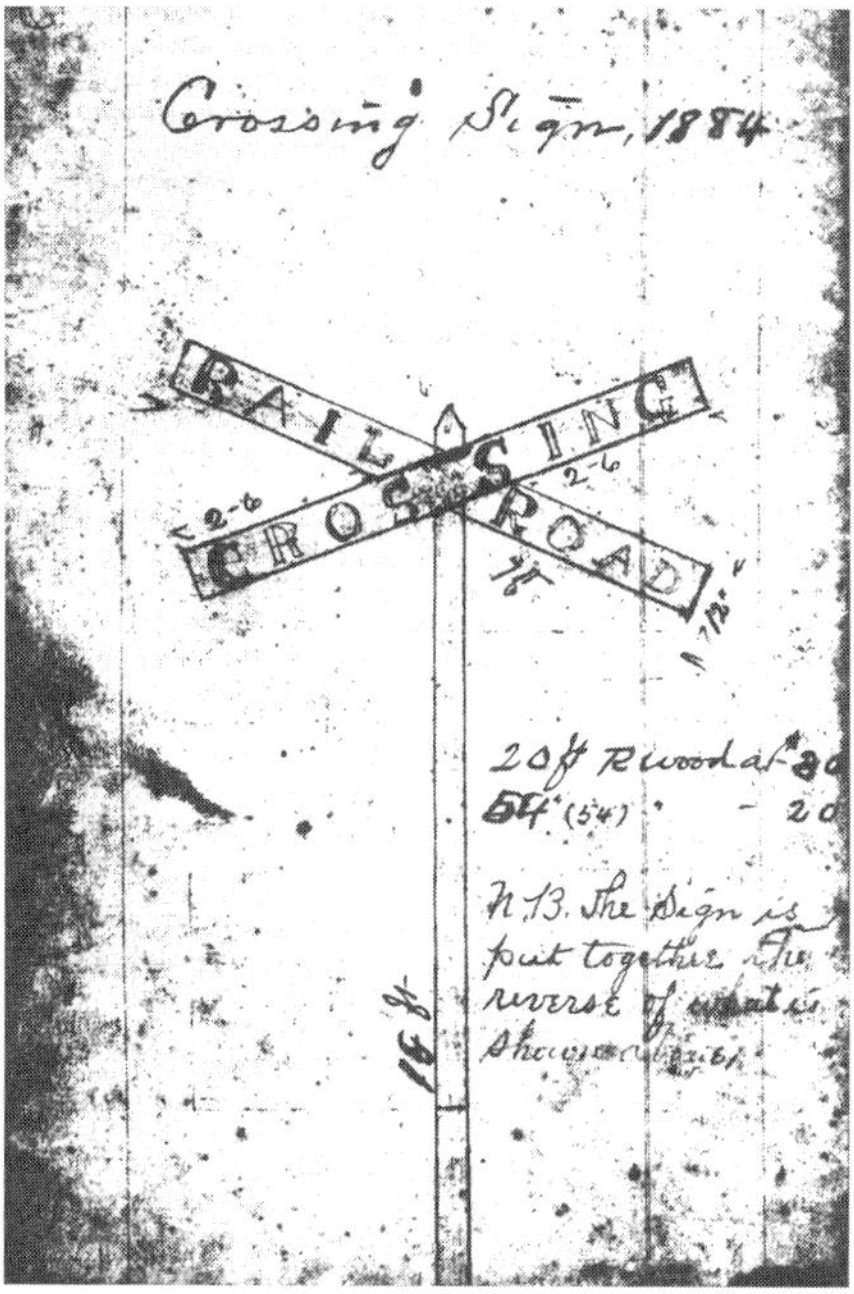

アメリカ南部，鉄道が道路と交わる踏切に設置された標識《クロスバック》の古いデザイン（1884）。RAILROAD と CROSSING と書かれた文字盤がX字型に交差するその表示形態のなかに，移動と交差をめぐるアメリカン・ヴァナキュラー文化のダイナミズムがみごとに示されている。「お前にできることをしろ！　この場所で，この場所なき場所で，このまっさらな地点で，流浪の経験がもたらす多彩な音調と含意を表現するために！」(Baker)。この標識はブルースマンたちにそう語りかける。アメリカ文化が駆動される母胎《マトリクス》としての，移動，乗り継ぎ，交差，非定住，不連続，非直線といった文化モードが，ここにはすべて書き込まれている。

ってゆく生成反復の運動――非直線的で、自由な連想に満ち、非系統的な思考の流れに身をまかせる動き――そのものなのである。そしてそこにたちあらわれるのは、充満した主体性ではなく、黒人という充満する「裂け目」（ブラック・ホール――black (W)hole――）から流れだす匿名の（名前を欠いた）声なのである。(7)

こうしてベイカーは、ブルースの「移動性」から発してブルースの形式がもつ「無名性」と「無場所性」にたどりつく。ブルース・シンガーが歌の結びに即興的につけるコーダの部分は、つねに署名性や場所性の罠をすり抜ける仕掛けを有している。

「もしひとがこの歌を歌ったのが誰かと尋ねたなら／それはここにいたXだけれど、もうここには居ないよ、と答えてやりな」

こうしたコーダのメッセージが意味しているのは、歌の帰属する空間そのものが、一種のXというアトピック（非場所的）で匿名の空白、あるいは「亀裂」のようなものとして想定されているという事実である。そしてまさにこの非場所性や匿名性のゆえに、ブルースを聴く者は、そうしたいわば透明性の場と化した歌手の主体性や声のなかに、彼らの感情を自在に注ぎ込み、流し込んでゆくことができるのだ。その意味で、ブルース・シンガーの身体は、無数の人々の感情とイデアが渦巻き、交通するシンセティックな流体となっているのである。

〈ブルース〉を、そうした相互主観性の交響し合う開かれた活力装置《エナジャイザー》としてとらえることによって、それは一気に、ベイカーが意識するように、アフロ・アメリカ文学の多彩なテクスト空間を読み解いてゆくためのパラダイムとしての有効性を示しはじめる。アフロ・アメリカ文化のヴァナキュラーな領域は、ブルースの誕生によって、自らの歴史と社会環境を多声的で自由なモードにのせてうたいあげる方法を確実なものにしていったのである。ベイカーが解読していく、リチャード・ライトや、ラルフ・エリソン、あるいはゾラ・ニール・ハーストンといった黒人作家の作品世界が示すヴァナキュラーな豊饒性も、〈ブルース〉という批判的マスター・トロープの力をかりてはじめて、その真の姿を開示することができるからである。

＊

〈ヴァナキュラー〉という概念じたいが、「場所性」との結合の正統性に支えられた文化のエセンシャリズム的理解から決別するための戦略でありうることを確認し、さらに米国南部の〈ブラック・ヴァナキュラー〉の核心に位置する〈ブルース〉というパラダイムの示す「無場所性」を点検し終えたいま、私はいままさに、ブルースマンたちとともに鉄道に乗って、特定の「場所性」への帰属から離れた「旅する理論」を実践の場にうつしてゆくことの必要性を感じる。

ヘテロジニアスな文化が継続的に生み出す意味の多様な世界の移行と交差は、ちょうど〈ブルース〉がつねにノマディックな放浪の軌跡を示しているように、それ自身の「旅する理論」を生きている。〈アメリカン・ヴァナキュラー〉を生み、育んできた日常の人々の歴史は、無数の旅する視線と感覚と思惟とをつみ重ねながら、現代文化のコミューナルな地平を歩みつづけてきた。

ヒューストン・ベイカーは書いている。

アメリカのヴァナキュラーな先祖たちは多様だった。その異質な人々の群《マルティテュード》れは「新大陸」の海辺に漂着し、広大で険悪な風景を切りひらいて定住し、すでにそこにいた住民と出遭い、彼ら自身のさまざまな行為と信念に声を与えてきた。……

現代の学徒である私たちの仕事は、こうしてつくりあげられてきた文化のすべてのヴァナキュラーな側面に実体を与えるために、独創的に、かつ勇気をもって自分自身を「踏切《クロッシング》」と書かれた標識の場所に立たせることなのである。[8]

交差点から旅は生まれる。旅する理論はクロスロードを経過してゆく無数のヴァナキュラーな認識の力線によって支えられている。たしかにあらゆる理論は「どこか」から書かれ、提示されるが、その「どこか」とは固定された「場所」であるよりもむしろ、多様な具体的「居住」の歴史であり、移動であり、亡命であり、移民であるような「道程《イティネラリー》」のことを意味しているのである。

IX　キャリバンからカリブ海へ——逃亡奴隷論

「プランテーション」という単語が、すべてのシェイクスピア劇のなかでただ一か所現われる場面がある。『テンペスト』（一六一二）の第二幕第一場、弟の陰謀によって王位を剥奪され、孤島に流されて一人娘と流浪の境遇にある正統ミラノ大公プロスペロのかつての忠実な老顧問官だった、ゴンザーローのつぎのようなセリフである。

ゴンザーロー　もし私がこの島のプランテーションを任されるとすれば……
その国家では、万事世のなかと逆にしたいと思います。
まず取引はいっさい認めません。官職は廃し、
学問は広めず、裕福とか貧乏とかの差をなくし、
したがって奉公というものもなくなるわけです。
契約、相続、境界、領地、田畑、葡萄畑などなくし、
所有権をめぐる法律問題なども起こらなくなります……

職業はなにもなくなります。男はみんな遊んで暮らします、
女もです、ひたすら無心に、純情に生きるのです……
暮らしに必要なものは自然が産み出してくれます。
人間が汗水流して働くことはありません。
……大自然はひとりでに、
豊かにかぎりなく五穀を実らせ、幼子のように
無心に遊ぶ人々を養ってくれるでしょう。
セバスティアン　幼子のような人々だと、結婚もないわけか。
アントーニオ　無心しては遊ぶというと、悪党と淫売女だけだ。(1)

シェイクスピア独得の皮肉な言葉遊びによって最後は茶化されてしまっているものの、このゴンザーローの言葉には、ルネサンス期に特有のアルカディア幻想とユートピア的なヴィジョンとが、いままさに植民地時代に入った西欧の、新大陸にむけられた新たな想像力へと接続される契機が見事に示されている。特権や、豪奢や、暴力によって腐敗しつつあった当時の文明世界の社会秩序を単純に転倒することによって夢見られたこのユートピア的なコロニーは、いうまでもなく一六世紀なかば頃から続々と報告されはじめた西インド諸島やアステカ、インカといった新大陸の原住民社会の素朴でかつ洗練された一種のハーモニアスな性格にたいする西欧的憧憬の産物にちがいなかった。その意味では、『テンペスト』はそれより一〇〇年ほど前に書かれたトーマス・モアの『ユートピア』（一五一六）において提示された新大陸にたいするエキゾティシズム的感性をストレートに継承しているといえるだろう。

しかし一方で、そうした「エデンの園」へのユートピア的・反歴史的憧憬そのものが、『テンペスト』において「プランテーション」といういうきわめて「歴史的」な用語によって語られることになったという事実は、『テンペスト』というテクストが隠しもつ複雑な予言的性格を浮き彫りにする。白人領主による大土地所有にもとづき、サトウキビを中心とする単一栽培を基本に大量の奴隷労働力を投入して行なわれる植民地型経済制度としての「プランテーション」は、単語としては『テンペスト』が書かれるわずか五〇年ほど前に英語の世界に初めて登場した、当時としては未熟な言葉にすぎなかった。だがいうまでもなく、西インド諸島からブラジル東海岸地帯まで、新大陸の東部海岸線にことごとく浸透してその後のコロニアルな社会環境をつくり出す母体となった「プランテーション」という制度の決定的な歴史性を前にしたとき、『テンペスト』が言及するこのコロニアリズム的な用語はわたしたちにとって偶然以上の意味をもって迫ってくることになる。

ヤン・コットが『ボトム変容』(2)において指摘したように、一七世紀初頭という時期に書かれながら、『テンペスト』にはすでにコロニアリズム的感性によって新しい意味論を付与された英語が駆使されていた。プロスペロによって、「ケモノ」「ぞっとする生物」「下品な人種」「毒のかたまり」「薄のろ亀」といったさまざまな表現で呼ばれる島の奴隷キャリバンが、人種主義とエスノセントリズムに裏打ちされたコロニアリスト的言語が凝縮したかたちで攻撃を仕掛ける標的である。

プロスペロ　さあ、奴隷のキャリバンがどうしているか見るとしよう。あいつはなかなかすなおに言うことを聞かぬが。
ミランダ　ほんと、悪いやつ、私は見るのもいやです。
プロスペロ　だがいまのところあいつでもいないと困るのだ、火をおこしたり、薪をはこんだり、いろいろな役に立つ仕事をするのでな。おい、どうした、奴隷！　キャリバン！　土くれ！

そこにいるなら返事をしろ！(3)

ゴンザーローが島を描写するときのユートピックなヴィジョンと対照的に、プロスペロによって奴隷化された島の野蛮人キャリバンの描写は、『テンペスト』のなかでも例外的ともいうべき容赦なきリアリズムのトーンによって支配されている。シェイクスピアがこの作品を書くにあたって直接の影響を受けたモンテーニュのよく知られたエッセイ「食人族について」（一五八〇）が示していたユートピア的な異郷観や、食人族を文明に汚されていない一種の「自然人」と見る視点などは、少なくともプロスペロとキャリバンの関係にかんするかぎり、継承されているとはいいがたい。ここにはあきらかに、その後の西インド諸島および南北アメリカ大陸に西欧世界が介入してゆくときのコロニアルな「構え」の萌芽が、両義的な詩的表現のなかに見え隠れしているのである。

＊

コロニアリズム的状況を先駆的に予言する一種の「神話的」テクストとして『テンペスト』を見なし、自らをキャリバンの末裔として意識しながら新しいポストコロニアルな世界を理論的に検証しようというこころみが、今世紀の後半になってから、多くの西インド諸島出身の思想家や文学者たちによって行なわれてきた。彼らにとって、シェイクスピアが創造したキャリバンという架空の人物像のなかには、否定しさることができないほどなまなましいかたちで、カリブ海の過去と現在と未来があらかじめ書き込まれているように思われたからである。

そもそもキャリバン―Caliban―という名前が、シェイクスピアによって「カニバル」―cannibal―(食人族)のアナグラムとしてつくられたことはきわめて示唆的である。なぜなら「カニバル」という言葉自体が、コロンブス到着以前から西インド諸島に住み、勇猛な戦士として植民行為に抵抗した「カリブ族」―caribe―に由来するからである。シェイクスピアが複合的なシンボルとして創造したキャリバンという人物像のなかには、すでにカリブ海世界とのむすびつきが偶然にも隠されていた。二〇世紀のカリブ海の思想家たちは、この五〇〇年ちかく前にしくまれた運命の種子の存在に、敏感に反応しようとしたのである。

そうしたキャリバン・コンプレックス(文化複合体)をめぐる議論の先頭をきった一人が、バルバドスの作家ジョージ・ラミングであった。ラミングは、一九六〇年の著書『流浪の悦び』の冒頭で、カリブ海地域出身の作家たちのおかれた流浪者としての境遇にたちつつ、この地域を嵐のごとく襲ったコロニアルな状況を現代において提示するために『テンペスト』が果たしうる理論的戦略性についてつぎのように述べる。

> 『テンペスト』は、政治的未来――それは私たちの現在である――にたいして予言的であった。さらにいえば、植民地主義を経過したあとのキャリバンの流浪の子孫である私の二〇世紀における境涯は、その予言の一つの典型でもあるのだ。……
> 私の主題は、かつてキャリバンが住んでいた自らの「王国」から引き離され、放浪の身となったカリブ海地域の作家たちが、プロスペロと彼の言葉が支配する嵐の島へと移住する、その行為についてである。(4)

このように書いて、ラミングは現代の西インド諸島の知識人が置かれた文化的・社会的立場をキャリバンとプロスペロとの関係のなかに透かし見ながら、カリブ海の人間であることとキャリバンとのあいだに、はじめて明確なアイデンティフィケーションの意識を導入する。こうした考え方は、すでにO・マノーニの『プロスペロとキャリバン――植民地化の社会学』[5]（一九五〇）のなかで展開されていた、キャリバンを被植民地と同一化し、プロスペロを植民者になぞらえることによって両者の相互依存関係を暗示する考え方を受け継ぎ、それを西インド諸島のリアリティにうつしかえて論じたものだった。しかしマノーニの著作には、植民地主義の父権的支配構造にたいする被植民地側の隷属を心理的コンプレックスとして容認するような姿勢が散見され、そうした傾向はすぐにフランツ・ファノンによって『黒い皮膚・白い仮面』（一九五二）のなかで批判されることになった。

ラミングの著作も、基本的にはマノーニの理論的枠組みを大きく超え出るものではなかったが、プロスペロとキャリバンの関係を、一種の言語的関係として読みとろうという発想は示唆的であった。ラミングが言語を軸としたキャリバンとプロスペロの関係に思い当たったのは、つぎのようなプロスペロとキャリバンのやり取りにもとづいている。

プロスペロ　おまえには善のひとかけらも見あたらない……
私もはじめのうちはかわいそうに思い、
ものが言えるよう毎日、毎時間、
あれこれ教えてあげた。なにしろまるで野蛮で、
自分でなにを言っているかもわからず、
獣のように

ただわめき散らすだけだったおまえに、
心の思いを
人に伝えることばを教えてやった。それはなんとか
覚えたけれども、もともとおまえの性格には、
いい人たちがとてもいっしょに暮らせないような
よこしまなところがあった。だからおまえが、
この岩穴に閉じこめられるのも当然だったのよ……

キャリバン　たしかにことばを教えてくれたな、おかげで
悪口の言いかたは覚えたぜ。疫病でくたばりやがれ、
おれにことばを教えた罰だ。[6]

言葉を持たなかった「野蛮人」キャリバンに、プロスペロは言葉を教え込み、その代わりとしてキャリバンの自由を拘束した。こうした関係が、啓蒙と教化という名のもとに植民地を自在に統轄していった西欧世界のコロニアルな感性を暗示していることを、ラミングはつぎのように論ずる。

プロスペロはキャリバンにことばを与えたが、それとともに、あの語られることのなかった歴史の帰結を、そして無意識に仕組まれた未来の「意思」をともに与えることになった。この「ことば」という贈り物は、べつに英語という個別言語を意味しているのではない。それはむしろ言語と概念を操作するという一つの方法・技術のことであって、これこそが他のいかなる方法によっても接近不可能な「自己」という領域にたどり着くための唯一の通路なのであった。そしてま

さにこのプロスペロの行為によって、キャリバンは可能性に目覚めることになった。キャリバンの未来のすべては、プロスペロの実験に由来するものであったが、同時にその実験はプロスペロ自身の危険を賭けた行為でもあったのである。

もしプロスペロの見込みを大きくくつがえすようなことさえ起こらなければ、キャリバンと彼の未来は、いまやプロスペロの手中にある。……キャリバンは十分に学ぶだろうけれども、それ以上は学ぶまい。かなり遠くへ到達するかもしれないが、それ以上遠くへは行くまい。プロスペロはこう信じていた。すなわちプロスペロは、彼がキャリバンに与えた「言語」こそが、キャリバンのすべての行動をつかさどり同時にそれを制約する牢獄そのものである、ということに絶対の確信をいだいていたのである。(7)

たしかにキャリバンは、プロスペロの「言語」のもとに置かれることによって奴隷化され、彼の行動はすべてこの「言語」というレファレンスによって規制されることとなった。だがラミングも暗示的に述べているように、牢獄としての西欧言語の閉域を脱し、言語の支配機能そのものを根底からつくりかえ転倒してゆくような力が植民地社会のなかから生まれ出る可能性について、ヨーロッパ列強はあまりにも無知であったというべきだろう。キャリバンの、「おかげで悪口の言いかたは覚えたぜ」というセリフは、まさにそうした言語機能の転倒を意味するきわめて暗示的な詩句として受けとることができるからだ。

『テンペスト』の後半、キャリバンはプロスペロの手からのがれ、ステファノーにとりいって彼の部下となり、島の王となる野望にわれを忘れるステファノーにプロスペロ暗殺をそそのかす。そのときのキャリバンのことばは、すでにプロスペロへの隷属を脱し、新しい意思と意味論とを具えた自由で狡猾な言語へと生まれ変わろうとしている。ドイツのユニークなアフリカニスト、ヤンハインツ・ヤーンは刺激的な著書『新アフリカ文学』（一九六六）のなかで、ラミングの議論を受けながら、キャリバンの言語使用がすでに奇妙なバイリンガル状態、いいかえれば一種の「クレオール語」的変容を示しはじめていることをつぎのように述べている。

プロスペロがつくりあげたわけではない一つの文化（キャリバンの「土着」文化）をむりやり彼自身の言語世界のなかに流し込み、翻訳してしまおうとするとき、言語自身に変化が生じる。そしてそれはプロスペロの予想もしない意味を獲得しはじめる。その意味で、キャリバンは一種の「バイリンガル」な存在となる。もはやキャリバンにとって、プロスペロと共有する第一の言語と、それが変容して誕生した第二の言語とは互いにつり合わないものとなったのだ。キャリバンはこのとき、プロスペロの言語の鎖を引きちぎって逃亡する。新しい出発の瞬間がここにあるのだ(8)。

＊

キャリバンによって暗示された、西欧言語の牢獄を抜け出して主体的で自律した新たな表現の可能性を自らに呼び込もうとする動きを、植民地状況に置かれた黒人のさまざまな意志的ムーヴメントに読みかえようとする傾向が、六〇年代後半からカリブ海の作家や思想家たちの著作にいっきに現われてくる。たとえばバルバドスの詩人エドワード・ブラスウェイトは、一九六九年に刊行された詩集『島々』のなかの一編を「キャリバン」と名づけ、英領西インドというカリブ海の歴史を凝縮して示す征服と争いと革命の島々に流れた時をキャリバンの未来として描き出した。[9] あるいはまたキューバの作家＝批評家ロベルト・フェルナンデス・レタマールも、評論『キャリバン』（一九七二）のなかで、シェイクスピア劇のこの両義的なシンボルを縦横に解析しながら、プロスペロの手からキャリバンの手へゆだねられることによって花ひらいたラテンアメリカの自立と革命の思想を簡潔にたどりなおした。[10]

そうした思索のなかでももっとも重要なものの一つが、《ネグリチュード》運動の中心にいたマルティニックの詩人エメ・セゼールによって一九六九年に書かれた劇作品『嵐──シェイクスピア「テンペスト」の黒人劇への翻案』である。[11] この作品のなかでセゼールは、空気の妖精エアリエルを混血《ムラート》の奴隷に、キャリバンを黒人奴隷に設定し、さらにアフリカ神話のトリックスター的形象である〈エシュ神〉を黒い神＝悪魔として登場させている。ここでセゼールがこころみたことは、まさにキャリバンのつくりあげたクレオール言語によって、『テンペスト』を語り直そうという大胆な詩的実験のようなものであった。そして、《ネグリチュード》という名のもとにおしすすめられたアフリカとカリブ海地帯を結ぶ「汎黒人性」の詩学を見い出そうとするムーヴメントこそ、ヤンハインツ・ヤーンも指摘するとおり、プロスペロの言語の牢獄から逃亡したキャリバンの反乱そのものだった。

それがまた同時に、ヨーロッパの詩的運動としてはじまったシュールレアリスムを西インド諸島的体験に移植してゆくというキャリバン的言語実験でもあったことを、サルトルはエッセイ「黒いオルフェ」でつぎのように述べている。

セゼールにおいて、シュールレアリスムの偉大な伝統は完成され、決定的な意味を持ち、同時に破壊される。ヨーロッパの詩の運動であるシュールレアリスムが、一人の黒人によってヨーロ

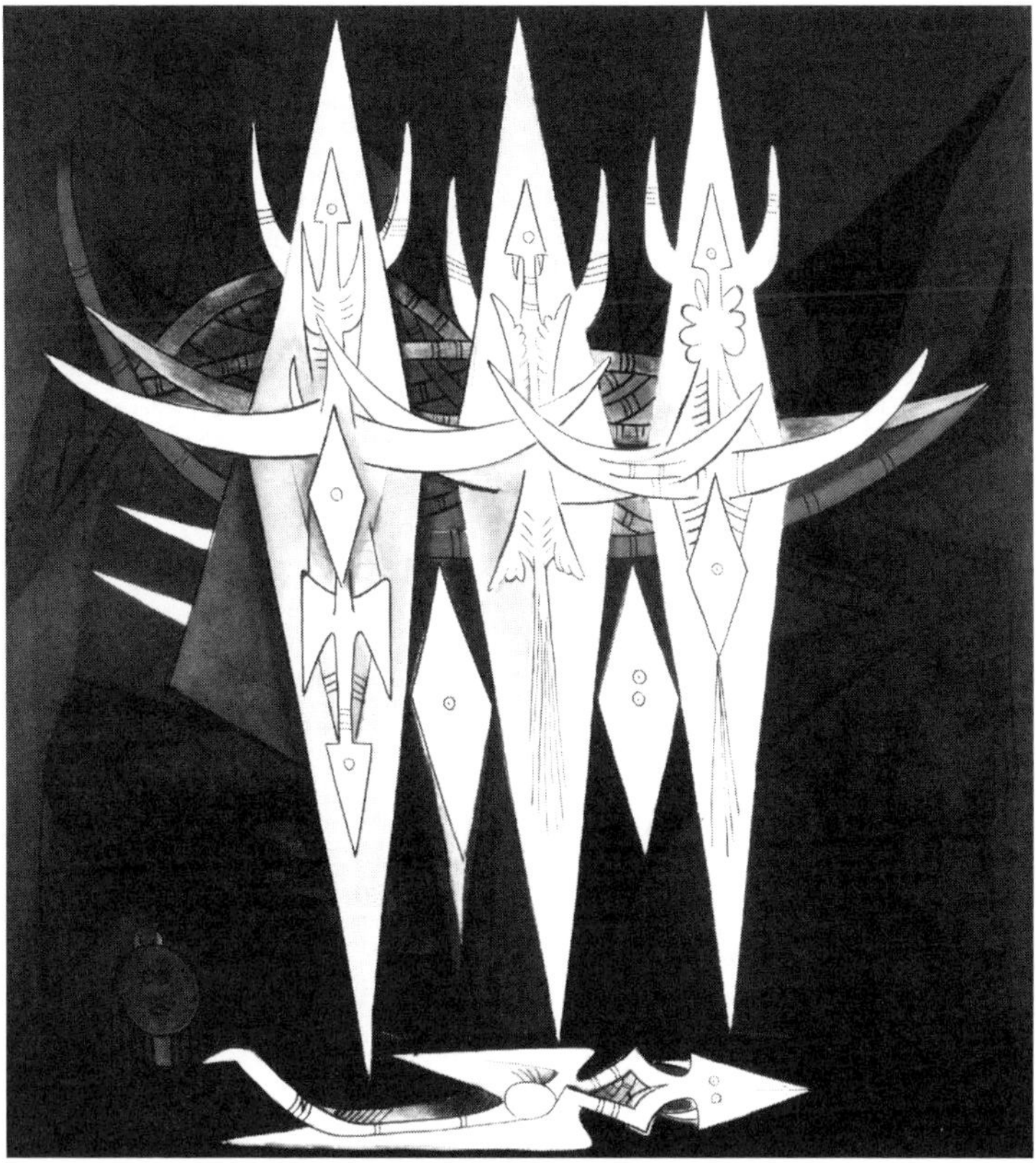

ウィフレード・ラム「敷居」(1950)。キューバの混血（中国系黒人）画家ラムはキュービスムやシュールレアリスムの影響を強く受けながらも，彼の主体と経験をかたちづくる黒人性（ネグリチュード）の美学をもっともダイナミックに造形表現することのできる画家となった。棘のように尖った人物や精霊たちは，サンテリーアのようなアフロ＝キューバ的憑霊宗教のイコンや呪物によって武装しているように見える。この暗号の森の識閾に，カリブ海のクレオール的主体が潜んでいる。

ッパ人から盗みとられ、ヨーロッパ人自身に対して向けられ、厳密に限られた機能を与えられるのである。……〈革命〉との接触を失うまさにその瞬間に、シュールレアリスムは、西インド諸島で〈世界革命〉のいま一つの枝に移植され、巨大な黒い花となって花咲こうとしている。セゼールの独創性は、……ニグロとして、被抑圧者として、闘士としての、緊急かつ強烈な自己の関心事を、もっとも破壊的な、もっとも自由な、そしてもっとも形而上学的な詩の世界に流し込んだという点にある。……セゼールの言葉は、ネグリチュードを叙述するのではない。指示するのではない。画家がモデルについてなすように外部からそれを模写するのではない。彼の言葉はネグリチュードを作る。われわれの目の前でそれを構成してみせる。……それは「客体としてのネグリチュード」(négritude-objet) である。(12)

ここでサルトルによって「客体としてのネグリチュード」と呼ばれているものこそ、西欧の支配言語(セゼールの場合フランス語)にあたらしいクレオール的生命を与え、固定的な言説をマルティニックやハイチやスリナムの夜の街に響きわたる黒人たちの太鼓の音が宿すリズミックな律動へと変容させる行為にほかならなかった。

わがネグリチュードは石ではない、白日の喧噪に投げつけられる耳の聞こえぬ石ではない
わがネグリチュードは大地の死んだ目の澱み水の上翳《うわひ》ではない
わがネグリチュードは鐘楼でも伽藍でもない
それは地の赤い肉に根を下ろす
それは天の熱い肉に根を下ろす

ウィフレード・ラム「カナイマの頭」(1947)。カナイマは，南米先住民の狂乱の神であり，すべての邪悪の源泉であった。ベネズエラの作家ロムロ・ガジェゴスがスペイン亡命中に書いた小説『カナイマ』に霊感を得ながら，それをアフロ・キューバ的な想像力と混交させた作品。

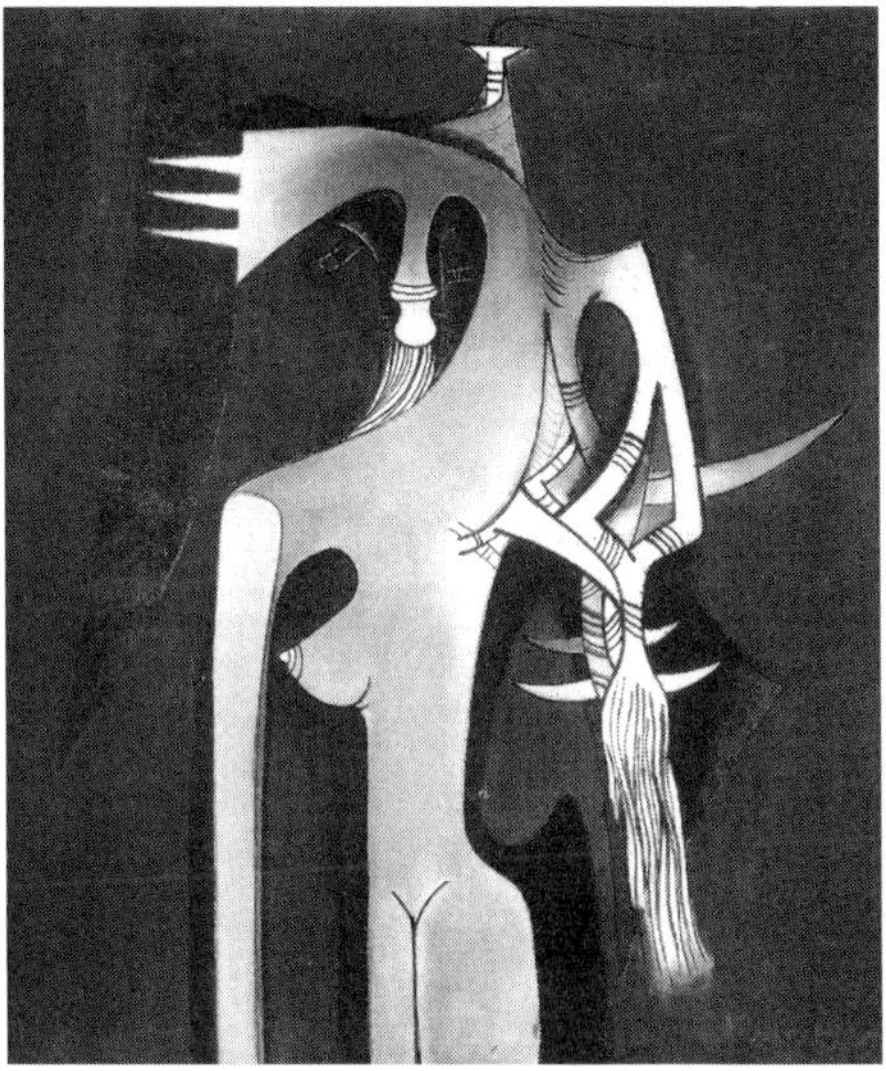

ウィフレード・ラム「ザンベジア，ザンベジア」(1950)。サンテリーア儀礼に登場する「馬頭女」をモティーフにしたもの。ラムが造形するクレオール的身体は，さまざまな部位がインディオやアフリカ由来の呪物によって魔術的な変容を果たしている。

それはまっすぐな忍耐で不透明の意気消沈を穿つ。[13]

セゼールは詩集『帰郷ノート』のなかでこう書きつけることによって、ネグリチュードという詩的プロジェクトが、起源を求め、本質的な地点にたどり着いてそこに黒人文化の伽藍を建設するというような構築的行為ではなく、むしろすべての「存在」の透き間に滑り込んで、固定化した生存のかたちに混血的・クレオール的亀裂を穿ってゆくような、動的プロセスそのものであることを宣言したのである。

そうした、西インド諸島の逃亡奴隷《マルーン》の軌跡を思わせる行為を言語という領野において遂行しようとするとき、その言葉は不思議な流動と変異を示しはじめる。アートと民族誌的実践との関連を柱に、独自の「意識の歴史」の考古学的探求を推し進めるジェイムズ・クリフォードは、「造語の政治学」という刺戟的なセゼール論のなかで、セゼールがフランス語の世界には本来存在していない動詞をつぎつぎと編みだしてゆく手法を、セゼールのネグリチュードの行為の核心に据える。[14] "verrition"(風向きを変えること)、"pollen"(受粉する)といった特殊な用法のなかで、セゼールは言語の変形を通じて新しい文化創造の行為に踏み出しているのだ、とクリフォードは指摘する。なかでもクリフォードが注目するのが、"marronner"(マロネ)という動詞である。これはいうまでもなく、「逃亡奴隷」を意味する"marron"(フランス語)、"cimarrón"(スペイン語)あるいは"maroon"(英語)に由来し、それを直接動詞化した造語であるが、セゼールはこの言葉を、ハイチの詩人であるルネ・デペストルに向けて書いた「動詞"marronner"」という詩のなかに書きつける。

デペストル、きみも知ってるだろう!

ウィフレード・ラム「ジャングル」(1943)。熱帯のこの鬱蒼たる密林のなかに，あらゆる生命の力がひそんでいる。いまだ文明世界がその姿かたちを知らない無数のハイブリッドな動物たちとともに，マルーンとなったアフロ＝アメリカ人たちの鋭く透明な眼差しが木々のすきまからこちらをのぞいている。

詩はサトウキビをしぼる圧搾器なんかじゃない、ぜったいに。
もし韻律が沼地の上を飛ぶハエかなにかなのなら
　　　　韻など捨てて
　　季節まるごと
沼地からはなれ
　　　　きみをこう説得しよう
笑い、飲み、そして逃亡奴隷しよう、と(15)

セゼールにとって、ここで「逃亡奴隷する」と訳した動詞“marronner”はたんになにかからの「逃亡」を意味しているのではなかった。事実近年のジャマイカやスリナムなどのマルーン社会の人類学的研究は、そうした社会が植民地の制度からの逃避の衝動によって支えられた閉鎖的で固定化した「アフリカ的共同体」の再現を目指したものではなく、無数の文化的要素を複合的に胚胎したきわめて弾力性や可塑性に富む社会を作りあげようとする行為であったことに注目している。その意味でも、セゼールのいう「逃亡奴隷しよう」という呼びかけは、カリブ海の歴史と現実を経過した一つの精神が見いだした、新しい生存のための「倫理《エシックス》」とでもいうべきものを示している。クリフォードは書いている。

逃亡奴隷化すること（marronnage）とは、もはやたんに逃避の行為を意味しているのではない。それは同時に世界を鏡に反映させる再帰的《リフレクシヴ》な可能性のことであり、すなわち詩的創造《ポエシス》そのもののことである。セゼールは言語に叛旗を翻し、逃亡奴隷という歴史的経験を抱く文化をあらたにつくりなおす行為に着手する。その手掛りとなるのがこの一つの動詞だ。あらたに必要とされたこの動詞が、来たるべき世界の継続的侵犯と文化的相互関係の詩学を、名づけるのである。[16]

ポストコロニアル社会においてカリブ海人であるという経験は、リアリズムの言語ではもはや語ることのできない、複雑な歴史性と象徴性を獲得している。そのことが、〈キャリバン〉というシンボリックな言語を要請するとともに、キャリバンによってスタートを切られた〈逃亡奴隷〉の軌跡を、詩学的言葉として表現するあたらしい戦略を編みだしたのだ。その意味で、わたしたちはいまや、カリブ海の食人族の伝説から生まれたキャリバンを、ふたたびカリブ海のポストコロニアルな現実のなかにはっきりと置き直すことを求められている。セゼールの「逃亡奴隷しよう」という呼び掛けは、そうした行為を現代人にうながす、天啓とも呼ぶべき言葉なのである。

X　浮遊する言葉とアイデンティティ――クレオール論1

言語学の領域で「ピジン・クレオール諸語」と呼ばれている一連の言語を、ブロークン・イングリッシュであるとか、植民地の俗悪ポルトガル語であるとか、黒人の苦力《クーリー》ことばであるとかみなすような考え方は、いまだにわたしたちのあいだに根強く生きつづけている。

こうした考え方は、明らかにピジン・クレオール諸語が、より「高次の」「正統的な」ヨーロッパ諸語の不正確な変形であるという前提に立ち、そうした訛ったことばを喋る植民地の住民が西欧語や西欧人の習慣を正確に学習することのできない、なかば「未開人」のような存在であるという誤解の上に成立していた。

言語学者たちが、そうした誤解から完全に脱して、ピジン・クレオール諸語を「特定言語の誤った使用」という視点から、「一つの新しい言語生産行為」であると見なすようになったのは、ごく近年のことにすぎない。現時点でももっとも包括的なピジン・クレオール研究書の一つであるジョン・A・ホルムの『ピジン語とクレオール語』[1]（二巻本）には、消滅したものも含めて全世界で八八のピジン・クレオール語の存在が記録されている。その分布は、南北アメリカ大陸の大西洋岸、アフリカ諸地域、インド洋島嶼地域、東南アジア、太平洋島嶼地域に広く分散しているが、これはいうまでもなく西欧による植民地の分布とみごとに対応しており、ピジン・クレオールという現象が近代のコロニアルな状況の直接的な産物であることを明確に物語っている。

ピジン語とは、共有する言語を持たない複数の集団が交易等の目的で継続的に接触をくり返す際に、相互のコミュニケーションの必要性からあみ出される一種の簡略化された言語のことをふつう指している。そしてその成立のためには、複数の集団の言語的接触が、なんらかの社会的理由（たとえば相互不信、あるいは親密な交流の欠如）によって、一つの集団が相手集団の母語を学習するというかたちにけっしてならないような状況が必要とされる。ピジン語は、一般に、より力のある集団（これを「被層集団」superstrate group と呼ぶ）の持つ言語の語彙を、力の劣る集団（「基層集団」substrate group）が借用し、それらを独自に連結させて作り出されるが、その際の語順や語彙の使用法にはあきらかに基層集団自身の言語の影響が観察される。一方で被層集団も、他集団との接触の際には、彼ら自身の言語を使うことをやめて、基層集団が使用しはじめた用法に合わせるようにしてコミュニケーションの円滑をはかる。こうしてグループ相互のあいだに、彼らの必要性をみたすための、一種の「当座しのぎ」のことばが生みだされる。そのことばは、動詞や名詞の語尾変化のような無用な複雑性を切り捨て（たとえば“two knives”は単純に“two knife”となる）、語彙の数をおもいきり縮小して一つの単語に文脈に寄りかかった多様な意味を持たせることで、語彙の不足を補ってゆく、という一般的な特徴をそなえてゆくことになる。これがピジン語の誕生である。

しかし、一人の個人が、特定の目的達成のために自己の言語を変形・縮小して使用するようなケース（たとえばある英国人がリスボンで帽子を買うときに判りやすいようにと簡略化した英語を使うこと）は、ピジンではなく、いまだ規則性をすっかり欠いた個人的「隠語《ジャーゴン》」の段階と見なされる。「ピジン」は、話者

19 世紀の半ばすぎ，「カリブ海の真珠」キューバ島に旅した諷刺画家＝旅行家ジェオ・カールトンは，奴隷解放直後のプランテーションの島（もちろんまだスペインの植民領である）の日常風景をコミカルにスケッチしながら，ハバナの街のクレオール的景観に敏感に反応した。巨大なシガーをくわえて街を闊歩する解放奴隷の母子。サトウキビを圧搾工場に運ぶ若い黒人女。コロニアル風ホテルの使用人として働く辨髪の中国人（19 世紀後半から黒人にかわって多数の中国人が苦力（クーリー）としてキューバに移住し，キューバ文化に様々な東洋性をつけ加えることになった歴史は意外に知られていない）。ハバナの城砦（モーロ）を望む街はずれのヤシの木陰で休むロバと農夫……。こうした光景は，カールトンがその後のカリブ海地域の基調となる「クレオール的文化景観」のまさに生成の場に居合わせていたことを物語っている。

の第一言語が何であるかによる流動性を抱えてはいるものの、一定の意味の規則性と共通した発音と文法的安定性を持っているからだ。そしてこうしたピジンの安定化が起こるためには、複数の基層集団が、彼ら相互のコミュニケーションのために一律に同じピジンを採用するというプロセスが不可欠であると考えられている。言語学的に「第三ハイブリッド化」と呼ばれるこの現象によって、ピジン語ははじめてある種の復元力を持った安定性を示すことになる。そしてこの、被層集団と複数の基層集団とのあいだに成立した「ピジン三角形」のなかで次第に被層集団の影響力が減少し、あるいは接触がとだえ、基層集団のあいだにのみ継続してピジンの使用が維持されるようなケースが起こると、そこに「拡張ピジン」と呼ばれるより洗練された言葉が生まれる。すなわち拡張ピジンは、初期のピジンに比べてより広汎な会話の必要性をみたす語彙と構文の複雑性をそなえている。

ジャーゴンからピジンの安定化を経て拡張ピジンへ、という流れは、しかしかならずしもつねにあらゆる言語的接触において等しく生じるわけではない。ニューギニアの「トク・ピシン」の研究家であるミュールホイズラーが指摘しているように(2)、カリブ海地域のピジンは後のクレオール化に移行する際にピジン安定のプロセスを欠いているし、ハワイ・クレオール英語の形式においては拡張ピジンの存在は検証されていない、という説もある。ともあれここで確認すべきことは、ピジン語は交易等の必要性によって生じた言語的接触に厳しく限定して見られる現象なのであり、いかなる人間にとっても「母語」でありえない、という基本的な特徴である。

一方、クレオール語とは、いわばピジン語がネイティヴ・スピーカーを獲得したときに発生すると考えられる。そうした状況は、特に植民地の黒人奴隷などのケースに典型的に見ることができる。一七世紀から一九世紀にかけて、多くの異なった言語集団に属するアフリカ人たちが、ヨーロッパ人の手によって新大陸のサトウキビ・プランテーションの労働力として強制移住させられた。奴隷の第一

ウォーカー・エヴァンズのハバナ 1
「ボードレールのパリ」の空気を体内に充満させてニューヨークに戻った本質的なボヘミアン写真家ウォーカー・エヴァンズは，1933 年 5 月，29 歳の年にキューバを訪れた。ハバナの街が誇る海岸通り（マレコン）のコロニアル建築群の白い連なりをはじめて見たとき，この天性のストリート・フォトグラファーは，植民地の歴史が生み出す日常の風景の豊かな陰翳に触れて，感動とともにシャッターを切りつづけた。

世代がおかれた言語環境は、ほぼ先述のピジン語を発生させるような状況だったと考えられる。出身地域のことなるアフリカ人たちは彼ら自身の共通言語を持たなかったし、かといってヨーロッパ人の言語を学習するには、彼らの置かれた「奴隷」という環境は、あまりにも制約されていた。新大陸で生まれた黒人の子供たちは、こうして、両親の母語よりも日常の労働の場で使用されるようになっていたピジン語にさらされる機会の方が多くなり、ピジン語の方により強い言語的アイデンティフィケーションを示していった。そして、彼らはカオティックなピジン語を一種の「母語」として受容することによって、これをより厳密な表現の道具へと組織化してゆく。これがいわゆる言語の「クレオール化」(creolization)の過程であり、このプロセスを経ることによって、クレオール語は人々の日常生活のあらゆる側面をカバーすることのできる語彙と表現力を獲得してゆくことになったのである。その意味で、ピジン化とクレオール化とはちょうど正反対の方向性をもっているといえる。すなわちピジン化が言語的簡略化・収縮であるとすれば、クレオール化とは言語的深化・拡張の動きなのである。

クレオール語形成にかんする大きな関心は、それが人間の言語的能力の獲得における普遍的な生物学的特質にかかわりを持っているのではないかとする、いわゆる言語「バイオプログラム」仮説にある。この仮説を著書『言語のルーツ』(一九八一)において提唱したデレク・ビッカートンによると、クレオール語とは、人間の頭脳における特定の神経組織の性質に根ざした生まれつきの言語的時制-叙法システムのもっともプリミティヴな発現のかたちであると考えられる[3]。そうした議論の例証として、ビッカートンは、相互にまったく言語的・文化的接触なしに成立したと考えられるハワイ・クレオール英語と、南米ガイアナのクレオール諸語とが、ほとんど一致するほど類似した構文のシステムを発達させてきた事実をあげる。さらにビッカートンは、ハワイにおける集中的な調査にもとづいて、

ウォーカー・エヴァンズのハバナ 2

1930 年代のハバナは，混乱と猥雑の街だった。エヴァンズのような街路観察家にとってそれはまたとない時代でもあった。この時期，クレオール的文化の交配プロセスを経た「混血キューバ」があたらしい社会意識として庶民の心のなかに芽生えはじめていた。集合住宅の中庭で洗濯するムラートやムラータたちの服装は，この時代のハバナの意外にもモダンな空気を伝えてくる。

ピジン話者が比較的早く拡散してクレオール化を示した集団と、ピジン拡張を示しながらオリジナルな言語環境にとどまった集団とを明確に区別し、前者の諸集団相互において、動詞システム以外にもさまざまな言語的特徴の一致（たとえば強調の際の名詞句の前置、あるいは複合否定形など）が見られることを指摘したのだった。

ビッカートンがいうように、クレオール語を人間の言語獲得の普遍的特性を示す一種の「中立言語」であると見なすことは、言語は文化的学習によって獲得されるものであるとする従来の文化習得理論をまっこうから覆す起爆力を秘めている。言語能力が、すでに遺伝子レヴェルにおいてプログラムされた生得的特質であることの真偽をめぐる生物学的あるいは大脳生理学的議論をここで行なう余裕はないが、私が注目したいのは、言語というような確固たる文化的体系ですら、接触や融合の結果として、伝統や一貫性から切り離された、「原形」への還元の力につねにさらされているということの重要性についてである。すなわちこのクレオール化の力は、土着文化と母語の正統性を根拠として作りあげられてきたすべての制度や知識や論理を、まったく新しい非制度的なロジックによって無化し、人間を人間の内側から更新し、革新するヴィジョンをうみだす戦略となる可能性を秘めているといえる(4)。

＊

〈クレオール〉は語源的にはポルトガル語の〈クリアール〉（育てる）とそれから派生した〈クリオウロ〉（新大陸で生まれた黒人奴隷）に由来する(5)。歴史的に〈クリオウロ〉の意味は変化を見ており、これはまもなく新大陸で生まれたヨーロッパ人をも指すようになった。スペイン語圏でこれを〈クリオー

ウォーカー・エヴァンズのハバナ 3
この時代のキューバは，マチャード独裁政権のもとで，多くの政治的騒乱が横行する混乱期だった。ハバナ旧市街のはずれ，中央公園（パルケ・セントラル）の木陰で休息する混血のキューバ人たちの白昼の幻影は，何を映し出していたのだろうか。

リョ〉と呼びならわすようになり、フランス語圏、オランダ語圏、英語圏ではこれを〈クレオール〉と呼ぶようになった。すなわちクレオールは第一に新大陸や他の植民地圏で生まれた白人および黒人（さらに後には、その混血）を意味したのであり、やがてその結果として彼らの習慣や言語をも指すようになったと考えられる。

こうした、植民地という現実の言語的・民族的流動性を直接に反映する〈クレオール〉という概念を、言語学的概念からより広く文化的概念へと拡大して、多民族社会のエスニシティの問題に切り込んだのが、R・B・ル・ペイジとアンドレ・タブレ゠ケラーの『アイデンティティの行為――言語と民族性へのクレオール的アプローチ』である[6]。両著者は、中米のベリーズを中心とする英語圏カリブ海のクレオール語社会での綿密なフィールド・ワークを基礎に、文化的アイデンティティとしての「クレオール」がどのようにして形成されるかについて興味深い議論を展開している。

ル・ペイジとタブレ゠ケラーによれば、彼らの調査した言語学的にヘテロジニアスな社会には、大きくつぎの三つの共通した特徴を見ることができる。

（1）社会的受容と信用の基準となる標準言語（それは教育システムによって支えられている）から見たとき、大多数の住民の使用するヴァナキュラーな町言葉はマイナーで、非難されるべき地位を与えられている。

（2）住民の言語的行動のなかには、単一言語が機能するホモジニアスな社会においては想像不可能なほどの自在な変異と不規則性を見ることができる。

（3）いかなる言語的スタンダードを制度的に採用するかどうかについて住民の考えが必ずしも一致せず、つねにこれが議論の焦点となっている。

ウォーカー・エヴァンズのハバナ4

ハバナの街角は，人と人とが視線を交わし合う無数の窓だった。ダークラムの瓶をかかえて美しく着飾りどこかへ外出する一人のクレオール女性の挙動や眼差しは，そうした無数の窓の存在をはっきりと意識した，ある高貴な「気品」のようなものを示している。

こうした状況にある社会を、「言語学的にヘテロジニアス」な社会と呼びつつ、ル・ペイジとタブレ＝ケラーはベリーズ（旧英領ホンジュラス）のカヨ地方の住民が、そうした言語的にヘテロな環境のなかでいかにして自己のアイデンティティを規定していくかについて分析する。彼らによればこの地域の住民の文化的・民族的アイデンティティを示す語彙は大きく分けて「スパニッシュ」「マヤ（インディオ）」「クレオール」「カリブ」「メスティソ」「ブラック」の六種類である。自己の帰属意識についての質問と、自己の周囲に住む人々がいかなるカテゴリーに属すると考えているかについての二つの質問を総合すると、この地域の住民のアイデンティティの意識がいかに流動的であり、かつ相互主観的なものであるかがわかると著者たちは述べる。

たとえばある少年は、両親をともに「スパニッシュ」であるとしながらも、自身を「クレオール」であると規定し、日常的には家庭でもクレオール語を話した。あるいはまた別の少女は、「ベリーズ人」という規定を拒否しつつも、人々の話し方（クレオール語）によって容易に彼らが彼女と同じ「ベリーズ人」であるかないかがわかる、と答えた。

こうしたアイデンティティ交錯の例をいくつも引きながら、ル・ペイジとタブレ＝ケラーは、クレオール的アイデンティティとは、実質的な民族的・地域的・言語的な内容を持ったものであると見なすよりも、むしろ、一種の可変的なステレオタイプとして機能しながら、自己の周りに広がる文化的・言語的環境を微細に分類整序していくための指標になっているのではないかと結論づける。すなわちあらゆる可能な誤解や恣意的理解を含めて成立した〈クレオール〉というアイデンティティによって、住民は自らの言語行動にかたちを与え、そこに意味を見いだそうとしているのである。

ウォーカー・エヴァンズのハバナ 5

街角の宝くじ売りの店先には，幸運の数字が並んでいる。こうした店の周囲には必ず何人かの宝くじ売りの男がリズミカルな「物売り声（プレゴン)」をあげて，道ゆく人々の足をとめていた。多様な声によって織りなされたクレオール都市の音風景……。

言語学ではなく文化人類学の視点から、〈クレオール〉というアイデンティティの成立と変容をめぐるさまざまな社会的力学について刺戟的な考察を行なったのが、キューバ系米国人の人類学者ヴァージニア・R・ドミンゲスの『定義上の白人――クレオール・ルイジアナの社会的分類』である(7)。

ジャズの発生、仮面祝祭としてのマルディ・グラ、クレオール料理、精緻なレース編みなどの民族工芸、南部を舞台とするロマン主義的文学等に結びつけられて一般に話題とされるルイジアナのクレオールであるが、この概念が歴史的にどのような変遷を見、現実にどのように機能しているかについての社会科学的研究は意外にも遅れていた。ドミンゲスによれば、〈クレオール〉とは歴史的には外国人の両親から生まれた土地の人間を指すきわめて一般的な名称で、したがって人種を問わない概念であって、当然白人も、混血も含まれるものであった。特に南北戦争前のルイジアナでは、〈クレオール〉は人種ではなく、言語的・文化的要素をベースに定義されており、主としてフランス系およびスペイン系の文化伝統と深く結びつけられていた。

しかし南北戦争終了後、カテゴリーの混乱がはじまる。自由黒人、黒人クレオール、白人クレオール、混血クレオールなどのカテゴリーが無数に入り乱れ、概念の混乱を回避するため新しいかたちの差別化に向けてさまざまな民族的紛争が起こるのもまたこの時期であった。このころから、ルイジアナの住民は、〈クレオール〉という概念を自己と他者の区別化の際のきわめて恣意的で可変的な指標として利用するようになっていく。社会的に有利な文脈に応じて人々はおどろくほど自由に自己のアイデンティティにかかわる規定を入れ替え、操作しながら〈クレオール〉という不定形の海のなかを

ウォーカー・エヴァンズのハバナ 6

30年代ハバナはまたハリウッド映画の巡回するセンターでもあった。無数の映画館をむすんで市街を歩きまわることで，米国とハバナをむすぶ「文化の政治学」はもっとも的確につかまえられたのである。その意味でカリブ海屈指のクレオール都市はまた，美しくも悲しい「映画植民都市」でもあった。

上手に泳ぎ渡っていく。ドミンゲスはこう書いている。

一生のなかで、ニューオーリンズの人間は自己を何種類かの異なった社会集団にその都度帰属させようと試みる。そしてそのアイデンティフィケーションのこころみが社会の一定数の人々によって認められさえすれば、彼は自己の所属するグループとは異なったグループの一員として認知されることもある。アイデンティティを共有するグループの境界を明確なものにしようとする多くのニューオーリンズ人の努力にもかかわらず、有利なかたちでアイデンティティを操作しようとするこうした傾向が意味するのは、グループ相互間にそれほど決定的で固定的な境界が存在していないという事実なのである。(8)

こうした流動的なアイデンティティ意識のなかで意味を付与されつづけてきた〈クレオール〉という概念にもっとも強く保守的な抵抗を示したのはいうまでもなく法律であった。ごく近年までルイジアナ州法は人種分類に生物学的な基準を一律に採用し、三二分の一の黒人の血が認められる場合にはこれを法的に「黒人」として取り扱い、白人と黒人のあいだに明確な境界を設定することによって曖昧な人種的カテゴリーの存在を排除しようとした。同時に法律は異人種間の結婚を禁止し、さらに混血の子供による財産相続をも回避しようとした。

だがこうした制度的権力の圧力にもかかわらず、〈クレオール〉はルイジアナの住民の自己意識の根幹にふれる概念としてつねにその生命を更新しつづけていった。社会的なアイデンティティは、適切な名を与えられたときにはじめて、人々に共有される「知識」となる。その意味で、ドミンゲスが結論づけるように〈クレオール〉という概念もルイジアナの住民のあいだに共有された一つのパブリックな「知識」として成立したと考えることができるだろう。

このシンボリックなラベルを自在に操作し、自己と他者のアイデンティティ意識をめぐる地図をその都度作成しながら、ルイジアナの住民は彼らのきわめて可塑性に富む社会文化空間における生存を、確かなものにしているのである。

*

言語的概念としての〈クレオール〉、そして流動的なアイデンティティ意識にかかわる文化概念としての〈クレオール〉の問題を見てきたいま、まさに焦点となるのが「思想の構え」としての〈クレオール〉についてである。従来の「民族的・言語的・文化的アイデンティティ」という固定化された帰属の領域から脱したところでつねに〈クレオール〉という現象が生成することの確認は、必然的にわたしたちをノン・エセンシャリズム的認識論の彼方に広がる、新しい思想的実践としての〈クレオール主義〉の地平に導いていくからだ。

そして思想としてのこの〈クレオール主義〉を展望しようとするとき、わたしたちの視線はふたたびカリブ海という、独創的な知の沸き立つ地帯へと注がれてゆくことになる。

XI　森の言語、曙光の言語――クレオール論2

全世界の旧植民地地帯に広く点在するさまざまなクレオール語のほぼ半数がカリブ海周辺地域に集中しているという事実は、この土地に現実に生じた言語と文化の融合と交配のプロセスがとりわけ激烈でかつ継続的であったことを物語っている。だが、そうした言語的「クレオール語」圏としての現実的な意味合いを超えたところで、いまカリブ海地域が、思想としての「クレオール」を懐胎し生みだす特権的な場としてわたしたちの前にたちあらわれつつある。

そうした思想的クレオール主義の可能性にむけていちはやく思索を開始したのはカリブ海の詩人・作家たちだった。彼らの思索は、まずそれまでの迷える「主体」に確固たる存在感を与えること、すなわち個人的・集合的アイデンティティの新たな探求の試みとして始まる。たとえば小アンティル諸島の一角にあるグァドループ島生まれの詩人サン＝ジョン・ペルスは、歴史の奔流にもてあそばれて浮遊するカリブ海世界に一つの安定した構造と一貫した秩序を実現するために、覚醒した統合的な「主体」の構築を彼自身の詩作をつうじて追求した。あるいはハイチの作家でありハイチ共産党の創設者でもあるジャック・ルーマンは、ハイチの農村における民族学的研究をふまえて、小説『露の主人たち』（一九四四）のなかで、ヴードゥー教に代表されるアルカイックな宗教的心性に釘づけにされた農民たちの精神の解放が、貧困というコロニアルな条件（一九一〇年代から三〇年代にかけてハイチは米国の占領下にあった）の克服によってもたらされることを、戦闘的な農民文学のトーンのなかで描き切った(1)。

こうしたこころみは、すでに示唆したようにいずれもカリブ的主体の構築をめざすという点で、たしかなアイデンティティ探求の視点によって貫かれていた。英雄的なまでに反抗的な放蕩息子。荘厳な造物主《デミウルゴス》になぞらえられた主人公。復讐心に燃えるアンファン・テリブル。怖じけづくことなくあらゆるものに批判を浴びせかける声高なキャリバンたち……。このような主体の創造をめざすことで、カリブ海文学は一つの強烈な「カリブ人」のイメージを造形することに努力を集中していったのである。

確固たるエゴを備えた革命的な人格の造形は、しかしともすれば数多くの偏執狂的なキャリバンを無尽蔵に生みだすだけにおわる危険性をつねにかかえていた。そうしたキャリバン的人格が孕むモノマニアックな姿勢の限界にいちはやく気づき、意外にもデカルト的地点にとどまり続けていたカリブ海における「主体性」の意識をクレオール的に脱構築してゆこうという行為にはじめて踏みだしたのが、マルティニックの詩人エメ・セゼールだった。セゼールにとって、主体とは解体された自己がふたたび肉体を取り戻そうとして格闘する一種のフィールドのようなものとして意識されていた。彼の『帰郷ノート』(2)は、「亡命」という浮遊状態を抜け出して「故郷」へと還流する詩人の魂の軌跡を力強く描いているが、そこでの「主体」にはいかなる特権も与えられてはいない。セゼールにとって主体とは、集団的経験が結節する一つの場であるにすぎなかった。それまでの抵抗文学に特有の主体の神格化への誘惑から身を引き離して、セゼールが真摯な自己凝視のなかからつかみかけていたのは、一

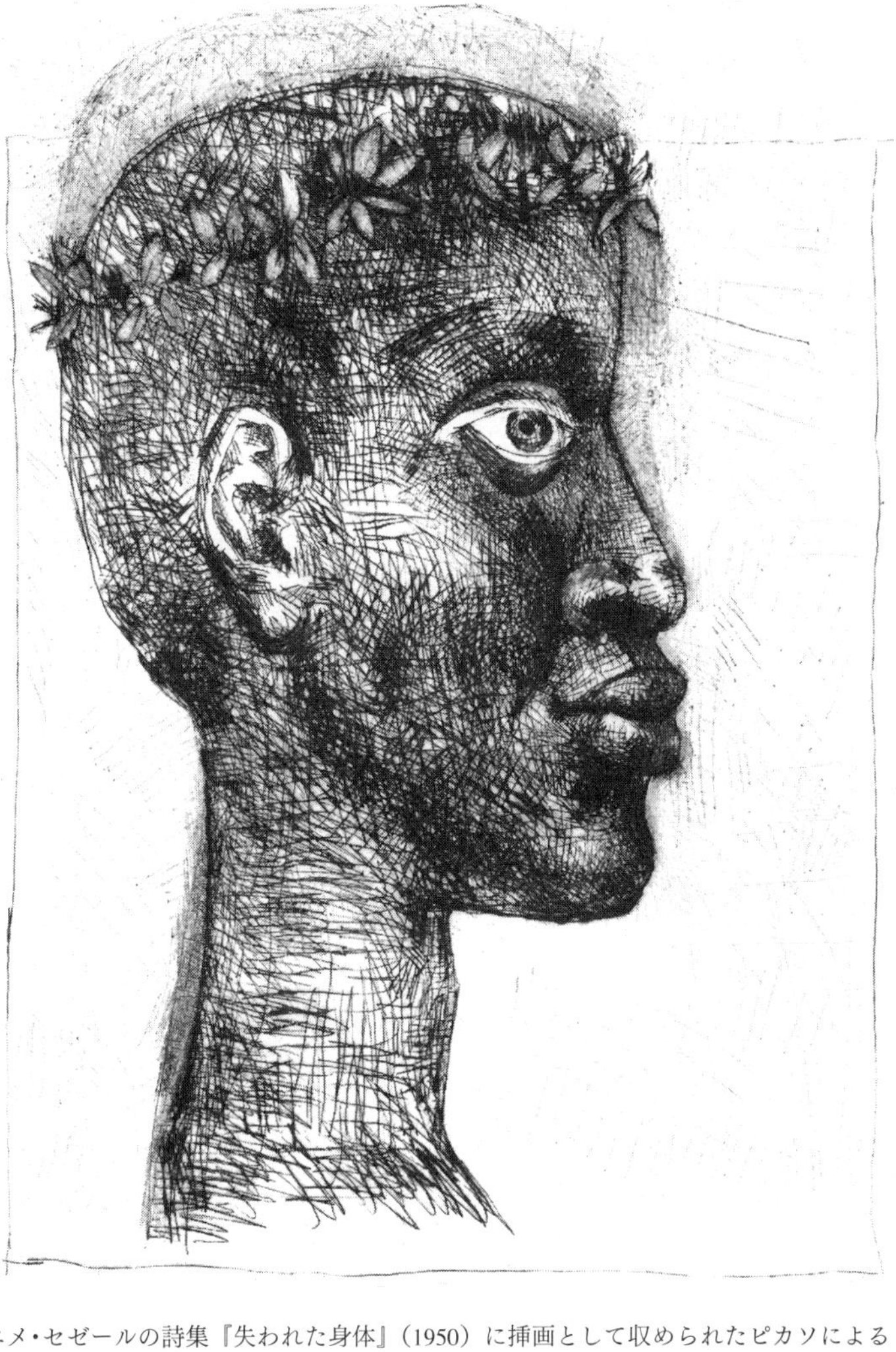

エメ・セゼールの詩集『失われた身体』(1950)に挿画として収められたピカソによる版画。黒人奴隷の歴史のなかで失われた己の身体を新たな接続的アイデンティティとともに奪還しようとするセゼールの白熱の意志が，この桂冠ならぬ熱帯植物の花輪を頭に巻いた黒人の「主体」を尊厳とともに浮上させる。

種の「非中心化された主体性」とでも呼ぶべきものだったのである。
コロニアリズムという不可避の歴史によってもたらされたカリブ海の集合的な経験が無数に交差し合い、一つの像が結ばれる地点として想像された「主体性」。だからそれは思考の絶対的な起点であるというよりは、認識の瞬間的な強度を孕みつつホログラムの像のように変容し、凝視しようとすると消え、つかもうとすると逃げ去ってしまうようなパラドキシカルな運動性を内に秘めた、思考の交点のようなものだった。そしてまさにこうした錬金術的な自己変成をくりかえす主体というテーマこそ、セゼールによって主張された「ネグリチュード」という運動がつねにそのエネルギー源としてきた主題であった。

*

セゼールの深い影響力のもとに、ポスト・デカルト的、ポスト・サルトル的な意味で、「個人」あるいは「主体」と呼ばれる概念にたいする従来の認識のドラスティックな転位の必要性を明確に宣言したのが、マルティニックの詩人・作家・思想家エドゥアール・グリッサンである。一九八一年にパリで刊行された決定的に重要なエセー集『カリブ海のディスクール《アンティル》』において、グリッサンは自我意識の崇高性、起源の純粋性、唯我論的に構造化されたエゴといった概念にいまだに執着する近代思考の性向に力強い批判を加える。そしてカリブ海の思想家たちが最終的に逃げ込んでいた、「堕落」以前の新大陸の起源への回帰というナイーヴで無垢な発想を突き破って、グリッサンは「起源」とか「権威」とか「伝統」とかいったものがそれ自体逆説的で非本質的なものであることを指摘する。混沌としたカリブ社会に秩序と構造的統合の可能性を求めたサン゠ジョン・ペルスの限界を指摘しなが

港千尋「Ekwata, Gabon」(1990)。マングローヴの湿地をおおう塩水は，それが陸と海のはざまであることを教えている。海に接触するジャングルとしてのマングローヴの茂みは，だから内部と外部の，自己と他者の，魔術と科学の，歴史と神話世界のふれあう接点でもあるのだ。そしてエメ・セゼールのようなクレオーリストにとって，それはネオコロニアルな自己の存在を精査するための特権的な場となっていった。この海岸の密林を鏡として映しだされた植民地の光景を，セゼールは「マングローヴ症候群（コンディシオン・マングローヴ）」と呼んだ。

ら、グリッサンはたとえば次のように彼自身のクレオーリズムの思想を表現している。

> 世界をもはや一つの体系としてみなすことはできなくなった。現実の穏やかな水面を、あまりにも多くの他者と他所がかき乱そうとしているからだ。この混乱の現場にいながら、ペルスはなおも彼の安定性のヴィジョンを練りあげようとしている。[3]

世界を鳥瞰し、対象化し、構造化して、一つの安定したシステムに練りあげてゆくような論理にたいし、グリッサンが主張するのは「カリブ海」という「語りえぬ」テリトリーを一種の「永遠の変容状態《メタモルフォーゼ》」のなかでとらえようとする発想である。グリッサンの処女小説『レザルド川』の英訳者でもあるジャマイカ、西インド大学のマイケル・ダッシュは、『カリブ海のディスクール』英訳本の解説として収められた示唆的なグリッサン論のなかで、カリブ海の現実を特徴づける不透明なもの、隠されたもの、絶えず変容するものへのグリッサンの執着をさして、「生まれながらの脱－構築主義者《ディコンストラクショニスト》」と呼んでさえいる。[4]

こうした「カリブ海世界」というスキゾフレニックでヘテロな領域に身を置きつつ、独自のクレオール主義を推し進めようとするグリッサンがその思想の出発点に置くのが、いうまでもなく表現のための言語としての「クレオール語」をいかに処理してゆくかという態度をめぐる思索である。カリブ海地域の言語的環境を決定しているのは、複数言語の接触と衝突によって生じた言語的異種配合と多言語共存の状態である。こうした引き裂かれた言語的アイデンティティ、バフチーン的言い方に倣えば「ヘテログロッシア」の状態にたってグリッサンがまず提示するのは、「書かれる」ことを拒絶する口承言語としてのクレオール語を「記述」というモードのなかにいかにして適合させるか、という

マルティニックの首都，フォール・ド・フランス。コロニアルな条件のもとで，内陸の植民地農園《アビタシオン》につなぎとめられた黒人たちの視線は，丘から街を見下ろすこの構図とともにあった。以下、ラフカディオ・ハーン『フランス領西インド諸島の二年間』（1890）に収められた写真（199 ページまで）。（Hearn）

ディレンマに満ちた問い掛けである。すなわちここには、支配者の言語として押しつけられたフランス語と、奴隷制のもとで生まれた民衆的クレオール語との対立だけでなく、真摯な表現者がつねに直面することになる口承言語と文字言語のあいだの非整合性をめぐる葛藤も示されていると考えることができる。

　自己表現という場において、どのようなかたちでヘテロな言語的条件を引き受けるのか？　こうした問いにたいして、グリッサンは「不透明な言語」の実践を宣揚することをつうじて、表現上のディレンマを超えでるための可能性を示唆する。

> 不透明性《オパシテ》はそれ自体のなかに力を秘め隠しており、外的な根拠によって正当化されることがない。そしてそのことによって、不透明性は、「透明性《トランスパランス》」という概念が私たちを疎外してしまうことに断固抵抗するための力を与えてくれる。私は、ハイチの亡命演劇集団クイドールによってマルティニックのフォール・ド・フランス市で上演された演劇のことを思い出す。いうまでもなく、劇の主要部分はハイチアン・クレオールで語られたため、私たちにその意味はわからなかった。しかしまさにこの不透明性ゆえに、私たちはそれがまぎれもなく「自分たちの」演劇であることを直観した。私たちはそのとき、未知という不透明な通路をたどって、理解に到達したのだ。[5]

　ハイチのクレオール語が、その意味作用におけるマルティニック人にたいする不透明性にもかかわらず、強い喚起力を持っていることの発見は、グリッサンに、記述のための新たな自律した言葉を編み出すための大きなヒントを与えることになった。引き裂かれた言語環境のなかで、言葉にふたたびポエティックな生命を与え、浮遊する言葉を記述の空間に「存在」させてゆくためには、言葉に中立

フォール・ド・フランスのカテドラル。ハーンは「この教会が一日中鳴らしつづける鐘の音は，クレオール人にとっても白人にとっても喜びと悲しみの音色をかねそなえている」と書いている。（Hearn）

性や客観性を求めてはならない。むしろそれは、マルティニックの知識人たちに押しつけられた無感覚な痩せた言語（制度的なフランス語）にたいする解毒剤として機能するような衝撃の力を持っていなければならない。

しかしだからといって、クレオール語そのものを使って「書く」ことはなんの解決にもつながらない。口承言語としてのみ存在するクレオール語を文字言語というシステムの領域に引き入れるこころみは、それが誠実な意図でなされればなされるほど、逆に致命的にナイーヴなフォークロリズム（土俗主義）に陥ってゆく危険性を孕んでいるからだ。しかも、マルティニックの民衆のあいだでクレオール語じたいが衰退しはじめているという事実そのものが、現在のクレオール語をそのまま書き言葉の領域に導くことが無効であることを証明している。

それならば、枯渇しかけたマルティニックのクレオール語に、ふたたび生まれかける虹のような変成の力を授け、それを一気にカリブ海のリアリティをまるごと抱え込んだ覚醒した自己表現の言葉へとつくりあげてゆくにはどうしたらいいのか？　こうした問いを受けて、グリッサンは、いま緊急の要請は、痩せ細ったフランス語をクレオール化するというようなその場しのぎの方策ではなく、現在のヘテロな言語的環境そのものに深い探りを入れるという批評的行為をつうじて、「創造的なエクササイズ」としての言語使用を押し進めてゆくことであると力強く宣言する。これまでマルティニック人のあいだにそうした積極的な言語使用の訓練がすっかり欠けていたことを、グリッサンはつぎのような示唆的な文章のなかで指摘する。

「フランス系小アンティル諸島には真の意味でバイリンガリズムは存在しない、なぜならクレオール語じたいフランス語の変形したものに過ぎないからだ」という議論がつねになされてきた。

こうした言い方が成立してしまうのも、私たちマルティニック人がこの二つの言語を自覚的に使用しておらず、自己表現をめぐる集団的なエクササイズをすっかり欠いているからにほかならない。……それがフランス語であるかクレオール語であるかを問わず、またそれぞれの個人がそれらの言葉を正確に喋ることができるか否かをも別として、ここで問題なのは、私たちが言葉を使用する以上に、私たちがより強く言葉によって語られてしまっている、という現実なのである。(6)

自己表現の手段がみつからないままに無自覚に発する言葉によって、自分自身が自己の意思や欲望とかけ離れたところで自動的に「語られて」しまっているというこの指摘は、グリッサンの思想の展開のなかで重要な意味を持つことになる二つの概念を編み出させることにつながっていった。それが、〈自然なポエティクス〉と〈強制のポエティクス〉という概念である。

グリッサンによれば、表現に向けての集団的な意思や欲望が、表現を実践するための言語のレヴェルにおいてそれ自身と矛盾しないようなかたちで提示されることが〈自然なポエティクス〉の発現する条件である。すなわちそこには、意思と表現とのあいだに一種の連続性が存在しているのであり、言い換えれば、共同体のなかの欲望を生みだす心性とそれを表現する言語的手段とが同じ一つの自発的な原理によって支えられているということでもある。そしてあらゆる既成の社会秩序にたいする挑戦は、つねにこの〈自然なポエティクス〉から生じることになる。

しかし、現在のマルティニックの社会環境が示すように、特定の集団によって懐胎され表現の方向を定められた欲望が、まさにそれが表明されようとする現場において、表現手段の専横によってそれ自身の息の根を止められてしまう、という状況が起こる。これが〈強制のポエティクス〉と呼ばれるものであり、それはつねに、表現への要請が表現を達成する手段の欠陥に直面したときに現われることになる。自己表現のエクササイズを欠き、受動的な言語表現を無自覚的に繰り返す〈強制のポエティクス〉。母語であるクレオール語の衰弱と、押しつけられた「国語」としてのフランス語へのアンビヴァレントな感情のあいだに宙吊りになったこのマルティニックの現状を、グリッサンはつぎのように要約している。

そこにおいて民衆の表現の手段と内容とが完璧に対応するというそれ自身の本質的な性格のために〈自然なポエティクス〉を導き出すことができたはずのクレオール語は、いまや消耗してしまっている。日常の使用法において、それはますますフランス語に近づいてきている。さらに話言葉から書き言葉への変化のなかで、クレオール語はさまざまな通俗化を示してもいる。しかしクレオール語はつねにこの二重の変形の力に抵抗しつづけてきた。私たちに課せられた〈強制のポエティクス〉とは、まさにこの変形の力と抵抗の力のせめぎあいの結果なのである。(7)

いまだ声のかたちをとらない集団的な欲望に表現のための新たな「舌《ラング》」を与えてゆくこと……。それはもはや、「何語」で書くかという表現のテクニカルな問題ではなく、クレオール的思考の射程を鋭く研ぎ澄ませてゆくことによって、それを伝える言語じたいを内側から更新してしまおうとするきわめて冒険的な試みなのだ。グリッサンが探求する言語が、いかなる二者択一をも超えたヘルマフロディートのような両性具有性を示し、朝の太陽が誕生する瞬間の一筋の光明のような生き生きとした境界性を具えていることを、マイケル・ダッシュはつぎのように述べている。

声にならないものに声を与えるというこの試みのなかで、作家はあやうい均衡を保ちつづける。

フォール・ド・フランスの郊外をゆくクレオール女性。荷物をはこぶ彼女たちの身のこなしそのもののなかに，身体所作としてのクレオールがひそんでいる。(Hearn)

バルバドスのブリッジタウン。植民地都市の光と影は，白色の強烈な太陽の投げかける影と，珊瑚礁の白に輝く街路によってつくりだされる。(Hearn)

多言語的環境にある、ポスト・プランテーション社会においては、なおさらそうである。彼は光と闇のあいだをつり合いを保ちながら舞い、自己と他者、感覚と表出、丘陵と平野の境を浮遊し、ついには孤独と連帯のあいだを往還する。カリブ海のディスクールは、（……）つねにこうした創造的なスキゾフレニアの形式と結びついているのだ。グリッサンによって捜し求められた言葉は、アンドロギュノスの声であり、薄明に朱《あけ》をもたらす曙光の意識をそなえた言語なのである。(8)

＊

錬金術的変成の輝きを持った「曙光の言語」としてクレオール語を誕生させることは、同時にカリブ海に新たなクレオール的「景観」を創造してゆくこととつながっていた。『カリブ海のディスクール』においてグリッサンが繰り返し問題とするのが、マルティニックが土地の景観と結びついた民衆の集合的記憶をすっかり欠いているという点である。現代のマルティニック人にとっての「歴史」とは、どこにでもある他愛ない「疑似的出来事」の無味乾燥な連なりからできあがっており、それは一種の「ノン・ヒストリー」とでも呼ぶべき、過去との連続性の感覚を徹底的に欠いた意識でしかない。そしてまさにそのことによってマルティニックは、カリブ海に生じた収奪の歴史に背を向けて、「未開の楽園」「アフリカの蜃気楼」「文明都市への憧憬」といった幻想のなかに幽閉されてしまったのである。

真のカリブ海の歴史はまだ書かれていない。コロンブスにはじまる発見と植民と統治をめぐる西欧のオーソドックスな歴史は、「コロニアルな冒険物語の残滓」にすぎないからだ。こうしてグリッサンは、想像力によって力を与えられながら、彼の著作のなかでカリブ海の過去の歴史を痕跡として発見しようとくわだてる。たとえば小説『レザルド川』のなかで、歴史家であり古文書の保管人でもあるマティウは、いまだアフリカの叡知を体内に秘める年老いた呪術師《キンボワスール》パパ・ロングウェの個人的で直観的な記憶を頼りにしながらマルティニックのフォーマルな年代記の細部を完成させることを思いつく。そうした作業のなかで、マティウは、真実とは明示的なかたちで一瞬の洞察のなかから現われ出るものではなく（ヨーロッパ的詩学においては、この突然の霊感や一瞬の知性の炸裂が真実を生みだした）、ちょうどマングローヴの林を蛇行する川がゆるやかにその水かさを増すように、長い時間をかけてひそやかにそれが発酵するものであることを学んでゆく[9]。

個々の事件の固定化された時間の積み重ねが出来事の連鎖としての歴史を生みだしてゆくというような歴史観を超えて、グリッサンは風景のなかに時間が一種の「持続」として保存されていること、そしてそこでは過去とか未来とか呼ばれるものが互いに強く結びあっていることを確信してゆく。こうしてグリッサンは、彼が名づける「始原の痕跡」（la trace primordiale）をマルティニックの景観への深い省察をつうじて捜し求める旅に出発する。「始原の痕跡」は、祖先の歴史的過去が失われたことによって見えなくなっているばかりでなく、土地の変容と荒廃によってもはやマルティニックの景観じたいが過去との連鎖を探るための役に立たなくなってしまっていることが最大の原因だからだ。

逃亡奴隷《マルーン》たちをかくまい、育て上げ、大地にクレオールの虹を架けるための水蒸気を貯蔵しつづけたあの豊饒の熱帯雨林を、マルティニックはサトウキビ畑のために失った。瀕死のアカシヤと、痩せ細ったマホガニーが点在するだけの現在の丘の景観には、そこからもっぱら経済的恩恵を受けた西欧世界のいびつな姿が倒立像のようにして映しだされている。しかしマルティニックの変容した丘陵にさえ、森の記憶は保持されているはずだ。黒人奴隷たちの集合的な過去が層をなすようにして、そこには埋め込まれている。そうした景観の詩学と考古学の探求こそがわたしたちに残された最大の仕事なのだ。キューバのウィフレード・ラムやチリのロベルト・マッタらの絵画作品が、「景観」という意識のメタ言語を感情と知覚の新しい文法として取り出そうとしたクレオール的想像力の軌跡を、みごとに示している。

そしてもう一人のクレオーリスト、キューバの彫刻家アグスティン・カルデナスの作品に出遭ったときの感動と興奮によりながら、そこに見出された「景観の詩学」についてグリッサンは書いている。

ここに私は、切り株の密林が、根っこや球根のジャングルが鬱蒼とひろがっているのを見る。それは夜を光あふれる啓示へと導くアートだ。私たちはしかし、一本の木のいかなる圧倒的なイメージをも誉めたたえはしない。私たちが喝采をおくるのは、ここにあるすべての木が発する集団の声、すなわち森の言語だ。カルデナスの彫刻作品は単独の短い叫び声ではない。それは、持続する重層的な声であり、息長く永遠になにか新しいものを「うちたてる」対話のざわめきなのである。(10)

カルデナスの彫刻がささやくこの森の声に呼応するかのように、グリッサンは『カリブ海のディスクール』のなかでこう高らかに宣言していた。

文学的創造にとって、表現に形を与えるための不可避の力こそ、私が「景観の言語」と呼ぶものである。西欧の文学的想像力は、空間的にいえば泉と牧草地のまわりで形成されてきたといえるだろう。(……)景観の言語というものがある。私たちの世界でそれはどんな言葉なのだろう?いうまでもなく、それは存在の不動性と、それに依拠した自己存在の相対性、自己が求める唯一

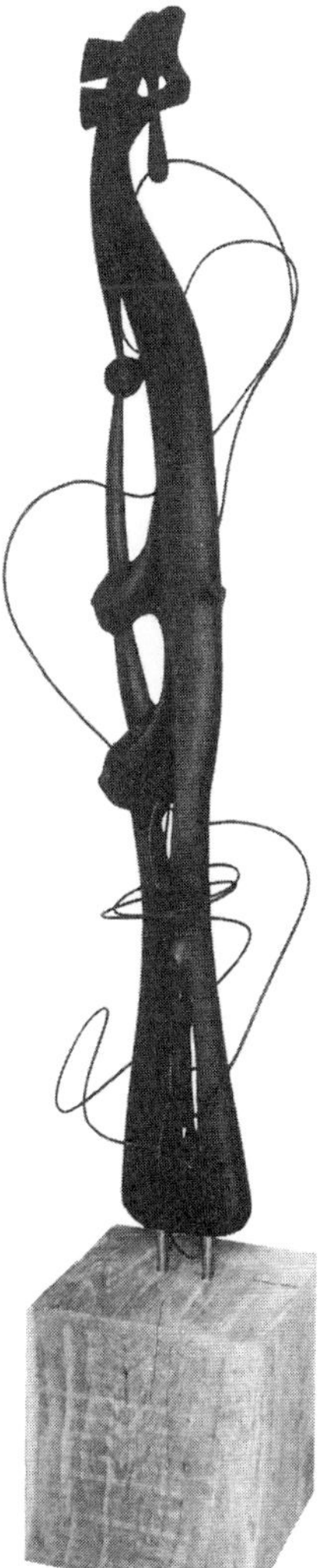

アグスティン・カルデナス「夜の騎士」(1959)。焼いた木材と鉄。

絶対の真理などではない。アメリカスの小説の言語はもつれた縒り紐であり、それはそれ自身の移ろいやすい景観の織物なのである。だから私の景観の言語は、なによりもまず森の言語だ。森からはとどまることなく生命がほとばしり出る。私は牧草地の経済《エコノミー》には与《くみ》しない。私は泉の静寂を共有しない[11]。

思想としてのクレオーリズムは森に棲息している。山と平地を結び、さらに海岸から海を隔てて西欧とアフリカとを透視する新しい歴史的想像力の地形図のなかで、クレオール主義はその視点を密林の茂みのなかに秘め隠しながら、生まれ出ようとする曙光の言葉を待ちつづけている。

XII　位置のエクササイズ——ポストコロニアル・フェミニズム論

ジャングルの言葉と感受性をいまだ体内に抱きかかえた一人のモダンな表現者にとって、生き、思考し、記述する行為はしばしば精神のなかの森と都市とのあいだを往還しつづけるおわりのない運動の軌跡として示されてきた。もちろんその場合、彼／彼女の思索の一つの起点となるジャングルとは、先験的に与えられたニュートラルで一様な空間ではなかった。それはときに彼／彼女の生の飛翔と着地をたしかに保証するダイナミックな力の源泉であるかと思えば、あるときには文明社会が彼／彼女を世界の文化的周縁に幽閉するために発明する権力の修辞学的空間としてもたち現われた。

このように、一つの精神のトポスが、ときに解放の、ときに抑圧の装置として機能しうるというきわめてポストコロニアルな経験をつみかさねることによって、彼／彼女らは〈アイデンティティ〉や〈差異〉といったものを、一種の非本質的な「関係」として、あるいは表象の「遊戯」のようなものとして了解するというクレオール主義的な戦略を身につけていったのである。すでに見てきたように、エメ・セゼールにとってもエドゥアール・グリッサンにとっても、マルティニック島の熱帯雨林やマングローヴの茂みは、そうしたクレオールの思考が発酵をつづける比喩的な場として意識されていた。

しかし、そうした裡なるジャングルの多様な出現のかたちのなかに自分自身を投げ込むことによって、人種とジェンダーと表現の権威の問題とに勇敢にたちむかった一人の黒人女性の存在を、世界は多くの男性の抵抗者の発言の陰にかくれたものとしてながいあいだ等閑視してきた。一九二〇年代から三〇年代にかけてハーレム・ルネサンスの嵐のなかを駆け抜け、アメリカ南部とカリブ海の黒人フォークロアの世界に沈潜したのちに忘却の彼方へと立ち去っていった作家・人類学者ゾラ・ニール・ハーストンである。

ハーストンにとって、ジャングルのメタファーは文脈に応じて虹のような意味の変異を見せる。一九二八年に発表された「黒人のわたしであるとはどんな感じか」というエッセイで、ハーストンはつぎのように書いて、白人のステレオタイプとしての〈ジャングル〉という場のエキゾティックな輝きを逆手にとりながら、彼女自身の黒人としての自己意識の一つのありかたを表明する。

たとえば、わたしが白人といっしょにキャバレー〈新世界〉の隙間風の入る地下室に座っているようなとき、わたしの色はやってくる。……いつものようにだしぬけのやり方で、ジャズ・オーケストラがやにわに演奏をはじめる。いささかも逡巡することなく、彼らはすぐさま曲のヤマ場にとりかかる。そのテンポや、幻覚を誘引するハーモニーは、わたしの胸をしめつけ、心臓を引き裂く。楽団はしだいに荒々しく暴走をはじめ、後ろ足で立ち上がり、原始の怒りもあらわに音のヴェールに襲いかかり、それを掻きむしり、引っ掻き、そしてついにはジャングルへと飛び越えていってしまう。わたしもこの未開人たちにつづく――歓喜に狂わんばかりになって。イアーオー！　ここはジャングル、風習もジャングル流だ。わたしの顔は赤と黄色に塗られ、身体は青に塗られている。脈は戦いのドラムのように打っている。なにかを虐殺したくなる。なにかは

ハワード大学の学生時代のゾラ・ニール・ハーストン。1920年頃。

ハーレム・ルネサンスのパトロン的存在カール・ヴァン・ヴェクテンによるゾラ・ニール・ハーストンの肖像。1934年1月。

わからないが、痛めつけ、殺してやりたくなる。けれどもそのとき、不意に曲が終わる。ミュージシャンたちは唇をぬぐい、指を休める。最後の音がはてるとともに、文明と呼ばれる虚飾の世界へとわたしはそっと帰ってゆく。そして白人の友人がじっと隣の席に座ったまま、静かに煙草をふかしているのに気づく。「いい音楽だね」と彼は指先でテーブルを叩きながら言う。

音楽。紫や赤の巨大な感情の塊は、彼の心を揺さぶりはしなかったのだ。わたしが感じたものを、彼のほうはただ聴いたにすぎない。彼はひどく遠くにいて、わたしたち二人を分ける海と大陸ごしに、彼の姿がぼんやりと見えるだけだった。そのとき、彼の肌はその白さのためにぞっとするほど蒼白く、わたしはといえば、たとえようもなく黒かった。(1)

こうした挿話をやや誇張しながら語ることによって、ハーストンは「黒人であること」の一つの現われとしてジャズのような音楽を「感じる」ことのできる一種の感覚的能力がたしかにあることを示唆している。そのとき、〈ジャングル〉とはそうした感性を体内に宿した者だけが入り込むことをゆるされた特権的な空間としてたち現われる。そしてジャズを入り口にしてジャングルへと侵入する道を断たれ、文明世界に寂しくとり残された白人と対照させられることで、ハーストンの肌は神々しいほどの黒さを獲得することになるのだ。だが、ジャングルとはけっして、黒人にとっての黒人性を保証するナイーヴな母胎空間ではなかった。アメリカの批評家バーバラ・ジョンソンは論集『差異の世界』に収められた「差異の境界――ゾラ・ニール・ハーストンにおける語りかけの構造(2)」という刺激的な論文において、ハーストンにとってのジャングルへの越境も、「黒人」というもう一つの「仮面」を装着する行為にほかならないことを説得的に示す。身体を原色に塗り分けて密林で踊るハーストンの高揚した自己意識は、文化を表象するときのステレオタイプに自覚的な視点から見たとき、ちょうどキャバレーのテーブルを叩く白人の指先に現われた「戦いのドラム」が示す神経質で疎外された構図の、たんなる裏返しでしかないからだ。こうした、黒人にとってジャングルというメタファーに回帰することとの最終的な幻想性については、一九五〇年発表のハーストンの重要なエッセイ「白人の出版社が活字にしないものとは」という文章のつぎのような一節に、よりはっきりと語られている。

上流階級に属するニグロが登場する物語において、挫折が執拗に描き出されるという事実は、おそらく大多数の人間の潜在意識から生まれるなにかを物語っているだろう。……この奇妙な原理はきわめて広汎に受容されているがゆえに、もはや悲劇的である。納得したければそれをめぐる膨大な文献を調べてみればよい。どんなに高いところまで昇ったようにみえようとも、ちょっと揺さぶってやりさえすれば、本来の姿へ、つまり未開の地へとわたしたちは回帰する、というわけだ。西欧文明は皮膚どまりで、その下のわたしたちの血管のなかでは、ジャングルのドラムが脈打っている、というわけなのである。[3]

ここには、もはやジャズのリズムに憑依してジャングルのなかで自由に踊るあの生き生きとしたハーストンはいない。支配的な白人社会のなかで幻想されたジャングルという空間が、いかに権力によって抑圧された貧弱で表層的なカテゴリーに変容してしまうかを、ハーストンはここで主張しているからである。

＊

ちょうどルース・ベネディクトやマーガレット・ミードらと相前後して、ニューヨークで碩学フランツ・ボアズの学生の一人として人類学を学んだハーストンが、黒人フォークロアの世界を再発見し、それを収集・研究してゆく軌跡のなかで意識していった最大の課題も、この、黒人の習俗とか伝統とか伝承とか呼ばれているものを一つの完結した「真実」として、あるいは一貫性を持った「本質《エッセンス》」として提示することの不可能性の問題であった。そしてその不可能性は、いうまでもなくハーストン自身の黒人としての、そして女性としての「主体」そのものが、さまざまな社会的条件に接合されることで特異な流動状態を示していることに由来するものだった。人類学的分野の主著であるアメリカ南部の黒人民話集『騾馬と人』（一九三五）の冒頭で、ハーストンは彼女にとっての人類学的な研究対象である黒人フォークロアが、科学的「対象」として彼女自身の主体性とかならずしも明確に分断されていないことを、つぎのように述べている。

ある人がわたしに「黒人の民話を採集しにいったら」といってくれたときはうれしかった。ある意味で、それはわたしにとっての新しい経験ではなかった。わたしは、この世界にまっさかさまに落ちてきたとき、黒人の言語風習というゆりかごのなかに降り立ったのだから。……けれどもそれは、いつもぴったりのシュミーズのようにわたしに密着していて、着ているわたしには見ることができなかった。大学に行き、故郷を遠く離れてはじめて、わたしは自分自身を他人のように眺め、少し離れて自分の衣装を見ることができた。そしてそのときからわたしは、それを詳しく調べるために、「人類学」という小望遠鏡《スパイグラス》を必要とするようになった。(4)

だが「人類学」というスパイグラスによる経験は、自分自身を他人のように眺めるという、内部と外部のはざまに成立する両義的な行為のなかで、ハーストンにきわめて特異な表現の技法を与えることにつながっていった。

たとえば、ジャマイカとハイチの人と文化、なかでもとりわけヴードゥー儀礼についての綿密な民族誌として彼女の著作のなかでもっとも人類学的な体裁を持つ『わが馬よ、語れ』（一九三八）で、ハーストンは、民族誌的記述のなかに意図的に日記やフィールドノートのような主観的思考法をさしはさむようなスタイルを援用することによって、「人類学」という実践のなかにいかなる統合されたオーソリティー（作者性）も存在していないことを示した。[5] マーガレット・ミードとハーストンの民族誌的言語を比較した興味深い論文のなかで、デボラ・ゴードンは、ハーストンが『わが馬よ、語れ』においてフィールドとのあいだにつくりあげる流動的な関係を編みあげる一要素として、一種のエスノセントリズムに起因する知的葛藤や認識の不透明性が存在していることを指摘する。[6] そしてゴードンは、この自己とフィールドとの対話的状況そのものの揺らぎを書きとめたかのようなハーストンの民族誌のスタイルを、アメリカの批判的「鏡」として秩序だてられ一貫した意味を持たされた「サモア」というフィクショナルな実体を構築したミード（『サモアの思春期』）の仕事に対照させる。すなわち、ハーストンのエスノグラフィックなテクストは、遠い「異文化」の客観的な記述ではなく、自身の存在につき刺さる権力の場としての「アメリカ」と、黒人としての自己とをめぐるたえざる社会的・文化的交渉としてうみだされた、自己意識の境界上に揺らめきながら立ちあがるテクストだったというのである。

しかしこうしたインサイダーとアウトサイダーの狭間に立つ民族誌家の戦略をもっとも見事に提示した作品として、やはり『騾馬と人』に触れないわけにはいかない。『騾馬と人』の文章をつらぬく最大の特徴は、ハーストンによる地の文と黒人たちの言葉の引用とが不思議な融合を果たしている、という点である。彼女は、黒人民話の採集をする研究者として、すなわち一人のアウトサイダーとして客観的な声で語りはじめるが、やがてその声は黒人たちの共同意識のなかにいつのまにか住みかを移し、こんどは白人読者にたいして、黒人の一人として語りかけをはじめる。この客観的語りから共同性の場に立った主体的呼びかけへと変容するディスクールの構造について、バーバラ・ジョンソンは先の論文で、「この時点から、語り手であるハーストンが黒人の戦略を記述しているのか、それともそれを実行しているのか、見きわめるのがむずかしくなる」[7]と書いているが、黒人特有の「トースト」や「ダズン」——一種の「法螺話」や「嘘」あるいは形式をそなえた「冗談」や「言葉遊び」——の世界の表現行為が同時にハーストン自身によるそうした言語戦略の実践行為へと連続しているという点で、『騾馬と人』はきわめて特異な民族誌的テクストであるといわねばならない。

ハーストンの文章をつらぬくこうした特徴を、いわゆる「自由間接話法」の多用の問題として論じているのが、ヘンリー・ルイス・ゲイツJr.の論文「ゾラ・ニール・ハーストンと喋るテクスト」である[8]。ハーストンのもっとも重要な小説『彼らの目は神を見ていた』[9]のディスクールの特徴が、黒人の口承的比喩表現としての「シグニファイング」の技法を応用した、ヴァナキュラーな「話しことば」を記述言語の領域に移しかえるという冒険的なこころみであったことを強調しながら、そこで使用された「自由間接話法」の手法についてゲイツは分析する。自由間接話法の特性は、物語の主人公と、それを客観的に物語るテクストの語り手の意識との一種の混交状態にある。ゲイツによれば、自由間接話法によって浮上してくるのは、小説中のハイブリッドな人物像のなかに表現された著者の自己意識そのものの多義的な揺れである。主人公の女性ジェイニーが、三人の男性との出逢いと別れを重ねるうちに新しい自己意識に目覚めてゆく過程が、ハーストンの「語り手」としての「教養のことば」と、きわめて慣用的で口承的な黒人の日常の「声」とのあいだのたえざる往復運動のなかから紡ぎだされてくるこの小説のスタイルを「二重の声による語り」と呼びながら、別のエッセイでゲイツはつぎのように書いている。

ここにあるのは分裂した声であり、調停することが不可能な二重の声である。だが、まさにそうした二重の実現こそ、彼女のもっとも偉大な達成であると思われる。なぜならそれは、男性の支配する世界におかれた女性、そして白人が優位に立つ世界に住む黒人、という彼女の二重にもつれた社会的経験の、言葉による表現だったからである。(10)

＊

黒人文化の「真実」についてたった一つの声で語ることの不可能性に気づいたハーストンにとって、「女性」という問題が孕む真実を語る声もまた分裂してゆかざるをえなかった。バーバラ・ジョンソンが「『彼らの目は神を見ていた』におけるメタファー、メトニミー、声」(11)という論文で分析しているように、多分にハーストン自身の体験が投影された小説『彼らの目は神を見ていた』の女主人公ジェイニーにとって、生の「尊厳」とは男性との対等な関係のなかで勝ちとられてゆくべきものとして描き出されていた。だがハーストンが五〇歳のときに書いた自伝『路上の砂塵』(一九四二)で語られる彼女の男性への眼差しはあきらかにそれとは違っている。人類学の調査にのめり込んでゆこうとしていたハーストンの前に現われた一人の「長身で、こげ茶色の肌を持ち、たくましい身体をした」美しい男性に、彼女は完全に恋してしまう。

彼の見事な知性がわたしをひきつけたのだ。ある男が精神的に自分よりもたえず優れているとき、わたしはその男に抗しがたくなる。……というのもわたしはどんどん精神的に前へと進んでゆくのが好きな女だったので、自分の男が自分より何歩か先にいるというのが気に入っていたからだ。[12]

こう自伝に書きつけるハーストンは、素晴らしい男性にたいして従順にしたがうことの快楽に甘んじている保守的な女性のようにさえ見える。そして彼の「男らしさ」(manliness)をいとおしいと思えば思うほど、彼女の内部的葛藤は深まっていった。なぜなら、彼女の仕事への情熱の炎が、彼にたいする愛情とは別のところで、すでにかき消すことのできないほど強く燃えあがっていたからだ。結局ハーストンは、そのことを男に納得させることができないまま、愛情関係の外側に抜け出して人類学者としての本分をまっとうしようとする……。

どちらがハーストンの女性としての真実であったか、などと問うことは無意味だ。なぜなら「アイデンティティ」とか「真実」とか「本質」とかいったものが、単一で普遍的な一つの実体や価値観として提示されうるという前提そのものを、ハーストンの作品は脱構築しようとしていたからである。黒人として、女性としての立場を普遍化し、ユニヴァーサルな「統一体」として語るような視点ははじめから存在してはいない。バーバラ・ジョンソンは、こうしたハーストンの戦略を、「とどまることなく差異をうみだしつづける自己差異化の運動を引き受け、それを表現することのできる声によって、普遍化の魅力と不正とを同時に語ること」であると述べている。すなわちハーストンのこころみのもっとも刺激的な部分は、普遍化の幻想が持つ、人の心を動かす魔力をもテクストのなかに引きよせながら、それに無数の異なった声を対峙させてゆくことを通じて、「差異の場」としての自己意識をみごとに提示しえたという点なのである。

ヴィヴェク・ダレシュワーは、この「普遍化の魅力と不正」とに折り合いをつける自己差異化の物語のこころみのなかにこそ、支配文化の強制する「理論」の閉域を超え出て、どこにも誰にも単一の帰属を持つことのない、ポストコロニアルな「主体」を生みだすための秘密が隠されているとしながら、制度的理論の援用ではない、ナラティヴな形式の認識論の誕生に向けてつぎのように宣言する。

支配的な文化は、理論やそれによって導き出されるある種の理論的アイデンティティを、普遍性の規範として制度化する。そのとき、差異はこの規範からの逸脱であり、普遍性への不参加として位置づけられてしまう。しかし、物語的なアイデンティティを主張することは、かならずしも差異というもう一つのアイデンティティの採用によって制度的規範をたんに否定することではない。それはむしろ、たえざる脱‐普遍化の運動をつうじて、普遍性が持つ魅力や誘惑とのあいだにある種の交渉を成立させてゆく行為にほかならないのである。(13)

＊

ポストコロニアルな覚醒のなかで、アングロ系の白人女性（しかもその多くは知識階級でありヘテロセクシュアルである）によるフェミニズムの限界を厳しく見すえながら発言する多くの非白人のフェミニストのなかでも、アイデンティティと差異、自己と他者という認識のヘテロロジーにおけるもっとも基本的な問題群に焦点をあてて、刺激的な議論を展開してきたのが、ヴェトナム系の批評家＝詩人＝映像作家＝作曲家、トリン・T・ミンハである。彼女の最新評論集『女性・ネイティヴ・他者』（一九八九）は、政治的・文化的・詩学的〈場〉のポストコロニアルな転位がひきおこしたあらゆるプロブレマティーク——混血、文化の異種混淆、非中心化されたリアリティ、断片化された自己、増殖するアイデンティティ、周縁化された声、分裂した言語——を、フェミニズム思想や批判的人類学や文学批評の成果を活用しながら緻密に検討してゆくきわめて刺激的な著作である。[14] そこでトリンは、一貫して「有色の女性《ウィメン・オヴ・カラー》」のひとりとしての立場にたちつつ、「男性原理を規範とした白人優位の」世界の理論的枠組みにさまざまな亀裂を呼び込もうとする。そしてそうしたこころみにとっては、まず、あらゆる認識の基盤をかたちづくっていると見なされる固定化したアイデンティティという意識との決別こそが、精神のネオコロニアリズム批判のための出発点となるのだ。

　これまで、支配的イデオロギーの文脈のなかで理解されてきた「アイデンティティ」とは、まずなによりも個人の意識の深部に生きつづけている一定の本質的《エッセンシャル》で真正《オーセンティック》な「核心《コア》」の存在にたいする信頼によって支えられている概念であった。したがってそれは、当然の帰結として、自己にとって真正のものではない、すなわち異質であると思われるすべての要素の排除を求める。「わたし」は、「非-わたし」（すなわち「他者」）を絶対的にそのカテゴリーから除外するのだ。「他者」はつねに「自己」という中心の陰にあって、それに対立する残余のカテゴリーとしてみなされる。したがって、こうした概念化のなかから立ちあがってくる「アイデンティティ」の意識とは、「わたし」と「非-わたし」、彼と彼女、こちら側とあちら側、といったさまざまな対立項のあいだに、明確な境界線を引くことによって保証されるような意識である。そしてアイデンティティの核心部から外側に離れれば離れるほど、人はその「真の自己」——「真の黒人」、「真のインディアン」、「真のアジア人」、「真の女性」……——の役割をまっとうすることが難しくなる。こうして、「アイデンティティの探求」とは、失われた「真の自己」、すなわち純粋で、根源的で、真正の自己を求めながら、

トリン・ミンハ監督『裸の空間』(1986) より。トリン・ミンハはこの映像作品で，アフリカ・セネガルにおける黒人民衆の日常所作の描写をつうじて民族学の視線の政治性を問い直すとともに，アイデンティティや文化の翻訳，さらに文化表象と空間の関係などの主題をめぐって省察的なエッセー・フィルムの方法論を試みた。ヴェトナム出身の映像作家がアフリカ文化を表象する主体としての権威的資格を持つかどうかをめぐっても，さまざまな論争が生じた。

一方で表層的な、堕落した、まやかしの「他者」を排除してゆく行為として遂行されることになったのである。

アイデンティティが単独の存在内部の「同一性」(samaness) を前提とするなら、「差異」(difference) はまさに一つのアイデンティティを別のアイデンティティから分けるための差別の指標として働く。病院やリハビリテーション・センターや強制収容所や先住民保留地やソウェトに押し込められた人々が、"sameness"を叫んで抗議すればするほど、権力は"difference"をふりかざして彼らとのあいだに明確な制度の境界線を引こうとする。このとき、「差異」は「自己防衛と征服のための道具」[15]と化してしまっている。だがトリン・ミンハは、アイデンティティ意識の純粋性と一貫した連続性への信仰そのものに根底的な疑問を投げかけることによって、「差異」という概念じたいに新しい生命を吹き込もうとする。彼女は書いている。

> わたしの作る映画が内面の葛藤の描写を欠いている、とよく人からいわれることがある。たしかに心理的な葛藤の存在は、しばしば作品の本質や深みを示すものとみなされてきた。矛盾や葛藤は、西欧的な文脈ではふつうアイデンティティの画定に貢献するのだ。しかしこの欠陥の指摘にたいしてわたしはこう返答したい。「葛藤」(conflict) の代わりにそこには「差異」(difference) が描かれているのだ、と。非西欧的バックグラウンドを持つフェミニストの理解では、「差異」は「同一性」に対立するものではけっしてなく、また「分離」や「孤立」の同意語でもない。わたしの映画が表面化しようとする「差異」もまた同じものだ。いいかえれば、差異はかならずしも分離を引き起こす要因ではない。差異という概念のなかには、無数の「ちがい」と同時に無数の「類似」も含まれている。さらにいえば、差異は葛藤や紛争をつくりだす当事者ではない。そ

れは葛藤を超えたなにかであり、紛争と横並びに進むなにかなのである。[16]

こう主張することによって、トリンは「差異」にたいするまったく新しい主体的態度を表明している。差別し、分離し、人種的・性的「本質《エッセンス》」の存在を基礎として権力を行使する排他的概念としての「差異」を否定したトリンは、支配や抑圧にかかわる複雑な力の織りなす現実そのものを問うための創造的な手掛かりとして、「差異」という概念を捉え直そうとするのである。

上はトリン・ミンハ監督『姓はヴェト，名はナム』（1989），下は同『ルアッサンブラージュ』（1982）より。前者は，自己と他者，同一性と差異をめぐる問題系を，映像・声・音楽・字幕の非制度的な使用によって果敢に問い直した作品であり，後者はそうした問題意識の出発点となったトリンの出発点をかくすみずみずしい映像第一作である。どちらも，西欧的な無意識によって統率されてきた文化規範を批判的に析出し，文化の純粋性に特権をあたえようとする認識に対してハイブリッドな視線を提案する挑発的な作品となっている。

＊

そうした「差異」の実践の複雑なありかたの一つの例として、トリンはたとえばある特定の社会・文化的条件のもとにおかれた女性にとっての「ヴェール」の意味について分析する。このときのヴェールとは、現実でもあり、同時にメタファーでもある。そしてヴェールを脱ぐことが解放に向けての動きを示唆しているとすれば、ヴェールをつけることもまた同じように解放につながりうる行為である、とトリンは勇敢に指摘する。なぜなら、ヴェールをとるかつけるかは、女性に押しつけられた抑圧や支配がどこに存在し、それをどのようなものとして認識しているかという社会的文脈のなかではじめて意味を持ってくるからである。男女を視覚的に分離するヴェールという差異化のシステムの意味は、かならずしも支配的な性や支配的な文化の側からのみ定義づけられるというわけではない。女性がヴェールを脱ぐ決断をするとき、それは男が彼女の肉体に課す抑圧的な権力に対する抵抗であると考えることができるだろう。しかし逆に女性が一度脱いだヴェールをふたたび顔にまとおうとするとき、彼女たちは、性別が無化され、新しいヘゲモニーによって中心化された「規準」の硬直化にたいする抗議を表明するためにそれを行なっているのだ。こうして、ヴェールという差異の仕掛けは、文脈に応じて創造的な実践としての意味をも持ちうることが確認されるのである。

「沈黙」という行為についても同じことがいえる。女性にとっての沈黙は、発言を控えるというその消極性によって女性を一種の不在や欠如の領域に追いやる危険性をつねに抱えている。だが、一方でそれが男性によって定義づけられた受動的女性という認識から彼女自身を解放するようなかたちで行使されたとき、まったく別の、革命的とすらいえる意味を持ちうる。父権的価値観によってがんじがらめにされた社会の基底部に潜航して沈黙の力を信頼しながらときに柔らかなささやき声で話すこと……。意図的に欠如や不在や沈黙の側に立つことが、このとき女性の位置に一つの思いがけない確かさを呼び込むのだ。トリンはこう力強く書いた。「ふつう沈黙は発言の対極にたやすく位置づけられてきた。だが発言を拒否する意志としての沈黙、あるいは非 - 発言を行使する意志としての沈黙という、沈黙自身が内部に持つもう一つの言語体系としての力については、まだほとんど探求がなされていないのである(17)」。

こうしたいくつかの例をあげることによって、トリンは「差異」の実践が一義的な差別や分離の行動ではなく、多様な社会的コンテクストに柔軟に対応する創造的で主体的な意志の表明につながりうることを主張する。そしてそのときもっとも重要な意味を持ってくるのは、「主体性」という概念をどのように引き受けるか、という問題である。アフリカ、セネガルの音楽院で教えていた時代に撮られた、セネガルの部族生活のメタ・ドキュメンタリー『ルアッサンブラージュ』。この実験的作品によってトリンは映像作家としてのキャリアを開始したが、「第三世界」の現実を描きだす映像作家としてのトリンが直面している現実は、「主体性」の問題をインサイダーとアウトサイダーのはざまに揺れる複雑な関係として彼女に突きつける。

非白人の映画作家は、彼女らの前に越えることのできない地理的境界が存在していることをいつも思い知らされてきた。インサイダーは、彼女らが所属する自分自身の文化についてなら、あらゆる権威をもって語ることができる。そのときの彼女は、映画作家であることによってではなく、インサイダーであることで権威の源泉としてみなされるのである。こうした、インサイダーにほとんど自動的かつ恣意的に彼女自身の文化についての正統的な知識の根拠を求める論理は、しかし、それが文化を描きだすときの「有効性」の問題を扱うときに限って発動される。これは、植民地主義的な精神の逆説的なねじれによる思考法にほかならない。……白人がザンベジのゴバ族や、フィリピンの熱帯雨林のタサディー族についての映画を撮ることに誰もほとんど驚かない。しかし「第三世界」のメンバーがほかの「第三世界」の人々についての映画を作ったとき、それはかならず疑問を含んだ抵抗によって迎えられる。あなたはなぜあえて自文化ではなく、他の文化を題材として選んだのか、という疑問が、ときには好奇心から、しかしたいがいは一種の嫌悪感から発せられるのだ。その組み合わせは受け入れがたい、なぜならそこに描き出された関係はもはや外部／内部、あるいは客体／主体というすでに承認された関係ではないから、というわけである。人々にとって、そこに透かし見えるのはいわば内部と内部とのあいだにある得体の知れないなにかなのだ。そしてそこには、インサイダーとアウトサイダーのあいだの「真の」葛藤がないというのである。(18)

「内部」に所属すると思われている人間が別の「内部」について表現しようとするときに発動されるこの抑圧的な権力の存在。これこそが、従来までの「主体」と「客体」をめぐる固定的な認識論が持つ限界を正しく指し示している。インサイダーと思われていた人間が内部から一歩外に踏み出すとき、彼女はもはやたんなるインサイダーではない。彼女は外に出て内部を外部から見つめ、同時に内部にとどまって外部に目を光らせる。同一でもなく、しかし異質でもない位置に立って継続的に土地の境界を漂流しながら、彼女は内部／外部の対立関係の根そのものを引き抜こうとするのだ。

差異を継続的に主張しながらも「わたしはあなたと同じだ」ということを柔らかく肯定し、同時に彼女自身に突き刺さる「他者性」にたえず亀裂を導入しつつも「わたしはあなたと違う」ことを記憶にとどめ、わたしの内部にある違いやあなたの内部に生起する差異に配慮すること……。疑似的な安定にかまけていた主体性の意識にこうしたきびしいサビ落としの訓練を導き入れることをつうじて、自己と他者、差異とアイデンティティをめぐるまったく新しいヴィジョンをわたしたちが手に入れることができることを、トリンは次のような印象的なフレーズのなかで示唆している。(ここでは、英語という言語に特有のきわめて固定的な人称表現とその表記法が、彼女の思想を表明する媒体としていかにも苦しく見えることをきわだたせるため、そして同時にそうした英語の特徴を逆に柔軟に変形させてゆくトリンの記述の斬新なテクニックを知るため、まず原文から引用してみることにしよう。そのあとの私訳は、表記の冒険はあえて度外視した、便宜的な試訳である)。

A critical difference from myself means that I am not i, am within and without i, I/i can be I or i, you and me both involved. We (with capital W) sometimes in-clude(s), other times exclude(s) me. You and I are close, we intertwine; you may stand on the other side of the hill once in a while, but you may also be me, while remaining what you are and what i am not. The differences made *between* entities comprehended as absolute presences—hence the notions of *pure origin* and *true* self—are an outgrowth of a dualistic system of thought peculiar to the Occident (the "onto-theology" which characterizes Western metaphysics). They should be distinguished from the differences grasped *both between* and *within* entities, each of these being understood as multiple presence.(19)

自分自身から批判的な距離をとること。それは、〈私〉(I)は〈わたし〉(i)ではなく、〈私〉は〈わたし〉の中にも〈わたし〉の外にもいるということ。〈私/わたし〉は〈私〉にも〈わたし〉にもなれるし、そのときの〈私／わたし〉には〈あなた〉（you）も〈わたし〉（me）も参加している。大文字の〈われわれ〉（We）は、あるときは〈わたし〉をとり込み、別のときには〈わたし〉を閉め出す。〈あなた〉と〈わたし〉は近くにいて、おたがいに絡みあう。ときどき〈あなた〉は丘の反対側に立っているかもしれない。そんなときでも、〈あなた〉は〈わたし〉でもありうる。〈あなた〉が〈あなた〉である状態に留まり、〈わたし〉ではない状態を続けていたとしても……。無条件にそこに存在していると思われているもの同士の〈あいだ〉には差異があるという考え方——つまり〈純粋な起源〉とか〈真の自己〉とかいった観念を生みだす発想法——は、西欧に特有の二元論的な思考体系がいきつく必然の結果である。この、「存在」（onto）の「神学」（theology）としての「存在論」（ontology）こそが、西欧の哲学を特徴づけている。そこでいわれる差異と、ものとものの〈あいだ〉だけでなくそれらの〈内部に〉も感じとられる〈差異〉とを、はっきりと区別しなければならない。そのような〈差異〉がうまれる場所では、どんなものもはじめから多種多様な存在として受けとめられているのである。

「わたし」に西欧的市民権を与え、「わたし」の帰属を固定化することへの徹底した抵抗をつうじて、主体にまとわりついていた一貫性や本質性やヴィジョンの深遠性の神話を白日のもとにさらすこと……。こうしたたえまない自己差異化の運動のことを、トリン・ミンハは勇敢にも「主体の科学」あるいは「主体の実践」と呼んだ。それはまた、ディコンストラクショニズムとマルキシズム、フェミニズム理論を縦横に活用しながら刺戟的な活動を続けるインド出身の批評家ガヤトリ・チャクラヴォルティ・スピヴァクがモハッシェタ・デビの短編小説「乳房を与えしもの」を論じながらいう「叡知の場としての主体」という表現とこだまし合っている。デヴィにとっての女性の身体が、「知る」ための単一の道具ではなく、他者の意識を含み込んだ叡知そのものが無数に交錯するダイナモのような場を形成し、乳房において身体器官の変容をつうじた主体の豊かな流動が実現されていくことを説きながら、スピヴァクは比喩的に書いている。

そこでは、他者が百の眼のなかに、百の口のなかに棲息している。それは解体された、しかしいまだ人のかたちをとどめる運動体に刻み込まれた身体の変容であり、それが乳房を形成している力なのだ。乳房は再生産の循環のなかで決定的な女性の器官なのであり、ほとんど複数化された顔なのである。[20]

ハーストン、トリン、スピヴァク……。こうした覚醒したあたらしい主体性の実践への提案者が生まれでるテリトリーが、アフロ・アメリカやヴェトナムやインドと名づけられた意識の混血地帯に生をうけた女性たちの系譜に連なっていることは偶然ではない。この事実の発見は、わたしたちの文化のヘテロロジーの探求がめざす方向性がどこにあるかを、確かなてごたえとともに教えてくれる。

＊

あるとき、柔らかい感受性を持った一部の女性たちが重大な事実に気づきはじめる。「女性」と呼ばれてきた政治的・社会的・理論的カテゴリーが、彼女たちの平凡な日常における女としての「経験」を表現しようとするときのことばと、しばしば衝突してしまうという事実に。西欧世界における白人の中産階級フェミニストのなかから七〇年代に確立されてきたカテゴリーとしての「女性」という概念は、その理論の精密化と平行して、予想外の均質性と非寛容性を身につけてしまったのだ。「女性」というカテゴリーは、いまもう一度、人種・文化・ジェンダー・セクシュアリティといった領域における無数の差異の存在を、体験し直さなければならない。そのことによって、女としての日常の声を受けとめることのできる、柔軟でみずみずしい感覚器官を、もう一度取り戻さねばならない。事実、グロリア・アンサルドゥーア、シェリー・モラガ、バーバラ・スミス、オードリ・ロードといった人たちが、非白人、非アカデミック、エスニック・マイノリティ、レズビアンといったほぼ共通する立場から、従来ならばあっさりと「女性」(woman)という言葉のもとに一括されてしまったような個別的で不ぞろいな経験が交差する複雑な場に、新しい具体的で明晰な論理を与えてゆこうという冒険的なこころみに歩みだしている[21]。

そうしたプロジェクトの推進のための大きなインスピレーションの源となっている詩人アドリエンヌ・リッチは、認識の旅立ちのための必須のテキストの一つである重要なエッセイ「位置の政治学のための覚え書」のなかでつぎのように書いている。

私はいま書いたばかりの一つの文章を、×をつけて消した。女はつねに、たとえ抽象理念をふりまわされるとおじけづいたにしても、自由に浮遊する抽象に対するたたかいを理解してきた、と書いたのだが。私はいまでは、「女はつねに……」ではじまるあの種の文章は書きたくない。「女はつねに母性本能をもっていた」とか、「女はつねに、どこでも、男に隷従してきた」とかではじまる文章を拒むことで、私たちは出発したのだ。二十世紀後半のフェミニズムの時代に私たちが学んだことがあるとしたら、それは、あの「つねに」が私たちのほんとうに知る必要のあることを見えなくさせてしまうということなのだ――その文言が妥当するのは、いつ、どこで、どのような条件のもとでのことなのかを見えなくさせる。……女へ注意を向けよう、と私たちは言った。男も女も、女が語るときには注目するという意識的行動をおこなおう。もっと多くの女が語れるようなさまざまなやり方を主張しよう。大地へもどろう――「女」のパラダイムとしてではなく、位置づけの場としての大地へ。(22)

自らのからだを起点とした「位置の政治学」の実践。この「位置《ロケーション》」という言葉は、「帰属」という固定的なアイデンティティ意識をめぐる言葉をいさぎよく捨てたとき、はじめてリッチのそばにあざやかな輝きとともに歩み寄ってきた。女、白人、アメリカ人……。こうした自己の定義よりも、彼女自身がそうした条件によって連れていかれることになった場所、そして彼女に行くことを許さなかった場所を認識することによって、今現在の彼女自身の位置を画定すること。

結局リッチのいう「位置の政治学」とは、具体的な状況において差異を差異として成立させる力の政治学に注意深くあること、そして「女性」「家父長制」「植民地主義」などさまざまな理論的概念の構築を支えている「場所」とか「歴史」とか「言語」とかいった制度の複雑な作用に注視をおこたらない認識の真摯さ、強靭さ、快活さのことにほかならないのだ。

それはまた、アメリカの黒人作家アリス・ウォーカーが提唱する「ウォマニスト」という態度の定義のなかに示された次のような考え方とも響きあっている。

ウォマニスト（Womanist）

1 “womanish”という言葉に由来（その反対語は気まぐれで無責任で不真面目なことをあらわす“girlish”）。黒人のフェミニスト、あるいは有色人のフェミニストのこと。黒人の日常的な表現で、母親が子供に向かって「womanish（すなわち女らしく）ふるまいなさい」というときに使われる意味の転用。普通は強く、大胆不敵で、勇敢で、強情な態度。十分と思われている以上のことを、より深く知ろうとする欲望を持つ。成熟したおこないへの関心を抱くこと。大人らしく行動すること。大人であること。……責任を持つこと。厭わず、引き受けること。真摯であること。

2　同時に：他の女性を、性的にそして／あるいは非‐性的に愛する女性。女性の文化を、そして女性の情緒的柔軟性を正しく認識し、優位におくこと（たとえば笑いの自然の反作用としての涙を大切にすること）。女性の力を評価すること。ときに、個としての男性を、性的にそして／あるいは非‐性的に愛する。男も女も含め、すべての人間の生存と連帯に力をつくす。……「ママ、どうして私たちは茶色や桃色や黄色で、いとこのみんなは白やベージュや黒なの？」「それはね、人間の世界はちょうどすべての色の花が集められた花園のようなものだからよ」、という会話におけるように、伝統的な意味で信念の普遍論者。……

3　音楽を愛する。踊りを愛する。月を愛する。神や聖霊を愛する。愛情を愛し、食べものを愛し、厳正さを愛する。苦労を愛する。人間を愛する。彼女自身を愛する。困難を厭わない。

4　ウォマニストとフェミニストの関係は、深紅色《パープル》と薄紅色《ラヴェンダー》の関係とおなじ。(23)

*

場所の訓練。位置づけをめぐるエクササイズ。自己という名の統一体の組成を探り、アイデンティティをつくりあげる構成物の成り立ちを分析するのではなく、流動し、押し流され、抵抗する自身のからだと精神の位置をはっきりと見定めること……。いま必要なのは、少なくとも、〈わたし〉がある特定の瞬間にかかわる心的・社会的世界のなかで振動する自己意識の内的・外的地勢を正しく把握するための、真摯で剛胆な叡知にほかならない。ゾラ・ニール・ハーストンが自らの生と作品をもって示し、トリン・ミンハが「主体の実践」と呼び、アドリエンヌ・リッチが「位置の政治学」と名づけ、アリス・ウォーカーが「ウォマニズム」という名で定義しようとしたこの勇敢な行為は、いま、ヘテロなものがそのテリトリーを拡大しつつある現代世界にたいするまあたらしい認識へと、わたしたちを導いてゆくのである。

註

I 「ネイティヴ」の発明

(1) cf. Kathleen Stewart, "Nostalgia-A Polemic", *Cultural Anthropology* 3 (3), August, 1988, pp. 227-241.

(2) Edward Said, "The Mind of Winter: Reflections on Life in Exile". *Harpers* 269, 1984. p. 55.（島弘之訳「冬の精神——亡命生活についての考察」今福龍太他編『旅のはざま』〈世界文学のフロンティア1〉所収、岩波書店、一九九六）

(3) ここでとりあげようとしている「場所」の問題は、純粋に数学的なトポロジー論や現象学的空間論、あるいはまた西田哲学的な意味での「場所の論理」といったテーマからはとりあえず独立したものである。「絶対無」というようなきわめて思弁的な抽象性のなかで「場所」の問題を考えてゆく西田の発想は、実体としての場所と身体の具体的な関係を考える役にはあまりたたない。だからといって、実体論的な思考の内部に拘束されたまま、「場所」の幻影を追いかけるようなやり方からははっきりと身をひきはなしたい。「場所」がこうむった政治学的編成のプロセスは、私自身の具体的な「場所」をめぐる民族誌的経験を、「場所」が表象される修辞学的な空間へと一気に接続してゆくようなアレゴリカルなやり方によって語られてゆくことになるだろう。

(4) Louis Marin, *Utopiques: Jeux d'espaces*. Paris: Minuit, 1973.（梶野吉郎訳『ユートピア的なもの——空間の遊戯』法政大学出版局、一九九五）

(5) Benedict Anderson, *Imagined Communities: Reflections on the Origin and Spread of Nationalism*. London: Verso, 1983, p.

112.（白石さや・白石隆訳『増補 想像の共同体――ナショナリズムの起源と流行』NTT出版、一九九七）

（6） Renato Rosaldo, *Culture and Truth: The Remaking of Social Analysis*. Boston: Beacon Press, 1989, pp. 68-87.（椎名美智訳『文化と真実――社会分析の再構築』日本エディタースクール出版部、一九九八）

（7） そして「喪失」は、つねにエロス的美しさを湛えてしまう。近代的開発によって失われた「自然」とともに、「ネイティヴ」も一種の至高な美を湛えた神のような存在にすらなっていく。近年のたとえばアメリカ・インディアンの持つ「ネイティヴ」な価値に対する過大な評価と熱狂の動きのなかにも、同質の帝国主義的ノスタルジーの残存を探り当てることができるように思う。

（8） Johannes Fabian, *Time and the Other: How Anthropology Makes Its Object*. New York: Columbia University Press, 1983, p. xi.

（9） 一九世紀人類学を死亡者名簿《ネクロロジー》の作成行為と見る考え方はバーナード・マッグレインの『人類学を超えて』による。Bernard McGrane, *Beyond Anthropology: Society and the Other*. New York: Columbia University Press, 1989, pp. 110-111. を参照。また、博物学的関心や、動物園やペットの登場が、人間の生活領域から「動物」の存在を消滅させることにつながっていったと述べながら、ジョン・バージャーはその周到なエッセイ「なぜ動物を見るのか？」で動物の「文化的消費」について説得的に語っている。彼によれば、動物の周縁化は同時に、自然の世界と連続した生を営んでいた伝統的な中小農民の周縁化でもあった。くわしくは、John Berger, *About Looking*. New York: Pantheon Books, 1980, pp. 1-26.（笠原美智子訳『見るということ』白水社、一九九三）を参照。

（10） Richard Rodriguez, "An American Writer", in Werner Sollors (ed.). *The Invention of Ethnicity*. New York: Oxford University Press, 1989, p. 11.

（11） チカーノ作家が「アメリカ人」の聴衆を前にして話しているという原文のコンテクストのなかで、原文の「英語性」はそのメッセージの内容にとって決定的に重要である。I am of Mexico という冒頭の表現も、スペイン語のSoy de Mexico という多義的な表現が思考の背後にあってはじめてチカーノの言葉として意味を持つ。多言語的環境のなかでいくつもの社会的「自己」のヴァージョンを作りながら発話をくりかえしているチカーノのような人々にとって、個別言語の意味的完結性を前提とした「翻訳」という発想は根本的に無効なのだ。だからここでもあえて原文で引用する。あとにつけた私の逐語訳は、いつの日かチカーノの日本人が生まれたときに聞かれるだろう別の生命を持ったまったく新しい日本語の、稚拙で不可能な模倣にすぎない。

(12) 文化的ノン・エセンシャリズムの発想は、ジェイムズ・クリフォード、ワーナー・ソローズ、エドワード・サイード、レナート・ロサルドらの仕事に刺激されたものである。これはまた、「クレオーリズム」と密接な関係を持つもので、これらについては本書の後半において展開される「混血論」「ヴァナキュラー論」「逃亡奴隷論」「クレオール論」などで詳細に論じられている。

(13) Hayden White, "The Fictions or Factual Representation", in *Tropics of Discourse: Essays in Cultural Criticism*. Baltimore: The Johns Hopkins University Press, 1978. 特に pp. 121-122.

(14) Raymond Williams, *The Politics of Modernism: Against the New Conformists*. London: Verso, 1989, p. 178.（加藤洋介訳『モダニズムの政治学――新順応主義者たちへの対抗』九州大学出版会、二〇一〇）

II ワイエスの村

(1) たとえば、ディーン・マッキャネルは『観光客《ツーリスト》――余暇階級の新しい理論』のなかで、ますます近年のエスノグラフィックなテクストが機械や制度によって書かれたものになりつつあることを論じながら、「観光」を大衆によって行なわれた集団的なエスノグラフィーであると規定している。くわしくは、Dean MacCannel, *The Tourist: A New Theory of the Leisure Class*. New York: Shocken Books, 1976.（安村克己他訳『ザ・ツーリスト――高度近代社会の構造分析』学文社、二〇一二）を参照。

(2) John Dorst, *The Written Suburb: An American Site, Ethnographic Dilemma*. Philadelphia: University of Pennsylvania Press, 1989, p. 2.

(3) こうした行為は、古物収集的な傾向をいまだに残している民俗学者《フォークロリスト》の活動と外見的な類似を示すことになるかもしれない。しかしポスト・エスノグラフィックな収集行為は、それが知の考古学的関心（フーコー）と脱構築《ディスコンストラクション》（デリダ）とをともに経過したあとのパラダイムであるという点で、それらのフォークロリストとは決定的に違っている。

（4）　Dorst, *Op. Cit.*, p. 205.

（5）　William Carlos Williams, "The Wanderer: A Rococo Study" in *The Collected Poems of William Carlos Willams, 1909-1939*, Vol. 1. New York: New Directions, 1986.

（6）　Dan Rose, *The Patterns of American Culture: Ethnography and Estrangement*. Philadelphia: The University of Pennsylvania Press, 1989, p. 52.

（7）　Jim Wayne Miller, "Anytime the Ground Is Uneven: The Outlook for Regional Studies and What to Look Out For" in W. E. Mallory & P. Simpson-Housley (eds.), *Geography and Literature*. Syracuse: Syracuse University Press, 1987, pp. 1-20.

（8）　Wallace Stevens, "Anecdote Of Men By the Thousand", in *The Collected Poems*. New York: Vintage Books, 1982, pp. 51-52.

Ⅲ　サウスウェストへの憧憬

（1）　フランスのシュルレアリスト的感性が、パリ－アフリカあるいはパリ－熱帯アメリカを結んで展開したプリミティヴィズムの大きな流れについては、ジェイムズ・クリフォードが「民族誌的シュルレアリスム」という論文のなかで刺戟的に論じている。さらに、民族芸術とモダニズム・アートの影響関係を「二〇世紀芸術のプリミティヴィズム」というテーマのもとに提示しようと試みた一九八四年のニューヨーク現代美術館の企画のイデオロギー性についても、クリフォードの論文「部族の歴史と近代の歴史」が根底から批判的分析を行なっている。くわしくは、上記の二論文を収めた James Clifford, *The Predicament of Culture: Twentieth-Century Ethnography, Literature, and Art*. Cambridge, MA: Harvard University Press, 1988.（太田好信・慶田勝彦・清水展・浜本満・古谷嘉章・星埜守之訳『文化の窮状――二十世紀の民族誌、文学、芸術』人文書院、二〇〇三）を参照。

（2）　Lois Palken Rudnick, *Mabel Dodge Luhan: New Woman, New Worlds*. Albuquerque: University of New Mexico Press, 1984, p. x.

（3）　この理念としての清貧主義は、しかし無論「金銭的なことはそれほど心配する必要のなかった」裕福な家庭の出身者のスタイリッシュな知的「放蕩」と背中あわせのようにして存在する、それ自体多分にイマジナリーな産物であったことは言うまでもない。

（4）　サンタ・フェ鉄道とアメリカ・インディアンの関係については、T・C・マクルーハンの『夢の鉄路』が、見事な図版とともに描き尽くしている。T. C. McLuhan, *Dream Tracks: The Railroad and the American Indian 1890-1930*. New York: Harry N. Abrams, 1985.

（5）　このあたりのいきさつは、ラドニックによるメイベル・ドッジの伝記に詳しい。Lois Palken Rudnick の前掲書参照。カール・グスタフ・ユングも、メイベルの友人であるスペイン系のボヘミアン人類学者ハイメ・デ・アングロの導きによって一九二五年、タオスへの短い訪問をはたしてインディアン文化に大きな霊感を得たが、この時はメイベルがニューヨークに居たためすれちがいとなっている。

（6）　D. H. Lawrence, "New Mexico", in *Phenix: The Posthumous Papers of D. H. Lawrence*. London: William Heinemann, 1936, p. 141.

（7）　スティーグリッツのキュービスト的冒険が、マンハッタンの都市景観を一種の「マシーン・アート」として新しいタイプのリアリズムへと導いていったことを指摘するマイルズ・オーヴェルの次の著作を参照。Miles Orvell, *The Real Thing: Imitation and Authenticity in American Culture, 1880-1940*. Chapel Hill: The University of North Carolina Press, 1989. 特に pp. 198-239.

（8）　しかし、ジョージア・オキーフとサウスウェストの関係は、単なるモダニスト的な文脈におけるプリミティヴィズムの枠組みのなかでは理解できない側面をいくつも持っている。オキーフのサウスウェストへの関心自体が、インディアン文化の放つ視覚的にエキゾティックな部分からまったく離れたところに存在していたことは、当時において例外的なことだった。インディアンのフォーク・アートに彼女が特別の興味を示した形跡もない。オキーフとサウスウェストの関係は、より抽象的な「造形」や「線」や「色彩」のイメージがアーティストのなかに生成されるときの原初的刺激の問題として考えることができるかもしれないが、これについては別の機会に本格的に論じてみたい。

（9）　cf. George W. Stocking, Jr., "The Ethnographic Sensibility of the 1920's", in *Romantic Motives: Essays on Anthropological Sensibility*. Madison: The University of Wisconsin Press, 1989, pp. 208-276.

（10）　ベネディクトはまた、偶然にもメイベル・ガンソン（のちのドッジ・ルーハン）とバッファローの女学校において同窓（学年は六年下）であった。ニューヨークに出てからのベネディクトが、グリニッジ・ヴィレッジ文化の中心人物のひとりとなったメイベル・ドッジの存在をつねに意識していたことはまちがいない。が、ミードのベネディクト研究（Margaret Mead, *An Anthropologist at Work: Writings of Ruth Benedict*. Boston, 1959）によると、彼女は当時、友人によるグリニッジ・ヴィレッジへの移住の誘いを断って、そうしたボヘミアン的な生き方からいくらか距離をおこうとしていたことが窺える。いずれにせよ、エルシー・パーソンズとメイベル・ドッジという二人のあいだにはさまれたルース・ベネディクトという構図は、二〇年代のアメリカン・フェミニスト・モダニズムの文化史研究にとって、興味深い視点を提供してくれるように思われる。

(11) Stocking, *Op. Cit*., p. 224.

(12) Clifford Geertz, "Us/Not-Us: Benedict's Travels", in *Works and Lives: The Anthropologist as Author*. Stanford, CA: Stanford University Press. 1988, pp. 102-128.（森泉弘次訳『文化の読み方／書き方』岩波書店、一九九六）

(13) D. H. Lawrence, *Op. Cit*., p. 147.

Ⅳ　ファンタジー・ワールドの誕生

(1) cf. Fred Errington & Deborah Gewertz, "Review" of Cannibal Tours. *American Anthropologist* 91 (1), 1989, pp. 274-275.

(2) *Ibid*.

(3) Dennis O'Rourke, *Cannibal Tours*. 77 minutes, color. Direct Cinema Limited, Los Angeles, 1987. なおこの作品をめぐっては、次の二つの記事が有益な示唆を与えてくれる。Nancy Christine Lutkehaus, "'Excuse Me, Everything is Not All Right': On Ethnography, Film, and Representation", *Cultural Anthropology* 4 (4), 1989, pp. 422-437. Edward M. Bruner, "Of Cannibals, Tourists, and Ethnographers", *Cultural Anthropology* 4 (4), 1989, pp. 438-445.

(4) Errington & Gewertz, *Op. Cit*., p. 275.

(5) Susan Stewart, "Objects of Desire", in *On Longing*. Baltimore: The Johns Hopkins University Press, 1984.

(6) *Ibid*., p. 138.

(7) Karl W. Luckert, "Coyote in Navajo and Hopi Tales", in Father Berard Haile, *Navajo Coyote Tales: The Curly Tó*

Aheedlíinii Version. Lincoln: University of Nebraska Press, 1984.

（8） Peter Bishop, *The Myth of Shangri-La: Tibet, Travel Writing and the Western Creation of Sacred Landscape*. London: The Athlone Press, 1989.

V　文化の交差点で

（1） Douglas Kent Hall, *The Border: Life on the Line*. New York: Abbeville Press, 1988, p. 213.

（2） Renato Rosaldo, "Border Crossings", in *Culture and Truth*. Boston: Beacon Press, 1989, pp. 196-217.

（3） *Ibid*., p. 211.

（4） Gloria Anzaldúa, *Borderlands/ La Frontera: The New Mestiza*. San Francisco: Spinsters/ Aunt Lute. 1987.

（5） *Ibid*., p. 79.

（6） *Ibid*., pp. 43-44.

（7） Constance Perin, *Belonging in America: Reading Between the Lines*. Madison: The University of Wisconsin Press, 1988.

（8） Constance Perin, *Everything in Its Place: Social Order and Land Use in America*. Princeton: Princeton University Press, 1977.

（9） Perin, *Op. Cit*., pp. 25-26.

VI　異種交配するロシア＝ブラジル

（1） 人種と「差異」の問題について刺激的な議論のやりとりを再現している論集として、Henry Louis Gates, Jr. (ed.), "Race", *Writing, and Difference*. Chicago: University of Chicago Press, 1986. がある。

（2） 現在の世界における人間の生存のかたちの無数の変異のなかで、しかし結局は「人種」という不明確な規準がいまだに相互のコミュニケーションの最大かつ最終の壁になっている状況をさまざまな経験の記録が素直に語っている。日本語でいちはやく書かれたものとしては、宮内勝典の『ニカラグア密航計画』（教育社、一九八六）が人間間のコミュニケーションを最後のところで閉ざす「人種」という不条理が厳然と生きつづけていることを、白人への徹底的な敵意とアジア環太平洋の共有する心的磁場への共感とをこめて自らの問題としてえぐりだしているし、四方田犬彦の『ストレンジャー・ザン・ニューヨーク』（朝日新聞社、一九八九）も「人種・民族の坩堝」であるはずのニューヨークの日常が隠し持つ微細な人種間の差異化の力を、それにたいするアジア人たちの創造的な抵抗の動きに託しながら説得的に描いている。

（3） cf. Adrienne Rich, *Blood, Bread, and Poetry: Selected Prose 1979-1985*. New York: Norton, 1986.（邦訳、大島かおり訳『血、パン、詩』晶文社、一九八九）Trinh T. Minh-ha, *Women, Native, Other: Writing Postcoloniality and Feminism*. Bloomington: Indiana University Press, 1989. Zola Neale Hurston, *Dust Tracks on a Road: An Autobiography*. 2nd. ed. Urbana: University of Illinois Press, 1984. さらに、刺激的なゾラ・ニール・ハーストン論を含むものとして、Barbara Johnson, *A World of Difference*. Baltimore: The Johns Hopkins University Press, 1987.

（4） 亀山郁夫『甦るフレーブニコフ』晶文社、一九八九（再刊、平凡社ライブラリー、二〇〇九）。

（5） 「宇宙人種」という言い方をあえてしたのは、こうしたフレーブニコフの発想が、メキシコの二〇年代を通じて展開されたアヴァンギャルドかつナショナリスティックな運動としての壁画運動を思想的に支えた当時の文部大臣で思想家ホセ・バスコンセロスが使った「宇宙的人種」という表現に込められたヴィジョンときわめて近いものを感じるからである。アメリカ大陸の混血人種から未来の「宇宙的人種」が誕生するというこの壮大な神秘主義的ともいえるヴィジョンについての考察は別の機会に譲るが、バスコンセロスの論文執筆時期が一九二五年であることを考えると、のちのブラジル・モデルニスモ運動との同時性とともに、ロシア＝ソヴィエトとラテンアメリカとの不思議な思想的同調にふたたびおどろくのである。なお、バスコンセロスの論文「宇宙的人種」の抄訳は、『現代思想：臨時増刊、総特集＝ラテンアメリカ』（一九八八）に高橋均訳で掲載されている。

（6） 亀山、同書、三二一頁。

（7） Katerina Clark & Michael Holquist, *Mikhail Bakhtin*. Cambridge: Harvard University Press, 1984.（川端香男里・鈴木晶訳『ミハイール・バフチーンの世界』せりか書房、一九九〇）。

（8） 同書、三三八―三三九頁。

（9） Robert Stam, *Subversive Pleasures: Bakhtin, Cultural Criticism, and Film*. Baltimore: The Johns Hopkins University

Press, 1989.（浅野敏夫訳『転倒させる快楽――バフチン、文化批評、映画』法政大学出版局、二〇〇二）

（10）　*Ibid*., p. 123.

（11）　文学者・批評家としてはエミール・ロドリゲス＝モネガル、アロルド・ジ・カンポス、フリオ・オルテガなどが精力的にバフチーンを援用しており、さらに人類学者ロベルト・ダ・マッタはブラジルのカーニヴァル分析でバフチーン理論を駆使している。また、ペルーの作家マリオ・バルガス＝リョサも、バフチーンのラブレー論のスペイン語訳本のカバーに、短いが周到な解説を寄せている。

（12）　Oswald de Andrade, "Manifesto Antropófago", *Revista de Antropofagia*, Ano 1, No.1, maio de 1928.

（13）　Stam, *Op. Cit*., p. 125.

（14）　Mário de Andrade, *Macunaíma: o herói sem nenhum caráter*. São Paulo: Livaria Martins Editôra, 1928.（福嶋伸洋訳『マクナイーマ――つかみどころのない英雄』松籟社、二〇一三）

（15）　ウラジミール・プロップの『民話の形態学』の初版がロシアで刊行されたのが偶然にもマリオ・ジ・アンドラージの『マクナイーマ』出版とおなじ一九二八年だったことにも注意すべきである。フォークロア研究におけるロシア・東欧とラテンアメリカとのおどろくべき平行関係についてはまた別に論じなければならない。

（16）　Mário de Andrade, "A Escrava Que Não é Isaura", *Estética*, 1925.

Ⅷ　父を忘却する

（1）　アドリエンヌ・リッチ『血、パン、詩』大島かおり訳、晶文社、一九八九、三一七頁。

（2）　同書、一五二頁。

（3）　José Eustacio Rivera, *La Vorágine*. Buenos Aires: Losada, 1971 [1924], p. 49. なおこの作品をめぐっては次の論文が新しい視点を出している。 Doris Sommer, "National Romances and Populist Rhetoric in Spanish America", in Francis Barker et. al. (eds.), *Europe and Its Others*, vol. II. Colchester: University of Essex, 1984, pp. 33-45.

（4）　cf. Peter Halme, "Polytropic Man: Tropes of Sexuality and Mobility in Early Colonial Discourse", in Francis Barker et. al. (eds.), *Op. Cit*., pp. 17-32.

(5) Jean Franco, "Beyond Ethnocentrism: Gender, Power, and the Third-World Intelligentsia", in Cary Nelson and Lawrence Grossberg (eds.), *Marxism and the Interpretation of Culture*. Urbana: University of Illinois Press, 1988, pp. 503-515.

(6) José María Arguedas, *El zorro de arribay el zorro de abajo*. Buenos Aires: Losada, 1971.

(7) Cesar Vallejo, *Trilce*, 1922. 引用は Cesar Vallejo, *Obra Poética Completa*. Caracas: Biblioteca Ayacucho, 1979, pp. 96-97.（邦訳は下記に収録されている。『セサル・バジェホ全詩集』松本健二訳、現代企画室、二〇一六）

(8) バジェホが、のちに共産党員となってスペイン内戦についてうたった詩「スペインよ、この聖杯を私から遠ざけよ」（一九三七）では、現代の危急の「歴史」的時間を推しすすめてゆくのが、男性の兵士として描き出されているが、これは二〇年代のバジェホの作品の母性的テーマとのみごとなコントラストをなしている。

(9) Rudolfo Anaya, "The New World Man", *Before Columbus Review*, 1 (2-3), 1989, p. 4.

(10) Rudolfo Anaya, *Bless Me, Ultima*. Berkley, CA.: Tonatiuh International, 1972.（金原瑞人訳『ウルティマ、ぼくに大地の教えを』草思社、一九九六）

Ⅷ　旅する理論

(1) Édouard Glissant, *Caribbean Discourse*. Charlottesville: University Press of Virginia, 1989, p. 26.（フランス語原著（*Le Discours antillais,* Paris: Seuil, 1981）からの邦訳は下記のように予告されている。『カリブ海序説』星埜守之・塚本昌則・中村隆之訳、インスクリプト近刊）

(2) Bernard Rudofsky, *Architecture without Architect: A Short Introduction to Non-Pedigreed Architecture*. Albuquerque: University of New Mexico Press, 1987 [org. 1964].（渡辺武信訳『建築家なしの建築』鹿島出版会、一九八四）

(3) Dell Upton and John Michael Vlach, *Common Places: Readings in American Vernacular Architecture*. Athens: The University of Georgia Press, 1986.

(4) John A. Kouwenhoven, *The Arts in Modern American Civilization*. New York: W. W. Norton & Company, 1967.

(5) 奥出直人『アメリカンホームの文化史』住まいの図書館出版局、一九八八、二二二―二二六頁。

(6) Houston A. Baker Jr., *Blues, Ideology, and Afro-American Literature: A Vernacular Theory*. Chicago: The University of

Chicago Press, 1984, pp. 3-4.（松本昇・清水菜穂・馬場聡・田中千晶訳『ブルースの文学——奴隷の経済学とヴァナキュラー』法政大学出版局、二〇一五）

（7）　*Ibid*., p. 5.

（8）　*Ibid*., pp. 200-202.

IX　キャリバンからカリブ海へ

（1）　ウィリアム・シェイクスピア『テンペスト』第二幕第一場。翻訳は基本的には小田島雄志訳『テンペスト』（白水社、一九八三）を使用したが、一部表現を変えてある。以下同様。

（2）　Jan Kott, *The Bottom Translation*. Evanston, IL.: Northwestern University Press, 1987.（高山宏訳『シェイクスピア・カーニバル』平凡社、一九八九）

（3）　『テンペスト』第一幕第二場。

（4）　George Lamming, *The Pleasure of Exile*. London: Michael Joseph, 1960, p. 13.

（5）　0. Mannoni, *Prospero and Caliban: The Psychology of Colonization*. New York: Frederick A. Praeger. 1956 [orig. 1950].

（6）　『テンペスト』第一幕第二場。

（7）　Lamming, *Op. Cit*., pp. 109-110.

（8）　Janheinz Jahn, *Geschichte der Neoafrikanischen Literatur*. Düsseldorf: Eugen Diederichs Verlag, 1966. 引用は同書西訳版 *Las Literaturas Neoafricanas*. Madrid: Guadarama, 1971, p. 285.

（9）　Edward Brathwaite, *Islands*. London: Oxford University Press, 1969.

（10）　Roberto Fernández Retamar, *Calibán*. México: Origenes, 1972.

（11）　Aimé Césaire, *Une tempête. Adaptation de "La tempête" de Shakespeare pour un théâtre nègre*. Paris, 1969.（邦訳は、砂野幸稔訳「もうひとつのテンペスト」として下記に収録されている。エメ・セゼール他『テンペスト』本橋哲也編訳、インスクリプト、二〇〇七）

（12）　ジャン＝ポール・サルトル「黒いオルフェ」『シチュアシオンIII』鈴木道彦・海老坂武訳、人文書院、一九六

四、一八二頁。

（13） Aimé Césaire, *Cahier d'un retour au pays natal*. Paris: Présence Africaine, 1956.（砂野幸稔訳『帰郷ノート／植民地主義論』平凡社、一九九七）引用はサルトル前掲書より。

（14） James Clifford, "A Politics of Neologism: Aimé Césaire", in *The Predicament of Culture*. Cambridge, MA.: Harvard University Press, 1988.

（15） Aimé Césaire, "Le verb marronner/ à René Depestre, poète haitien", in Aimé Césaire, *The Collected Poetry*. Berkeley: University of California Press, 1983, p. 368.

（16） Clifford, *Op. Cit.*, p. 181.

X　浮遊する言葉とアイデンティティ

（1） John Holm, *Pidgins and Creoles*, 2 vols. Cambridge: Cambridge University Press, 1988.

（2） P. Mühlhäusler, "Structural expansion and the process of creolization", in A. Valdman and A. Highfild (eds.), *Theoretical Orientations in Creole Studies*. New York: Academic Press, 1980.

（3） cf. Derek Bickerton, *Roots of Language*. Ann Arbor: Karoma, 1981.（筧寿雄訳『言語のルーツ』大修館書店、一九八五）

（4）「日本文学」なる共同体に対して孤高の立場を貫いた作家、安部公房は、国家・伝統・儀礼主義といったかたちで現代人を押さえつける言語の抑圧的力からの解放のヴィジョンを、言語文化の接触によるピジン崩壊とクレオール的再生のなかに見ようとする視点をいちはやく提示している。ローレンツの動物行動学の成果、チョムスキーの生成文法論、そしてビッカートンのクレオール語研究を結び合わせようとするその思考は示唆的である。「クレオールの魂」（『世界』一九八七年四月号。のちに『安部公房全集28』新潮社、二〇〇〇に収録）等を参照。

（5） John Holm, *Op. Cit.*, pp. 8-9.

（6） R. B. Le Page and Andrée Tabouret-Keller, *Acts of Identity: Creole Based Approaches to Language and Ethnicity*. Cambridge: Cambridge University Press, 1985.

（7）　Virginia R. Dominguez, *White by Definition: Social Classification in Creole Louisiana*. Brunswick: Lutgers University Press, 1986.

（8）　*Ibid*., p. 264.

XI　森の言語、曙光の言語

（1）　Jacques Roumain, *Gouverneurs de la rosée*. Port-au-Prince: Imprimerie de l'État, 1944.

（2）　Aimé Césaire, *Cahier d'un retour au pays natal*. Paris: Presence Africaine, 1956.

（3）　Édouard Glissant, *Caribbean Discourse*. Charlottesville: University Press of Virginia, 1989, p. 229.

（4）　Michael Dash, "Introduction", in Glissant, *Op. Cit*., p. xii.

（5）　Glissant, *Op, Cit*., p. 155.

（6）　*Ibid*., p. 167.

（7）　*Ibid*., p. 121.

（8）　Dash, *Op. Cit*., p. xxvi.

（9）　Édouard Glissant, *La Lézarde*. Paris: Editions de Seuil, 1958.（恒川邦夫訳『レザルド川』現代企画室、二〇〇三）

（10）　Glissant, *Op. Cit*., pp. 238-239.

（11）　Glissant, *Op. Cit*., pp.145-146.

XII　位置のエクササイズ

（1）　Zora Neal Hurston, "How it feels to be colored Me", in Alice Walker (ed.), *I Love Myself When I Am Laughing…: A Zora Neal Hurston Reader*. New York: The Feminist Press, 1979, p. 154.

（2）　Barbara Johnson, "Thresholds of Difference: Structure of Address in Zora Neal Hurston", *A World of Difference*. Baltimore: The Johns Hopkins University Press, 1987, pp. 172-183.（大橋洋一・青山恵子・利根川真紀訳『差異の世界』紀伊國屋書店、一九九〇）。ハーストンの文章の翻訳の一部は本訳書の訳文を利用させていただいたが、表現を改めた

ところもある。

（3）　Zora Neal Hurston, "What white publishers won't print", in Alice Walker, *Op. Cit.*, p. 172.

（4）　Zora Neal Hurston, *Mules and Men*. New York: Harper & Row, 1990 [orig. 1935], p. 1.（中村輝子訳『騾馬とひと』平凡社ライブラリー、一九九七）

（5）　Zora Neal Hurston, *Tell My Horse: Voodoo and Life in Haiti and Jamaica*. New York: Harper & Row, 1990[orig. 1938].（常田景子訳『ヴードゥーの神々』新宿書房、一九九九）

（6）　Deborah Gordon, "The Politics of Ethnographic Authority: Race and Writing in the Ethnography of Margaret Mead and Zora Neal Hurston", in Marc Manganaro (ed.), *Modernist Anthropology*. Princeton, N J: Princeton University Press, 1990, pp. 146-162.

（7）　Johnson, *Op. Cit.*, p. 180.

（8）　Henry Louis Gates, Jr., "Zora Neal Hurston and the Speakerly Text", in *The Signifying Monkey: A Theory of Afro-American Literary Criticism*. New York: Oxford University Press, 1988, pp. 170-216.（松本昇・清水菜穂訳『シグニファイング・モンキー――もの騙る猿／アフロ・アメリカン文学批評理論』南雲堂フェニックス、二〇〇九）

（9）　Zora Neal Hurston, *Their Eyes Were Watching God*. Philadelphia: J. B. Lippincott, 1937.（松本昇訳『彼らの目は神を見ていた』新宿書房、一九九五）

（10）　Henry Louis Getes, Jr., 〝Zora Neal Hurston: A Negro Way of Saying〟, in Hurston, Mules and Men, p. 294.

（11）　Johnson, Barbara. "Metaphor, Metonymy and Voice in *Their Eyes Were Watching God*." in Harold Broom (ed,), *Moderm Critical Views: Zora Neale Hurston*. New York: Chelsea House, 1986, pp. 157-173.

（12）　Zora Neal Hurston, *Dust Tracks on A Road*. Urbana: University of Illinois Press, 1984[orig. 1942], p. 252.（常田景子訳『ハーストン自伝　路上の砂塵』新宿書房、一九九六）

（13）　Vivek Dhareshwar, "Toward a narrative epistemology of the postcolonial predicament", *Inscriptions* 5: 1989, pp. 141-142.

（14）　Trinh T. Minh-ha, *Woman, Native, Other: Writing Postcoloniality and Feminism*. Bloomington: Indiana University Press, 1989.（竹村和子訳『女性・ネイティヴ・他者』岩波書店、一九九五）

(15)　*Ibid.*, p. 82.

(16)　Trinh T. Minh-ha, "Not You/ Like You: Post-Colonial Women and the Interlocking Questions of Identity and Difference", in Gloria Anzaldúa (ed.), *Making Face, Making Soul/ Haciendo Caras: Creative and Critical Perspectives by Women of Color*. San Francisco: Aunt Lute Foundation Book, 1990, p. 372.

(17)　*Ibid.*, p. 373.

(18)　*Ibid.*, p. 374.

(19)　Trinh, *Op. Cit.*, pp. 90-94.

(20)　Gayatri Chakravorty Spivak, *In Other Worlds: Essays in Cultural Politics*. New York: Routledge, 1988, p. 260.（鈴木聡他訳『文化としての他者』紀伊國屋書店、二〇〇〇）。なお、モハッシェタ・デビの「乳を与えしもの」は『ドラウパディー』（臼田雅之・丹羽京子訳、現代企画室、二〇〇三）に収録されている。

(21)　cf. Gloria Anzaldúa & Cherrie Moraga, *This Bridge Called My Back: Writings by Radical Women of Color*. Washington, MA Persephone Press, 1981. Barbara Smith, *Home Girls, A Black Feminist Anthology*, 1983. Audre Lorde, *Zami: A New Spelling of My Name, Freedom*, CA.: The Crossing Press, 1982.

(22)　アドリエンヌ・リッチ『血、パン、詩』大島かおり訳、晶文社、一九八九、三一四―三一五頁。

(23)　Alice Walker. "Definition of Womanist", in Anzaldúa（ed.）, *Op. Cit.*, p. 370.

補遺1

i　無国籍文化の形成――コスモポリタニズムとディアスポラ

「無国籍」という概念

「無国籍」という概念は、一国内の法体系の不備や法手続きの瑕疵《かし》によって、万人に少なくとも一つは与えられるべき国籍がまったく与えられないという状態がつくりだす、きわめて例外的な事態であると考えられている。この「無国籍」状態は、国家制度によってつくりだされる状態であるとはいえ、もっぱら国家的な庇護のもとにないという意味で、いかにも当該の人間の社会的不安定をさし示す指標であるかのようにみなされ、改善されるべき課題であると一般には了解されている。国家的帰属が与えられていない人間は、なによりもまず現代世界の社会空間において存在する場所を失ってしまうからである。それは市民として忌むべき状態であるといえる。

だがこうした意味から転じて、「無国籍料理」「無国籍音楽」といった現代の大衆的用語法が生まれてきた背景には、「無国籍」という概念が必ずしも否定的な意味論のなかで完結しているわけではなく、かえって無国籍性の非限定的なダイナミズムを称揚することをうながすような性向が、大衆文化のなかに潜んでいることを示している。そもそも料理や音楽を「無国籍」と形容することである種の新進の傾向を表現しうるためには、従来の料理や音楽といったものが、「国籍」を備えていると前提する心意が働いていなければならない。だが、いかなる人間文化の創造物も、その創造者たる人間の所有する形式的な国籍に対応して自動的に国籍を取得するわけではないことはいうまでもない。たしかに「日本料理」「中国料理」「フランス料理」、あるいは「ジャマイカ音楽」「ブラジル音楽」「アイルランド音楽」といった分類が成り立つとしても、そうした規定自体が、料理文化や音楽文化の多様な地域的変異をもっぱらナショナルな偏差へと還元することによって生まれた、きわめて便宜的な概念でしかないことは明らかである。ここで問題にすべきは、歴史や文化を「国籍」において認定することによって成立する一般人の社会的想像力と、そこから決して遠くはなれてはいない学問的言説の編制についてであろう。

こう考えれば、たとえば「無国籍料理」の称揚の気分は、たんにイタリア料理を日本風にアレンジし、そこにアフリカ的な香辛料を加えたといったような味の混淆を歓迎する風潮というよりは、「食」をめぐる文化がまさに従来の料理の幻想的な国籍認定から脱して自由に動き出したことへの、思想的な支持であると考えることもできる。そもそも味覚自体がすでに言語的な意識によって強く規定されてしまっている現代の食文化においては、料理への名付けは認識論的な位相をも強くもっている。とすれば料理の「無国籍性」の提示には、すなわち文化概念における「国籍」の幻影を認識論的に乗り越えてゆこうとする、現代人の潜在的な性向が反映されているといえなくもない。もし「無国籍料理」というラベルに何らかの肯定的な意味論やニュアンスが感じられるのだとしたら、ここには国籍や国家的限定をどこかで振り払おうとする現代人の大衆的欲望が潜んでいることになるからだ。「無国籍」という用語の使用される文脈の検討は「国籍」という概念自体の社会的・心理的援用のレトリックを相対化することが可能であり、さらにそこから派生して「ナショナリティ」や「国家」への帰属を超えて文化を語るための出発点がどのあたりに設定しうるかを教えてくれる。本章では、

「無国籍」という充分に通俗的に流用されている概念をとりあえず想定しながら、現代において「無国籍文化」と集合的にイメージされるものを、より厳密で具体的な社会空間のなかに置き直し、そのさまざまな偏差とそれらが示す歴史性・政治性にかんして、一つの見取り図を描きだしてみたい。

1　近代のコスモポリタニズム

カントのコスモポリタニズム

無国籍という一般的な用語に内在する一つの大きな概念的カテゴリーが、いわゆる「コスモポリタン」という概念とかなりの部分において重なり合うであろうことは容易に想像できる。実際に、歴史学、社会学、人類学、あるいは法哲学などの領域において、コスモポリタニズムの再検討は、二〇世紀末から二一世紀初頭の激烈な「可動性社会」における人間と物と思想の移動と混淆を意味づけるために、避けてとおることのできない課題となっている。

コスモポリタニズムという概念は、その歴史をおそらくは古代ギリシアにまでさかのぼりうる古い理念である。ストア学派のとなえた世界市民主義およびその影響下に形成されるこの思想は、ローマ帝国の枠組みを前提とするもので、ルネ・シェレールも述べるように、「哲学的には、天によって統治され、前ギリシア的な起源に鼓舞されたもっと広大な都市という発想」に依拠するものだった。[1]コスモポリタンが、「コスモ」（kosmo＝世界）と「ポリス」（polis＝市民）の合成語であることからもわかるように、地中海世界がすなわち地理学的にも認識的にも同定しうる唯一の「世界」であった古代ギリシア・ローマにおける世界市民主義とは、唯一のコスモスを想定しつつそのコスモスのもとでの地中海的世界秩序をマスターし、支配するという理念をさしていた。

こうした、「世界」への視線が宇宙論的に中心化された古代のコスモポリタニズムとは本質的に異なった、近代的な意味での多元化された世界市民主義は、いうまでもなく西欧による新世界の征服とともに確立する近代の世界像を背景にしてもたらされた。唯一絶対化されていたコスモスの完結性が破れ、世界を、民族・文化・宗教・国家の多数性・複数性の相のもとにみる近代的社会認識論の誕生によって、コスモポリタニズムははじめてその思想的な射程を現実の世界全域へと広げたのだった。

近代のコスモポリタニズムにかんする最初の理論家はいうまでもなくカントである。地理学を一つの思想的基底において歴史哲学を築き上げたカントが、まさに近代世界の地理学的な確定のもとに近代コスモポリタニズムの最初の提唱者となったことは重要である。カントは「世界市民的意図における普遍史のための理念[2]」（一七八四）において普遍的な世界市民的状態こそが人類のすべての能力・素質が十全に展開・表現しうる唯一の形式であることを、未来への理念として強く説いた。この論文でカントが「歴史が人間的意志の自由による遊動を全体として考察するならば自由の規則正しい進行を発見しうる」と書きつけているように、彼は基本的に、いかなる社会的根拠があろうとも、人間を地球上のある一点に縛りつけておくこと自体が自然法に反しているという立場から世界市民主義の超越論的な論理を構成しようとしていた。

さらにこの視点は、『永遠平和のために[3]』（一七九五）において国家間の恒久的平和への理論と、諸国連合の理念の提起として展開されていった。革命後のフランスとプロイセンとのあいだに締結されたバーゼル平和条約への不信を直接の引き金として書かれたこの著作においては、近代国家の軍備への強迫観念が最終的に殲滅戦として社会を戦乱に陥れる状況から、いかにして国際間の永遠平和を保障するかという視点が大きな前提となっていた。あくまで国家間の戦闘を回避しながら独立国家を単位とする世界秩序を実現しうる方途について思考する文脈において、カントはこの著作の「永遠平和のための第三確定条項」のなかでつぎのように世界市民主義の考え方が成立する大きな思想的前提について説く。

地球の表面は球面で、人間はこの地表上を無限に分散していくことはできず、結局は並存して互いに忍耐しあわなければならないが、ところで人間はもともとだれひとりとして、地上のある場所にいることについて、他人よりも多くの権利を所有しているわけではない。(4)

こうした記述の背後に、ヨーロッパ諸国家間の侵略行為における暴力や、植民地主義による一方的な土地と住民の搾取にたいする、カントの非常に原理的な批判がこめられていることはいうまでもない。その根底的批判のために、人間が自然法に基づいて地球の表面を共有する権利をもつとしたカントの思考は、近代における世界市民主義のもっとも純粋に原理的な起点として、きわめて重要な意味をもっている。だがカントの『永遠平和のために』は、それがヨーロッパ近代国家体制を前提とする世界平和構想の書であったという条件のために、コスモポリタニズムにかんする無視できない思想的限定をこうむっている。カントは人間が外国人としてどの土地をも訪問できる権利を「訪問権」と設定したうえで、「第三確定条項」でこう議論を展開する。

外国人が要求できるのは、客人の権利ではなくて、訪問の権利であるが、この権利は、地球の表面を共同に所有する権利にもとづいて、たがいに交際を申し出ることができるといった、すべての人間に属している権利である。……とはいえ、こうした友好の権利、つまり外国人の権限は、原住民との交際を試みることを可能にする諸条件をこえてまで拡張されはしないのである。このような仕方で、遠く離れた諸大陸も互いに平和的な関係を結び、この関係はついには公で法的なものとなり、こうして人類を結局は世界市民的体制へと次第に近づけることができるのである。(5)

一七八四年の論文で世界市民的帰属への共通の権利──逆にいえば、自己の場所的帰属性への無関心の権利──を広範に説いたはずのカントは、しかしここで、訪問や友好の権利を設定することによって、最終的には（外国人は他人の土地を「一時」的に「訪問」し、「友好」的にふるまうかぎりにおいて「歓待」を受ける権利がある、というように）世界市民主義の権利を旧来の郷土愛（パトリオティズム）の心意の枠内に限定するかたちで、（現代からみれば）思想的に後退しているといわざるをえない。しかもカントにとって、人間が帰属する「共同体」や「社会」への郷土愛が、個々人の言語や宗教の共有性を通じて「民族」へと、そして「民族」は理想的には法的秩序によって統合された「国家」へとそれぞれ有機的・系統的に連続性をもつものであるとされているかぎり、カントのコスモポリタニズムは近代国家の独立と並存を前提とした世界主義として、インターナショナリズムのイデオロギーへと横滑りしてゆく傾向を強くもっていたことになる。

ナショナリズムを超えて

もちろんこれはカントを現代的に読む可能性をも否定するものではない。カントによる世界市民主義の先駆的な立論を、「世界的歓待性」という概念によりながら現代のポストコロニアリズム、ポスト構造主義的な思想環境のなかで創造的に読み直し、そこに近代コスモポリタニズムの思想に潜むユートピア志向的な方向性を探りあてようとするルネ・シェレールのような論者はいる。(6) しかし基本的にカントのコスモポリタニズム論が近代ナショナリズムのイデオロギーに対置されるかたちで立てられ、そのことによって近代国家を単位とするナショナリズムによる世界像を補完するかたちでのインターナショナリズム（その一つの帰結としての国際連合）の思想圏にその議論の方向性が固定化されていったことは否定できない事実である。「個人を国家・民族を超越した普遍的世界の一員として位置づける世界観」「一つの国家や民族にとらわれず、全世界を家とみなして生活する人。世界市民。国際人」といった、現代の辞書的な一般定義が示すのは、西欧近代のナショナリズムの思想環境こそが、この「人間の世界的共同体」という理念の発生源となったという歴史的条件であり、そのことによって、近代のコスモポリタニズムが想定する「普遍的世界」「一つの世界共同体」とは、近代国民国家を基本単位として統合されたヨーロッパ的な「世界」像以外のなにものでもありえなかった。

古代ギリシアの認識論において地中海世界が唯一の「世界」であり、そのうえにギリシア的コスモポリスの思想が立脚していたとすれば、カント以後の世界市民主義もまた、同じように唯一のものとして措定された近代的世界像をめぐる普遍性の神話に立脚していたという意味において、コスモポリタニズム思想がもちつづけた、自らの世界観によって世界性の概念そのものを「中心化」するという条件をくつがえすものではなかったのである。

2　現代のコスモポリタニズム

多様なコスモポリタニズムのかたち

だが、ナショナリズムとコスモポリタニズムの明快な対置の構図自体が、現代社会のさまざまな局面においてすでに自明のものではなくなっていることはいうまでもない。その時点で、近代のコスモポリタニズムが前提とする単一の世界観が崩壊していることは明らかである。ヨーロッパによって中心化された「普遍的」世界像の隙間から、さまざまに異なった世界イメージや世界構想力の可能性が浮上しているのが現代なのである。現代の国民国家がおかれた状況がすでにきわめて流動的で錯綜したものになっているのと同じく、コスモポリタニズムもいまやきわめて複雑で、かつ特殊・固有なものになりつつある。唯一であったコスモポリタニズムは、いまや複数のコスモポリタニズムのヴァージョンの並立としてしか存在しえないのである。

　近代のナショナリズムの原理が生み出した帝国主義的領土拡張の動きと、その実践的形態としての植民地主義の帰結として、二〇世紀ほど多くの難民、移民、追放者、亡命者を生み出した時代はなかった。全体主義国家の圧制から逃れ出るための亡命ももちろんあった。だがもっとも重要なのは、植民地が独立をはたし、新たに国家の境界線が引かれるたびに、逆説的なことに、かえって家郷を失う者たちがつくりだされ、放浪者が生まれ、新たな社会秩序や政治権力の構図に同化しえない人々が制外者となって、国家原理の外部へと放擲《ほうてき》されたという事実である。こうした人間の地球規模での移動と離散の力学は、西欧社会を基点あるいは終点とする一元的な移動力学によって規定されているものではまったくなく、移動や離散は植民地主義的・ポスト植民地主義的なインターフェースのあらゆる場所・局面において起こったのである。こうした状況を踏まえながら、エドワード・サイードは『文化と帝国主義』のなかで、現代の「世界性」を考えるための思想的根拠を定住的・国家主義的な枠組みから一八〇度転換すべきであるとしながらつぎのように書いている。

帝国主義による幽閉と荒廃に抵抗し対抗するために生まれた知的な使命としての解放は、いまやかつての定住的、既定的、国家適合的な文化ダイナミクスから離れて、非定住的、脱中心的、亡命者的エネルギーをその源泉とするようになった。そうした新しい今日の解放のエネルギーの化身こそが移民であり、そのエネルギーの自覚は亡命の知識人と芸術家のなかにある。彼らは領土の、形式の、家郷の、言語のそれぞれはざまに立つ政治的人間なのである。こうした考えからすれば、いまや世界はすべて逆を向いた、奇抜で、予備的で、不可思議なものによって占められているといえる。(7)

ここでサイードが「解放」のパラダイム、といっているものを、コスモポリタニズムの理念と言い換えることは、この文章の文脈を裏切ることにはならない。近代の西欧社会が創造した解放や革命の理念が新たな社会環境のなかで再文脈化を迫られているのと同じく、まさにコスモポリタニズムを現代において問題化しようとするとき、ここでサイードがいう、非定住的・脱中心的・亡命者的なエネルギーによってその理念が促進・更新されている局面をなによりも注視すべきだからである。それはサイードがいうように国家によって馴化された(domesticated)近代的価値観からみて「逆を向いた」(counter)ものであり、独創的で奇妙なコスモポリタニズムであると呼ぶしかない。しかも重要なことは、いまやコスモポリタニズムはもはや「理念」としてあるのではないという点である。それはいまここに存在し、実践され、無数の社会的・文化的・政治的・言語的紛争と交渉の相互作用にさらされた現実としてある。ブルース・ロビンズはこのコスモポリタニズムの徹底的な現前性について、ベネディクト・アンダーソン(『想像の共同体』)のナショナリズムにかんする定式を敷延しながらこう刺激的に論じている。

国民（nation）がそうであるのと同じように、コスモポリタニズムも「そこ」にある。それは、隣人を自分自身と同じように愛すべきであるといった一つの抽象的な理想としてそこにあるのではなく、社会的・地理的に位置づけられた──そのことによってある制約のもとで権限を発揮しうる──固有の集団によってかたちを与えられつつある思考と感情の多様なハビトゥスとしてそこにある。「コスモス」という概念に複数形を想定するのが困難であるとしても、いまや「世界」は「国民」と同じように、異なったサイズと様式をもったものとしてたちあらわれていると考えられる。国民が想像されるものであるとすれば、世界もまた「想像」されている。よかれあしかれ、いまやコスモポリタニズムは、ナショナリズムと対立するというよりも、むしろナショナリズムと連動して作用することもあるという事実を認めざるをえない。そうであるとすれば、いまコスモポリタニズムは何に対抗しているのか、その意味をどこに見いだすべきなのか。(8)

コスモポリタニズムの現在

近代の国民国家原理の外部にその作動局面をもちつつも、ナショナリズムと連動、あるいはナショナリズムと不可分の関係をとりながら作用するこの新たなコスモポリタニズムの諸相を分析する視角をめぐって、さまざまな議論が展開されつつある。いうまでもなく、現代におけるコスモポリタニズムという「現実」の担い手は、もはやかつての特権的な西欧知識人、芸術家、作家たちではない。それは、アルジュン・アパドゥライが「エスノスケープ」と呼ぶような民族文化のグローバルな流れのなかで生起する「人間の風景」のなかにその担い手を見いだす。「世界」そのものの不確定と流動を推進するこれらの移動・越境する人間たち──すなわち観光客、移民、難民、亡命者、季節労働者といった人々──は、二〇世紀初頭までの「世界」を移動していた主要なタイプである軍人、巡礼者、植民地行政官、宣教師といった時代的・文化的に限定された職業的旅人とはまったく異質で多様な、移動への動機づけと、移動力学の非求心性・離散性をそなえている。しかも重要なことは、ディアスポラという概念の新たな援用によってもっともアクチュアルに示されつつあるこれらの移動形態とそれが生み出す文化創成の局面が、現実と表象と想像力の領域にひとしく作用しているという点である。ディアスポラ的移動は、現実に起こることによってはじめて「世界」に作用をおよぼすというよりは、すでに移動への欲望や衝動が人々の意識のなかに組織されているという事実によって、定住的・国家帰属的な共同体原理を超越した社会動因として働いているのである。アルジュン・アパドゥライはこのことを具体的につぎのように解説する。

そこには、血縁関係や交友関係、職業、余暇、あるいは出生、居住、そのほかさまざまな帰属の形式がつくる比較的安定した共同性やネットワークがまったく存在しないというわけではない。だが、より多くの人々や集団が動かねばならないという現実に立ち向かい、あるいは動きたいという幻想をかき立てればかき立てるほど、これらの安定的な帰属関係をつくりだす縦糸はあらゆる場所に拡散してゆき、そこに人間の移動という横糸が交錯する。しかもこれらの現実と幻想はいまやますます大きなスケールで機能しており、そのなかで、インドの村から来た男女はプーナやマドラスへ出稼ぎにゆくのではなくてドバイやヒューストンまで移動することを夢見、南インドにいるスリランカからの難民ははるかスイスにたどりつき、あるいはインドシナのモン人がロンドンやフィラデルフィアにまで出没することになる。(9)

すでに現代のコスモポリタニズムの問題系は、ここで描き出された幻想や想像力のうえでの移動の条件を含み込んで成立している。そうした、人間と文化と移動をめぐるグローバルで相互作用的な布置のなかで浮上するコスモポリタニズムを分析する視角のなかで、「ディアスポラ」という戦略概念の意味が明らかにされはじめている。

3　ディアスポラとコスモポリタニズム

ディアスポラ・パラダイム

人間の、郷土から遠く離れた土地への意志的・強制的移動と離散を示す「ディアスポラ」という概念は、ギリシア語の「スペイロ」（まき散らす、散乱させる）に由来する古い言葉である。いうまでもなくこの概念は、歴史的な用語としては、ユダヤ人の二〇〇〇年を超える離散と流謫《るたく》の経験を意味するものとして、長いあいだ特定の歴史学的意味論の領域に特権化されてきた。のちに、たとえば一六世紀末のペルシア、トルコの侵入によって領土を失い民族離散を余儀なくされたアルメニア人のケースに転用されるといった例外的な適用はあったにせよ、ディアスポラという概念はほとんどもっぱらユダヤ的離散と放浪という文脈のなかで語られつづけ、そのことによってごく近年にいたるまで西欧の国民国家の統合原理から外れた限定的、局所的な事柄として語られてきたのだった。

けれども近代世界をおおいつくし、それによって現代の世界の構造を基本的に決定づけることになった植民地化という運動が、結果として多様で包括的なディアスポラを誘引することになった歴史を、もはや私たちは無視できなくなった。植民地主義は多くの西欧宗主国の人々の移動や移住を生み出しただけでなく、植民地における労働力として膨大なアフリカ人奴隷（のちにインド・中国系をはじめとする無数の契約労働移民）のアメリカ大陸・カリブ海地域への離散を生じせしめ、またインド洋・太平洋地域においても多くの労働力移動による民族離散が起こった。さらにそうした植民地主義的な過程によって生じた旧植民地の文化混淆的・言語混淆的な社会の成員が、こんどは欧米の大都市に移民や亡命者として還流するという経験を、いままさに私たちは同時代的に目撃している。ディアスポラはユダヤ的文脈をすでにとうの昔に超えて、現代社会の隅々にまで、それがつくりだした（ポスト）植民地主義的な政治・文化の編制の糸をはりめぐらしているのである。

こうした現代世界のディアスポラ的な構図への包括的な認識に立脚して、現在の欧米において「ディアスポラ・パラダイム」として文化研究の領域で活性化している新たな歴史批判・近代批判・資本主義社会批判の思想運動が生まれてきた。エドワード・サイード、スチュアート・ホール、ポール・ギルロイあるいはレイ・チョウといった、パラダイムの推進理論家たちは、みないずれも自らの出自と移動の軌跡のなかに、深くディアスポラの経路を刻み込んでいる。サイードはパレスティナからニューヨークへ、ホールはジャマイカからロンドンへ、チョウは香港からカリフォルニアへ、そしてギルロイはガイアナから移住した母のもとにロンドンで生れる、というそれぞれに単線的ではないディアスポラの軌跡は、しかしたんに家郷と現在の居住地との二地点を結ぶ地理的・空間的な距離や関係性に還元できない、現実と想像と記憶と政治のないまぜになった錯綜した認識のテリトリーを現出させる。

とりわけギルロイの近年の黒人系イギリス文化研究と大西洋を交差するディアスポラ文化史の理論化の作業が見事に示しているように、ディアスポラは人間の起源の土地からの切断を個人のレベルにおける民族伝統や共同体からの隔絶の経験として社会心理学的に定式化するための方法論ではない（それらは従来の社会学的移民研究の常套手段だった）。ディアスポラはむしろ、歴史や伝統の喪失やそこからの断絶が、かえって想像力や記憶を刺激し、さらに社会編制のなかで自己のアイデンティティを組み替えてゆく政治文化的な運動のプロセスを集団的に喚起するようなかたちで作動する認識の相に与えられた名なのである。ギルロイはそれを、たとえばイギリスのカリブ系移民二世たちによるラップやレゲエ音楽の多彩で接続的な引用と練り上げの表現文化のなかに探求し、人為的に構成されたヴァナキュラーな移民文化のなかに、植民地主義的近代がつくりえなかった批判的な公共圏の創発を探り当てようとした。ギルロイは書いている。

黒人アーティストが国際的な聴衆を獲得し、ブルース、ゴスペル、ソウル、レゲエがそれらの音楽が生み出された環境から遠く離れて消費されているいま、新たな「人種」の定義が生じる。かつて砂糖・奴隷・資本を結ぶ三角貿易の主人であった帝国のネットワークの上に、文化的交換の新しい構造がうちたてられたのだ。そしてそれはいま、カリブ海、アメリカ合州国、ヨーロッパ、アフリカという四つの結節点をもつにいたった。……黒人による文化表現の政治的次元の分析は、人種・民族的主体のもつ断片化されたディアスポラの歴史が、英国社会という大建造物に自らを接合し、資本主義的発展自体のパターンをずらしながら複雑な社会的関係性を樹立してゆく現場において、考察されねばならない[10]。

こうした視点に拠れば、国家や民族性、あるいは人種や伝統といった近代概念を自明の文化規範とするあらゆるイデオロギーが、ディアスポラの思考によって厳しく問い直されることは必然である。そしてこの局面において日本人だけが中立の、あるいは部外者の立場でいられるわけもない。ディアスポラの経験とそれによってつくられた社会構成が遍在する世界で生きるという現実の確認は、日本人にとって、あるいは日本語を媒介に思考する人々にとっても決して他人事ではありえないからである。たとえば上野俊哉は、ディアスポラ概念を、著者自身によって問題化された日本の近代思想史や現代日本のポピュラーカルチュアの領域に誘い込み、哲学者中井正一や作家中上健次の仕事のなかに強度あるディアスポラ運動の契機を読み取ろうとする試みをその著書『ディアスポラの思考』において展開している。[11] とりわけ、ブリリアントな中上論へと誘導される論考「ラグタイム――ディアスポラと『路地』」は、起源としての紀州の「路地」を失い、その外へと漂流しながら想像の「路地」をユートピア的に生産し、やがては苛烈で混乱した異族と異文化混淆の非‐場所的な「路地」へと転位していった中上の小説と生のかかわりを、ディアスポラ＝「路地」という仮説のなかで鋭く分析している。「ディアスポラ」という戦略概念が、ユダヤ的文脈を離れ、アクチュアルな文化状況にたいしどれほど広範で汎世界的な喚起力をもっているかを、こうした論考は示している。

ディアスポラ的知識人の軌跡

現代社会に遍在するさまざまなディアスポラが、いかに人種化され、民族化され、あるいはジェンダー化されて作用し、そこにいかなる主体構築の政治学が発動するかにかんする包括的な考察は、文化研究や批判的人類学、あるいは歴史学や社会学の領域から果敢に越境する論者たちによって推進されているが、その思考の行為は必然的に論者自身の「世界」にたいするコスモポリタンな介入と交渉のあり方として問題化されている。エドワード・サイードはいうまでもなく、『オリエンタリズム』以後、西欧による「オリエント」の表象をめぐる一連の批判作業と、ポストコロニアリティへの批判的・対位法的分析を通じて、ディアスポラ的知識人の営為を誰よりも綿密に理論化してきた思想家であるが、そのサイード自身が、そうした思想を通じて自らのディアスポラの軌跡を一つの新しいコスモポリタニズムの形式として定位しようとしていることは疑いがない。

一九九九年九月に出版されたサイードの自叙伝『場所を外れて』(邦訳『遠い場所の記憶』)は、アラブ世界における自身の前半生の記憶を再現する手続きを通じた、二〇世紀の一コスモポリットの新たな「世界」探求の身振りとして読むことができる。[12] 自叙伝の冒頭で語られるように、「エドワード・サイード」という自らが選択したのではなく授けられた「名前」のなかに、すでにエドワード(英国王子に因む名で、サイードのアングロ文化・英語文化への関係を象徴する)とサイード(アラブ世界を象徴する名ながら、その出自について曖昧さを残す家系)という折り合いえない違和がはらまれている。この自叙伝は、そうした矛盾をはらむ名を引き受けながら自己形成をとげることでその違和感がサイード自身のその後のコスモポリタニズムをどのように成型していったのかという個人史でもあり、それはいうまでもなくサイードの学問と思想の対象としてのディアスポラがもつ歴史的位置と不可分の関係にある。

サイードにおいて、旧来のコスモポリタニズムのもっていた超越的な知識人による行動原理という含意は大きな改変をみることにはなったが、ディアスポラという概念の援用によって近代的なコスモポリタニズムの理念的限界を乗り越えつつも、サイードの知的軌跡のなかに浮上するのは、新たな亡命知識人が「世界」に帰属するための行動的・倫理的な指針の探求である。それを現代におけるコスモポリタニズムの一つの新たな形式であるととらえることは、この用語をサイードが使用していないからといって、決して的外れとはいえない。亡命やディアスポラの状況を現実から比喩の領域へと展開しながら知識人の使命を論じる、『知識人とはなにか』のなかのサイードのつぎのようないくつかの宣言文のなかには、そうした立場が明瞭に示されている。

自分のことを、民族共同体の離散に影響を与える大きな一般的状況の一部であると考える知識人は、文化変容と文化適応に向かうのではなく、むしろ、うつろいやすさと漂泊のなかにとどまりつづけることになる。[13]

知識人が、現実の亡命者と同じように、あくまでも周辺的存在でありつづけ飼い馴らされていないでいるということは、とりもなおさず知識人が君主よりも旅人の声に鋭敏に耳を傾けるようになること、慣習的なものより一時的であやういものに鋭敏に反応するようになること、上から権威づけられて与えられた現状よりも、革新と実験のほうに心を開くようになることなのだ。漂泊の知識人が反応するのは、因習的なもののロジックではなくて、果敢に試みること、変化を代表すること、動きつづけること、けっして立ち止まらないことなのである。[14]

テオドール・アドルノやC・L・R・ジェイムズといった二〇世紀亡命知識人の「終わりなき自己発見」の旅程に啓発されたサイードの知識人論は、コスモポリタニズムの理念がよって立つ政治的・文化的地勢の根底的な地殻変動のなかで、非中心化され、脱西欧化された「世界市民」の一つの思考と行動の原理を新たに定位しようという方向を、たしかに備えているのである。

4　矛盾したコスモポリタニズムと「可変的国籍」論

矛盾したコスモポリタニズム

こうした新たなコスモポリタニズムの実践をサイードの仕事のなかに読み込みながらも、知識人の世界に限定されないコスモポリタニズムの無数の匿名の担い手について、早くからその重要性を説いていた論者がジェイムズ・クリフォードであった[15]。クリフォードは移民や亡命者、難民、旅行者といった現代型の移動者たちの離散、迂回、回帰の旅程のなかで現出する文化的主体性のさまざまな形成のあり方に一貫した関心をよせてきた。彼が考察の対象とするのは、作家や思想家、芸術家の行動原理として表明された新たなディアスポラ的コスモポリタニズムの身振りである以上に、部族民たちの村やその不安定な旅程のはざまで、あるいは非西欧世界からの新参移民の貧しい居住区で現実に経験、想像されているより控えめな声をもったコスモポリタニズムの実相であった。これらを含めたすべてのコスモポリタニズムの実践を複数形で「矛盾したコスモポリタニズムズ」(discrepant cosmopolitanisms)と名づけたクリフォードは、あらゆる人種・民族性、とりわけあらゆる階級性を投影された文化的主体が示す歴史と空間的軌跡とさまざまな局面における文化的実践とが、「居住のなかで旅すること」(traveling-in-dwelling)および「旅のなかに住み着くこと」(dwelling-in-traveling)という文化モードの複雑な関係性を照らし出すことを精緻に論じた。

クリフォードの「矛盾したコスモポリタニズムズ」という用語の定式化はつぎのような視点に基づいている。

［この用語によって］われわれは、少なくとも自己中心的な文化相対主義が示す過剰な「地域主義」を回避することができ、同時に、資本主義的・技術支配的な単一文化の専横にかんする誇張されたヴィジョンに陥ることからも逃れられる。さらにこの視点に立つことで、ある種の人々が「コスモポリタン」(旅人)であり、残りの人々が「地域的」(ネイティヴ)であるという二分法が、たんに一つの(非常に支配的だった)旅する文化のイデオロギーでしかないことが判明する。……

だからといって、地域も、家郷ももはや存在せず、すべての人々が旅し、コスモポリタンで、脱領土化されている（あるいは、されるべき）といっているのではない。……ここで問われているのは、旅することと居住することをめぐる、あるいは「居住のなかで旅すること」と「旅のなかに住み着く」ことをめぐる固有の歴史、技術および日常の実践を分析する比較論的な文化研究の方法なのである。(16)

クリフォードに依拠すれば、ここで問題なのは近代コスモポリタニズムの西欧エリート文化的出自をイデオロギー的に批判することではない。コスモポリタニズムの一元性を突き、その普遍性神話を解体すること以上に重要なのは、むしろ現代世界の住人が不可避的に共有する（複数形の）コスモポリタニズムの作用を認めることによって、ふたたびこの用語にある種の世界的「汎用性」をもたせることである。したがって、「矛盾したコスモポリタニズムズ」という概念は、ディアスポラといった戦略概念と相互に関連しあいながら、現代文化の時空間における居住と移動の変容の姿を精密に理論化するために援用されたものであるといえよう。

「矛盾したコスモポリタニズムズ」がはらむ問題は、たんにそれが社会学的な現象として観察しうる客観性をそなえているという側面だけでなく、つねに移動の過程で生じる主体性とアイデンティフィケーションをめぐる複雑な政治学的プロセスの介在によって、人種・民族性・言語・性差・階級・身体性といった個人の帰属指標が想定していた旧来の連続性や対応関係が、もはや働かなくなっているという点にある。現代社会のコスモポリタンな個人とは、自分自身の生活社会・環境に深く錨をおろしつつ世界を動き回り、地域的利益とグローバルな視点とのあいだの弁証法的な関係によって枠づけられた政治・社会的意識を維持するという点できわめて特徴的な個人であるということになる。かつての西欧的コスモポリットがヨーロッパのブルジョワ文化・資本主義・植民地主義的帝国主義のもとでその全的な思想と行動を表現しえたとすれば、現代のコスモポリタンな個人は、「政治的主権」そのものにたいして懐疑的であり、「普遍的価値」を認めず、多様な道徳観や価値基準が同居することをたやすく受け入れるという点においてきわめて特徴的であるといえるだろう（人類学者ポール・ラビノウはこうした現代的な批判性を内蔵したコスモポリタニズムを「批判的コスモポリタニズム」（critical cosmopolitanism）と名づけている(17)）。

フレキシブルな国籍

移民や亡命という状況が彼ら／彼女ら自身に課す社会的ステータスの不安定性を逆手にとるように、コスモポリタンでディアスポラな主体は、自ら「国籍」「市民権」といった帰属指標を宙吊りにし、あるいは操作しながら、自らの日常的に属する社会環境のなかでの生存の技術へとこれらを戦略的に活用してゆく。クリフォードのつぎのような議論は、そうした新たな「世界主体」の出現を的確にとらえている。

ディアスポラというディスクールは、いまや幅広い人間集団や歴史的状況にたいして流通している。資本の脱国家的な移動にのみこまれた人々は、アイワ・オングが名づける「フレキシブルな国籍」を、さまざまな権力と特権の違いとともに即興的に身につける。ディアスポラがさし示す範囲は、中部メキシコと北カリフォルニア、あるいはハイチとブルックリンといった二地点にともに家をもつ二重国籍的市民や、サンフランシスコを拠点にしつつ「私は世界のどこにでも住むことができる。空港に隣接してさえいれば……」とうそぶくチャイニーズの投資家へと拡張される。こうした似非《えせ》世界主義的な国際人の虚勢が、ディアスポラという用語の限界線を引く。しかしその投資家が、現実に自分を「チャイニーズ」であると信じ、外からも「チャイニーズ」であると認められるかぎり、この用語は決して的外れではない。こうしたチャイニーズ系の移民についてオングはこう述べている。「彼らの主体性は特定の国家との関係においてはいったん脱領土化される。しかし彼らは家族との関係において、高度に局地化される」。しかし家族がひとところに住むことがもはや稀であるとするなら、彼ら移民の「住処」とはいったいどこにあるといえばいいのか？

こうした環太平洋資本主義の回路を行き来する旅人によって体現された特有の民族アイデンティティの混淆が政治学的に意味するものはいったい何なのか(18)？

ここでクリフォードが依拠するアイワ・オングは、その著書『可変的国籍――トランスナショナリティの文化論理』（一九九九）のなかで、加速された移動とコミュニケーション技術、および多様なマスメディアの増殖とが重奏しあいながら、トランスナショナルな「チャイニーズ・パブリック」なる公領域がいまや生まれつつあることを綿密な考証によって論じている(19)。そのような領域では、国籍や市民権の意味も、グローバル市場の動向や労働者の移動・越境の流れに応じて変容する。国籍とはこれまで、特定の主権国家における政治的権利と政治参加を基盤としたものであるとみなされてきたが、グローバル化の動きは、ディアスポラ的主体にとっての国籍の選択を主として経済的な効用（打算）によって判断されるものへと変容させた。同じように、国民国家の側も、国籍のコントロールをめぐる制度、すなわち出入国管理や帰化・定住権授与にかんする法体系を、政治的というよりは経済的な予測のもとに再編成しようとしている。このような状況について考察しながら、アイワ・オングは「可変的国籍」(flexible citizenship) なる概念の使用される文脈をつぎのように規定する。

> 「可変的国籍」という用語は、可動性の高い経営者、技術官僚、専門家といった職種の人々が、投資、労働、家族の配置といった行為においてそれぞれ異なった場所〔＝拠点〕を選択することにより、ある特定の国家制度の統治様式に一元的に囚われることを回避しながら同時に別の国家制度の恩恵を受ける、という特権をえることを画策する戦略とその効果を言いあらわすために使用されている。だが、グローバルな市場に対応したこれらの再編成の動きについて考えることは、国民国家そのものが、その周縁部分においてコントロールを失っているという想定へと導かれるべきではない。国家の統治制度は、さまざまな種類の移民の流入に対応し、グローバルな資本主義に介入するためにたえず調整をおこなっており、そのことによってコストを最小限に抑えながら国益をあげることを目論んでいる。たとえば、国民国家は継続的に移民・出入国管理法に改正を加え、資本を戴く主体を釣り上げ、同時に不熟練労働力の流入を制限しようとしている。しかし、たっぷり資金力のある香港人のような移住者にとっては、国籍〔市民権〕はホスト社会における多様な規則、あるいは多様な「統治性《ガヴァメンタリティ》」をいかに操作するかという問題となる。そうした社会においては、彼らはしばしば人的資本の観点からみれば「経済的に正しい」ものの、民族性の観点からみれば「文化的に正しく」ないこともありうる。[20]

オングの分析は、おそらくコスモポリタニズムとディアスポラをめぐる近年のさまざまな立論のなかでもっとも欠落していた、国家統治とグローバル市場の関係性の場における政治・経済的要因を大きく評価することで、トランスナショナルでコスモポリタンな主体の経験のなかにあらわれる、資本の広範な流動と、国家的帰属性と個人のアイデンティティをめぐる緊張関係とをとらえなおそうとする意図に貫かれている。先の引用部分にもあるように、オングは後期のミシェル・フーコーの用語である「統治性」(governmentality)という概念を援用しながら、アジア太平洋を越境する華人系文化におけるコスモポリタニズムの形式を、人間の行動とトランスナショナルに展開する政治・経済的領域の新たな相互作用の問題として位置づけようとするのである。

フーコーがいう「統治性」とは、近代国家による非抑圧的な統制権力の諸形式の配備のことをさしている。とくにそれは官僚機構の領域における規制と監視の権力に基づくもので、さらにその権能は住民にかんする知識と住民への権力とを基盤とした規則をつくりだすさまざまな組織体へと延長される。こうした統治性の定位は、フーコーによれば、中世期の「司法国家」、一六世紀の「統制管理国家」につらなる歴史性のなかで、一九世紀の「統治国家」の成立とともに個々人および民族の運命を決定する新たな統合的な権力行使能力としてたちあらわれたものだった。そこでは、政治権力は「個人のまさに肌にまで達し、個人の身体に触れ、個人の身ぶり、態度、言葉遣い、日常生活のなかに闖入する」(フーコー)とされたのである。[21]

こうしたミクロな浸透能力をもった統制権力の配備とのあいだの緊張関係として、現代のコスモポリタニズムがみせる可変的な主体性構築の力学は読みとらねばならない。そしてこうした状況において、「国籍」や「市民権」(ここでは、本章の議論の文脈を逸脱することになるため、あえてこの両者の概念的相違をめぐる政治学についてはふれない)といった近代的帰属性の指標が、高度な可操作性をそなえたものとして再定置されつつある。そうだとすれば、新たに浮上しつつある「複数の」「矛盾した」「批判的」コスモポリタニズムのミクロ政治学こそ、この概念を現代世界のアクチュアルな文化動向にたいする戦略概念として位置づけるために必須の手続的条件であることになる。

5 「無国籍文化」の窮地

「スパイシーな世界料理」

コスモポリタニズムという概念を手がかりにして、一般に「無国籍」と呼ばれるような文化経験や実践の内実を検討してきたいま、最後にふたたび冒頭の命題に立ち返ってみたい。冒頭では「無国籍料理」、および「無国籍音楽」という日常の適用例を援用して、この用語の両義的な用法とその大衆的な意味論の方向性について示唆した。だがすでに論じてきたように、「無国籍」という用語の現代的な援用の場にみられる非限定的で脱国家原理的な称揚の気分は、現代のコスモポリタニズムの諸相が示すさまざまな可能性と困難とのはざまで、より精密な文化政治学的検討を要請していた。そのことを示す、料理と音楽にかんする事例を紹介して本章を閉じることにしたい。

「観光」という現象と経験を文化表象の政治学として考察した論文「旅の対象」のなかでセリア・ルーリーは、『チリ・ペッパー』という名の料理雑誌のなかのある記事をとりあげて論じている。一九九三年六月号の雑誌の特集テーマは「スパイシーな世界料理《ワールド・キュイジーヌ》」となっており、ユーゴスラヴィアやカンボジアといった戦乱を経験する社会の「紛争のなかの料理」が紹介されるかたわらで、カリブ海のスパイシーな地方料理のレシピや、パンダ印の辛いチリ・ソースの広告などが並んでいる。そうした紙面の一部には、「クイズ」なるものもあり、そこにはこう書かれている。

質問——「シュラスコ」とは何か？

答え――（1）チェリオ（米国の清涼飲料）とタバスコ・ソースのあいのこ（2）エクアドルに生息する土着の小動物（3）脂をとりのぞき、バターでソテーしたテンダーロイン（4）ヒューストン地区のもっとも洗練されたレストランの名[22]

こうしたクイズならぬクイズに始まるこの記事は、結局は読者である米国人にたいして、どこに行けば「南アメリカの食の冒険」が可能かを伝える文章へと展開し（したがって、クイズの解答はいうまでもなく（4）である）、シュラスコというブラジルの典型的な焼き肉料理の名で飾られたそのレストランで供される各種料理のレシピの紹介へと導かれる。料理と辛さという指標を媒介として、こうしたメディアの言説は「居住」の日常と「旅」の非日常との認識的境界を曖昧化し、旅によって表象される空間（南アメリカ・ブラジル・カリブ海……）が、居住の日常のなかで表象される別の空間（街のレストランを訪ねること、あるいは、自宅でレシピをみながらエキゾティックな料理をつくること）にたいして、まるでコインの両側のような表裏一体の関係にあることになる。ここで「住みつつ旅すること」と「旅に住むこと」は、たんに交換可能な関係にあるというだけでなく、居住を旅への憧憬が表象し、旅の感興を居住の刺激が表象するという関係のなかでしか私たちの日常が構築されないという、社会意識の流動性の窮地が、ここには示されているというべきだろう。すなわち、空間の表象と表象の空間とが相互依存の関係におかれるなかでかろうじて成立する言説の作動局面に、私たちの消費的な「食」の欲望が配置されていることを、この記事は見事に示しているのである。「無国籍料理」の宣揚といった大衆文化現象の内実に、こうした旅と日常の経験的位相が希薄化されてゆくメカニズムが顕著にみえるという事実は、現代のコスモポリタニズムがもつ、消費社会における大きな特徴である。

旅する音楽

もう一つの例は、音楽にかかわるものである。ハワイの伝統的な音楽を継承するハワイアン・バンド「タウ・モエイ・ファミリー」の事例は音楽文化におけるコスモポリタニズムとディアスポラの実相を考えるために示唆的である。タウ・モエイとその妻ローズを中心にしたこのバンドは、スライドギターが導入された二〇世紀初頭のハワイアン音楽やさらに古い一九世紀末の伝統音楽をレパートリーとする音楽家ファミリーである。そして彼らにかんする驚くべき事実とは、彼らが五六年間ハワイに帰らずに世界中を巡回し、演奏していたという事実である。クリフォードのすでに援用した論文「旅する文化」[23]において言及されているタウ・モエイ・ファミリーの事例はつぎのようなものである。

一九二七年に、フランスの大学教授がマネージャーとなっているマダム・リヴィエールルズ・ハワイアンズというグループにはいって、モエイ夫妻はツアーを始めた。日本、中国、フィリピン、インド、ビルマ、インドネシアなどを五、六年まわりながら、ハワイとサモアの歌とダンスをはじめ、土着的な儀礼音楽や踊りの公演を続けた。その間、一九二九年には東京でアメリカのレコード会社のために録音する機会があり、ここで長男が生まれている。その後、上海、インドに行き、三五年にはエジプトにまで行ってアレキサンドリアに一年滞在。三八年からは、シリア、パレスティナ、トルコ、ギリシア、ルーマニア、ブルガリア、ユーゴスラヴィア、ポーランド、ロシア、ドイツと巡回したところで第二次世界大戦が勃発し、中東に戻ってバグダードからハワイに船で帰国しようとした。ところがハワイに着くやいなや日本軍の真珠湾攻撃を目の当たりにし、ふたたびハワイを去ってインドに逃れる。戦争中はインドで活動し、その間に娘が一人誕生した。戦後一九四五年にヨーロッパに行き、六〇年代まではベルギーを基地にして西ヨーロッパ諸国をツアーし、七〇年代にはアジア、オーストラリア、アメリカ合州国各地を巡回した。夫妻が音楽ビジネスからの引退を決意し、タウが少年時代を過ごしたオアフ島北部の小村ライイエに戻ったのは、一九八三年のことだった。ハワイをでて、五六年が経過していた(24)。

タウ・モエイ・ファミリーの経験は、たしかに特異な事例であるというべきであろう。だがその特異性は、こうした「旅する音楽」自体がまったく例外的な存在である、という意味ではなく、従来の、音楽文化を特定の地域文化に根ざした属地的なものとみなす発想からみたときの事例の特異性であるにすぎない。そしていまやこの特異性が、世界性として遍在しはじめたという事実こそ、本章が「コスモポリタニズム」の変容のかたちとして考察してきた問題系の内実である。タウ・モエイ・ファミリーのような苛烈な交通のなかに投げ込まれた音楽と音楽家の経験が照らし出すのは、現代世界のなかでいま「音楽」が生産され、流通し、消費されるメカニズムの文化的交雑性とトランスナショナルな意味の生産性にほかならない。タウ・モエイらにとってもっとも「正統的」であるとされた二〇年代ハワイ音楽は、その後五十数年間のあいだ、ハワイという場所の外にあるホテルやナイトクラブで演奏されつづけ、しかもそうしたディアスポラ的な旅のなかにおいてこそモエイ・ファミリーが考える伝統的ハワイ音楽の正統性の認識は保持されていった。旅のなかで、幾度も「正統性」の意味が塗り替えられ、彼らの「ハワイアン性」のアイデンティティは再確認されていった。だが、旅はいやおうなく、土地と文化の混淆性が引き起こす必然的な結果を夫妻にもたらし、日本で生まれた息子とインドで生まれた娘がバンドに加わることで、彼らの「音楽」はそれ自体ハイブリッドな性格を強めていった……。

いくつもの音楽文化のイディオムを組み合わせ、融合させて創造される「無国籍音楽」というポピュラーな概念の対極に、こうした伝統音楽の無国籍化、ディアスポラ化の経験が存在することを忘れることはできない。しかも、タウ・モエイのケースはさらに二つの文脈において興味深い問題をはらんでいる。一つは、ウクレレやスライドギターといったハワイ音楽の「正統的楽器」自体がどうやら南米起源であるというように、ハワイ伝統音楽にあらかじめ内在する混淆性を前提にしたときハワイ音楽の文化的エッセンスをどこに求めるのか、という点。もう一つは、タウ・モエイ・ファミリーを八〇年代後半に「再発見」したのがボブ・ブロスマンというハワイ音楽のリヴァイヴァリスト（復興主義者）であり、こうした復興運動のなかで再度意味を与え直された「正統性」や「伝統」とは、現代における伝統の創造とその再流通の政治学にとって、いかなる意味をもちうるのか、という点である。

料理の場合も、音楽の場合も、「無国籍性」というラベルの貼付は、無数の留保と限定を加えないかぎり成立しえない、微細で複雑な文化政治学的な側面をかかえこんでいる。現代の矛盾したコスモポリタニズムがさし示す可能性と窮地も、同じ文化政治学の領域にある。近代以前のコスモポリタニズムが単一の「世界」への認識と知覚を自動的に要請するものであったとするなら、いま私たちが直面している社会は、「世界」の広がりやスケールについてあらかじめ統合的でマクロポリティカルな判断を前提としない、すなわち「世界」を一つの生成する過程としてみるような眼差しが交錯する現場である。ガヤトリ・チャクラヴォルティ・スピヴァクの喚起的な用語を敷衍すれば、それは「なろうとしつづける世界」（worlding world）(25) であり、そのプロセスにおいて一つ以上の「世界」がつねに実現し、複数の「世界」がたえず競合・干渉しあう場への注視こそが、私たちに求められる認識的視線の基礎となる。

その認識の領野では、おそらく最後まで、「国籍」性を本源的なものといただく（あるいは疑似本源的なものとする言説を生産しつづける）国家原理が、「無国籍」的な文化性向と、ミクロポリティカルな闘争を繰り広げることになるだろう。そしてその闘争の決着にかんする言説は、もはや社会科学的未来予測の水準にではなく、現代世界を生きる個々人の意志的な行為のなかにこそ見出されるべきであろう。

ii　バイリンガリズムの政治学

1　文化政治学としてのバイリンガル

一九九〇年一月、カリフォルニア州サンタ・クルーズの新聞『サンタ・クルーズ・センティネル』に小さな記事が掲載された。見出しには「国境警察に対し、学校と市当局が憤慨」とあり、ある公立学校の「第二言語としての英語」（ＥＳＬ）クラスを受講していた三名のメキシコ人学生が国境警察によって逮捕され、国外追放されたことへの学校側の抗議を伝える記事だった。これはある意味では、カリフォルニアのヒスパニック社会において日常茶飯事ともいえる、不法滞在メキシコ人の国外退去処分をめぐるありふれた物語の一つでしかないように見える[1]。

だがこの記事が私たちの想像力を特別に刺激する理由は、そこに言語的な状況がからんでいるという点にある。「第二言語としての英語」クラスを受講中に逮捕され、そのまま国外退去を命じられること。これはすなわち、彼らメキシコ人たちの「アメリカ」における存在が、「英語」（この場合「アメリカ」の国語としての英語）を学ぼうとする途上において拒絶された、という事実を象徴的に示しているからだ。すなわちアメリカからの追放は、事実上、英語からの追放として行なわれていることになる。

その意味で、問題の焦点は学校側の抗議理由にはない。米国ＩＮＳ（移民帰化局）のパトロール隊による、教室における暴力的な行為を糾弾する公式的な学校側の見解は、不法滞在のメキシコ人の人権を擁護する社会的正義に貫かれてはいても、メキシコ人の受けた言語的暴力の本質的な位相を明るみにだすことができないからだ。本国への強制送還は一連の措置のたんなる帰結にすぎない。むしろアメリカにおいてパブリックに「話す」ための第二の舌の獲得の機会を剥奪されることこそ、メキシコ人にとってもっとも決定的な暴力だったのである。

この記事から読みとるべきことは、民族や文化をめぐって戦われる社会的抗争の示す言語論的な側面である。ある社会において、公的に話すこと、あるいは話すことを学ぼうとすることが、支配的勢力による権威的な力の発動をよびさます。英語が、ナショナル・ラングェッジ（国語）の仮面をつけてモノリンガルな抑圧装置となり、スペイン語およびスペイン語の話者を封じ込めてゆく。英語によるスペイン語の封鎖は、たんにスペイン語使用を抑圧するという対抗的なやり方だけでなく、意思的に構築されかけたスペイン語から英語へのマルチリンガルな通路の暴力的な封鎖というかたちで、むしろもっとも効果的に遂行されることになる。異言語の弾圧そのものではなく、自由な多言語使用の阻止というかたちで発動されるこのモノリンガルなイデオロギーこそが、ここで検討される言語の政治学批判の対象でなければならない。

現代の英語がはらむ無数の変異や流動性を隠蔽し、国語として統合されたフィクショナルな意味論の一貫性を言説空間に強要するこの権力は、バフチーン的用語にならえば、「モノロジック」な言説の再生産機構として多文化社会に布置された権力装置の一つであると考えられる。すでにじゅうぶんに「ポリグロッシア」（多言語混淆）の場として成立しているアメリカ社会は、そのためにかえってナショナルな言語的規範を国語としての英語に単独に担わせようと躍起になる。英語の専横は、モノローグとしての社会的言説の広範な布置によって、ダイアロジックな言語状況をパブリックな「声」としては封殺する強い意図を隠し持っているのだ。とすれば、多くの州が公文書の英語使用を法的に強制したり、あるいは全米詩人アカデミーによる「ウォルト・ホイットマン賞」の対象が、英語のみによって書かれた韻文にきびしく限定されているといった事実は、権威的身ぶりにカモフラージュされた、支配言語の、バイリンガリズムやマルチリンガリズムへの脅威の感情を示しているともいえよう。[2]

だから、英語とスペイン語という、とりあえずそうした呼称によってそれぞれ同一化しうるとみなされている二言語の間におけるバイリンガリズムの問題をアメリカ合州国の文脈において考えようとするとき、まず前提としなければならないのは、この二言語間に横たわる言説的不均衡の関係である。それはたんに、言語の社会性という指標において、英語＝国語のドミナンスが決定的であり、マイナー言語としてスペイン語が抑圧されている、という側面における不均衡だけでなく、英語自体が、すでに表現の自立性から疎外された地点に捏造される「国語」としての権威を備えた言語として強く社会的に分節化されていることに起因する、それぞれの言語的身振りの不整合の問題でもある。

その意味で、サンタ・クルーズの公立学校の「第二言語としての英語」クラスに学んでいたメキシコ人の受難は、生活言語としてのスペイン語世界が浮上させる私的感情を、公言語としての英語＝国語の領域に公憤として置換しうる可能性（＝脅威）を未然に防ごうとする権力側の無意識がひきおこしたものなのかもしれない。それは逆にいえば、この言説的不均衡のはざまで、スペイン語から英語へとバイリンガルな闘争を展開する社会批判の領野が存在していることの、明白な根拠ともなるのである。

アメリカ合州国においてメキシコ人、およびチカーノ（メキシコ系アメリカ人）が語り、書くときに直面する、この不均衡な言説的関係こそが、社会における二言語的・多言語的状況をめぐるもっとも重要な論点を形成する。チカーノは、中立的な意味で「バイリンガル」な話者であるのではない。なぜなら、英語やスペイン語といった言語体系《ラング》の完結性や首尾一貫性を前提とした、完璧な二言語使用をさす一般的な「バイリンガル」の定義は、あらゆる二言語間に想定しうる必然的な「不均衡」の事実によって、失効せざるを得ないからだ。すなわち、二言語の完璧な同時使用という通常の「バイリンガル」の定義は、いまだ言語を外形的に「国語」として封鎖してきたモノリンガルなイデオロギー自体に強く依存したものである限りにおいて、言語や言説が直面する社会的・言説的不均衡や流動の状況を、かえって覆い隠してしまうことにつながる。ここで考えようとするバイリンガリズムの問題構成とは、一つ一つの言語について完璧な理解・操作能力を想定するものではなく、ある個人の表現行為のなかに不可避的に侵入する多言語の並存を意識的に問題化したときに獲得される、きわめて文化政治学的な言語意識のことなのである。（ここでは便宜上、「一つ」の言語、「多」言語、という言い方をしているが、そもそも言語を一つ、二つと数えること自体がもつイデオロギーがここでは批判対象となっている。）

2 「野生の舌」の再生

バイリンガリズムをめぐる表現可能性の実験は、たとえばグロリア・アンサルドゥーアのような作家にとって、彼女の文学の本質的な課題だった。チカーナによる戦闘的なバイリンガル文化論集として名高い『ボーダーランズ／ラ・フロンテーラ』（一九八七）に収められたエッセイ「野生の舌を飼い馴らすには」において詳細に検証されているように、テキサス・メキシコ国境に生まれたアンサルドゥーアの場合、周囲の言語世界のはらむ、英語とスペイン語の間をたえず揺れる無数の変異じたいが、言語的亀裂として彼女の中に傷口を開いていた。二枚にわかれてしまった舌、混成語となって浮遊する変異体としてのことば、それを「野生の舌」と呼びながら、アンサルドゥーアは彼女にたいして権威的に振る舞う制度的言語の横暴から、彼女自身のワイルドな舌を救いだそうとする。(3)

まずアンサルドゥーアは、テキサス－メキシコ国境に生を受けた自身の内部に渦巻く言語の交錯状況をだれよりも厳しく問いつめようとする。彼女が生まれ育ったメキシコ国境に近いテキサスのイダルゴ郡は、少なく見積もっても八種類の異なった言語が話されている地域だった。アンサルドゥーア自身の分類にしたがえば、それらは標準英語、労働者階級のスラング英語、標準スペイン語、メキシコの標準スペイン語、スペイン語のメキシコ北部方言、チカーノのスペイン語、テックス＝メックス（テキサス特有の英語とスペイン語の混淆語）、そしてパチューコ（制度的スペイン語にも制度的英語にも対抗するチカーノのストリート・ギャングたちの隠語）である。アンサルドゥーアにとっては、これらのうちのどの言葉も、彼女の生活環境をとりまく特定の「場」や「歴史」に対応していた。標準英語は学校とメディアに帰属する言葉だった。スラング英語は若い頃のパートタイムの職場で彼女の語彙に加わった。祖母との会話、そしてスペイン文学やメキシコ文学の読書をつうじて標準スペイン語やメキシコのスペイン語を彼女は学んでいった。国境を越えてくるメキシコ人労働者の喧噪にまぎれこんだとき、彼らの話すメキシコ北部方言が彼女の言語意識に新たな発見と刺激をもたらした。母親や父親、叔母をはじめとする年長の親族たち、そして歳の離れた弟たちとのあいだではチカーノのスペイン語が日常会話となった。しかし歳の近いもっとも親しい兄や姉とのあいだの会話は、英語とスペイン語のあいだを小刻みにスイッチしてゆくテックス＝メックスが主体だった。もっとも心を許す職場の同僚たちとのコミュニケーションもこれだった。そしてチカーノの居住区の埃の舞う路地や広場で若者たちが操る隠語であるパチューコも、アンサルドゥーアの少女期の言語風景の一部をたしかに構成していた。

だがこうした状況のなかで、彼女に加えられた言語的規律をめぐる暴力は苛烈なものだった。小学校の休み時間、友達とスペイン語で喋っていた彼女を教師は部屋の隅につれていって「アメリカ人になりたいなら英語で話しなさい。さもなければ国境の向こうに戻りなさい」と厳しく叱りつけた。国境の町マッカーレンの大学に入っても、彼女たちチカーノの学生は「アクセントを抜く」ためという理由で週に二回英会話の授業に出席することを義務づけられた。だが攻撃はアングロ英語の側からだけではなかった。成人し、詩人としてさまざまな人々と交わるなかで、彼女はしばしばスペイン語を母語とするスペイン人やラテンアメリカの人々から、どうして英語を使うのか、としばしば問いただされる。彼らは言う。どうして圧制者の言葉を使うのか、おまえはスペイン語を荒廃させたいのか、と。しかも英語からチカーノのスペイン語に切り替えたからといって、そうした非難が消えるわけではなかった。こんどはそれは、スペイン語純正主義者にとっては、乱れ、崩壊しかけたスペイン語としてしか理解されなかった。彼女の舌は凍りついた。くりかえされる言葉への攻撃によって野生の舌は彼女の自己意識の輪郭を曖昧なものにし、自己というテリトリーを縮小させていった。

だがまさにその地点から、アンサルドゥーアは彼女の萎縮しかけた舌を救い出そうとする。怒濤のように彼女を巻き込む言語的変異のただなかで、アンサルドゥーアは「ことば」というものを固定化された一つの意味表示システムとして理念化する発想から自由になってゆく。彼女は理解する。国境に立つチカーノは八つの異なった言語を話しているのではない。どの一人のチカーノも、彼ら／彼女ら自身の「生きるさま」を映し出す繊細な表現能力を宿した自身の「ことば」を持っているにすぎない。だから標準英語とか標準スペイン語とかいった言語的プロトタイプからの変異の程度や距離によってそれをはかるのではなく、一人一人が自分自身のパトワ、あるいはクレオール語を完成させていると考えるべきだ。ボーダーの言語、それはもはやどの固有言語の閉鎖的システムのなかにも帰属することのない、文化自体の生成の力によってつくられつつある新しい「ことば」なのだ。ここではじめて、彼女の自己意識と言語意識はみごとに重なり合う。引き裂かれた自己と引き裂かれた言語。その陥穽のなかからみずみずしい野生の舌を救い出すことに成功したアンサルドゥーアは、こう力強く宣言する。「わたしをほんとうに傷つけたかったら、わたしの言葉を非難しなさい。なぜなら、わたしは言葉なのですから」。

「コアトリクエの遺産」と題する文章で、アンサルドゥーアは、この透徹した言語の政治学的な戦略を前面に出しながら、「言葉」としての自己の形成のされ方を、スペイン語と英語の交錯による次のような文章のなかで語っている。

一日中わたしは自分を閉ざし、門をかけてすごした。グロリアったら、聖女のような顔をして部屋に閉じこもって反抗しているけど、なんのつもりかしら？　死んだ蚊みたいにしおらしくなって。どうしてそんなに沈み込んでいるの？　なぜって、毎日がまるで風に吹き飛ばされる落ち葉のように、あっちこっちとわたしをもてあそぶんだから。わたしをひっかき、打ちのめし、骨抜きにし……。でもそれは結局、人生のすべてを軽蔑しようとしているわたしのせい。ああ、ママ、なんて深い奥底にまでわたしは落ちてしまったの。

（原文スペイン語）

月の影の側にいるあいだに、鏡の中のなにかが私の目を惹いた。私は目と鼻だけになっていた。頭蓋のなかの何ものかがうごめいた。自分の顔を見れば「わかる」のだ。グロリアという日常の顔、浅黒いインディオ娘の顔、母と妹と兄弟だけが知っている秘密の顔。そしてナウア族の漆黒の黒曜石の鏡のなかには、またべつの顔、見知らぬ他人の顔があった。いろんな角度から、私は同時にそれらの顔を眺めてみた。するとわたしの顔は、現実がそうであるように、無数の個性を反映させるのだった(4)。

（原文英語。ただし最後の一文はスペイン語）

言葉の変異と、自己の変異の対応から、かえって言語と自己意識への強固な信頼が生み出されてくる驚嘆すべきエクリチュール。こうした、二言語による記述の連鎖として編まれたアンサルドゥーアの著作を、表面的な言語構成から見て「バイリンガル」な作品であると認定することは、ほとんど意味を持たない。ここに引いた第一の文章と第二の文章とのあいだに、個別言語のニュートラルな完結性を前提とする旧来の意味での「バイリンガル」な置換関係を見いだすことはほとんど不可能だからだ。言語意識のうえでクレオール化しかけた英語とスペイン語との驚くべき連続性、近接性とともに、ここにはまたその二言語のはざまにひろがる果てしない意識の深淵も同時に示されている。

　バイリンガリズムとは、まさにこうした結合と分離をくりかえす言語の政治学的な紛争のプロセスとして提示されるような何かにちがいない。そして、バイリンガリズムの戦われるもっとも激烈な文化政治の位相に根拠をおいて言語の境界を渡り歩くことが、結果として自己意識とコミュニケーションの未知の回路を開いてゆくことへのある種の確信が、ここには力強く示されているともいえる。すなわちバイリンガリズムとは、究極的には、言語という固定化され対象化された理念の外部へ離脱してゆく認識論的な冒険なのだ。その意味において、バイリンガルとマルチリンガルのあいだには、本質的なちがいはなにもない。「国語」という理念の編制に自覚的な者は、すでにその時点においてバイリンガル／マルチリンガルな言語認識の地平に入りかけている。マルチリンガルとは、多くの言語をスイッチしながら巧みに操る能力のことではなく、表面的には一つの言語のように見えるテクストのなかに、いくつもの「ことば」の繋がりや紛争を読み解いてゆく、言語政治学の技術のことでもあるからである。

　しかもその言語政治学は、「翻訳」という伝統的な問題系をあらたな理論的地平へといざなう力をも持っている。バイリンガリズムの認識に立ったとき、固有言語間の語彙と意味論の対応を前提としてつくられてきた従来の「翻訳」というイデオロギーがいかなる変容をきたすのか、それをふたたびカリフォルニアの国境地帯の文脈において考えてみることにしよう。

3 意味論的旅と越境

ロサンジェルスからインターステイト五号線を車で一気に南下すること一時間、サンディエゴからほぼ六〇マイル手前のフリーウェイ上に、それまで見たこともない奇妙な道路標識が突然現われる。そのやや横長の大きな標識には、注意や警告のメッセージであることを示す黄色の地に、くっきりと三人の黒い人影が描かれている。一見してそれは、父親を先頭に急いで道路を横断しようとする一組の家族らしく、母親の手に引きずられるようにして走る少女のお下げ髪がなびいている様子から、どこか尋常でない緊迫感が漂ってくる。

なにやらただならぬ気配にみちたこの黒いシルエットの人物たちの上に大きく、英語でCaution（注意）とあることから判断して、これはアメリカ合州国のフリーウェイ上でよく見かける家畜や野生動物の標識とおなじく、道路を横断するものに気をつけよという警告であることはただちに理解できる。だがその横断するものが人間であると特定され、しかも子供を連れた家族でありうる、という標識が示す現実に気づいたとき、私たちは一気に認識の不条理へと突き落とされるような感覚を味わう。道路標識という制度的・即物的リアリティと、その背後に想定されている社会的現実の意味との乖離に直面して混乱するからだ。

いうまでもなくこの標識は、サンディエゴ－ティファナのあいだに引かれた国境線を不法に侵犯して密入国するメキシコ人が、深夜このあたりのフリーウェイを国境警備官の目を逃れるようにして横断するという現実に対応して設置されたものである。ある記録によれば、最近の六年間で一四〇人を超えるメキシコ人が、横断途上に、猛スピードで夜の闇を走ってくる車に轢かれて即死した。荒涼とした砂漠地帯で街の灯もなく、優に七〇マイル（一一〇キロ余）を超す速度で走行する車にとって、人影が見えた時点でブレーキをかけてももう手遅れだ。証明書類を持たずにアメリカ合州国の領土へ入ったメキシコ人たちの決死の逃避行と、その悲惨な最期。こうした事故の頻発の事実は、私たちを驚かせるに充分な社会的リアリティを具えているが、標識はその原因や背景についてはもちろん何も語らない。ただそれは、密入国者の道路横断という現実に対応してドライヴァーの注意と制限速度厳守を告知するという点において、道路交通の論理と倫理にかなった標識であるように見える。

だが私たちを不条理な混乱へと突き落とす真の要因は、この標識の下に掲げられている、もう一つの言葉にある。そこにはスペイン語で Prohibido（禁止）とあるのだ。これを、二か国語による同一表示であると早合点してはいけない。なぜならば、上の文字「注意」とは、横断者をはねないようにという運転者への呼びかけであるのにたいし、下の文字「禁止」とは運転者にたいしてのものではなく、あきらかに横断者にたいしてその横断行為を禁じる警告となっているからだ。運転者と横断者との双方にたいして、同時に別々のメッセージを異なった言語によって伝えようとする交通標識とは、それじたい、きわめて例外的で奇妙に矛盾したものであるといわざるをえない。

さらに重要なのは、そのメッセージが向けられる複数の対象が、それぞれ特定の民族的・文化的実体をそなえた集団として想定されているという点である。英語で「注意」と呼びかけられる運転者とは、この場合、英語を解し、自動車を所有し、なかば恒常的にフリーウェイをロサンジェルスからサンディエゴまで利用する、基本的にアングロ系のアメリカ人である。一方、スペイン語で「禁止」と警告されているのは、いうまでもなく英語を解さない密入国のメキシコ人や中米人であって、彼らのフリーウェイの横断とはつまりアメリカという国家権力の網目をくぐり抜ける違法行為であるとここ

インターステイト5号線に現われる道路標識。上には英語で「注意」,下にはスペイン語で「禁止」と書かれている。メキシコ国境の不法入国という現実を背景にした，屈折したバイリンガル主義の徴として読みとることができる。(Arteaga-Contreras)

で明示されていることになる。一つの標識が、二つの異なった言語によって修飾されることで、それは加害者と被害者、順法者と違反者、追跡者と逃亡者、権力者と弱者をみごとに弁別し、それら二者のあいだに横たわる暴力的な社会関係の所在を鋭く照らしだすことになる。

政治的ボーダーが、規律と経済と感情によって充満する社会空間を二つに切り裂き、そこに意味論と価値観をめぐる不均衡な亀裂を現出させるときの不条理な光景を、この道路標識は代表している。高速運転、惰性、速度違反、不注意といった加害者側の特性と、不法入国、逃避、無理な横断、轢死《れきし》という被害者側の物語の対照は、この両者が論理的な対応関係にあればあるほど、かえってアメリカ人とメキシコ人の社会条件の非連続と差異をきわだたせる。文化的抑圧や疎外の一方的な構図を、これほどまでにみごとに一つの記号として凝縮しているものも、ほかにないというべきかも知れない。

だが、この標識の意味論をそのように理解し、その現実的な社会背景を可能なかぎり精確に想像するやいなや、もう一つの突飛な連想がそこから離陸してゆくことを私たちは押さえることができない。英語とスペイン語のあまりにみごとな転換のレトリックに、私たちは違和感を感じはじめるのだ。根本的な疑問が次々と点滅しはじめる。そもそも、「これはいったい誰のための標識なのか?」「誰に語りかけているのか?」「語る主体はどこにいるのか?」疑問を突き詰めるうちに、その言語的亀裂の不条理のなかから、機知をともなった文化批判がうまれてくる。砂漠を突き抜けて走る高速道路脇にポツンと建つ無人称の標識は、その意味論をまったく逆転させて考える解釈可能性をじつは隠し持っているのではないか。すなわち、「注意」というメッセージを、メキシコ人にたいする「注意して横断しなさい」という助言として読み、「禁止」という文字を、アメリカ人運転者にたいする「横断者を轢き殺すことの禁止」と読むことは、まったく不可能なのだろうか。英語とスペイン語の表記を入れ替えるだけで、標識のメッセージはまさに正反対の二者関係を逆説的に示すことができるかもしれないのだ。

政治的テリトリーの越境者の存在と、それに制度的に対処しようとする権力者とのあいだの紛争が生みだしたともいえるこうした標識は、文化の境界線上に生起しつつあるあらゆる対抗関係をさししめすとともに、そうした二項対立的な諸関係のまさに隙間を突き崩すことによって、新たな表現にむけての突破口をひらくための言語的な方法のありかを示唆している。すなわち、この奇妙な矛盾をはらんだ標識＝記号は、まさに言語と文化のはざまを通行し、横断すること、すなわちより象徴的にいえば現代世界をおおいはじめた言語的「旅」と「越境」という、激烈な文化移動のモードをめぐる錯綜したあらゆる関係をあらわす、特権的なしるしであると考えることができるのである。

4 「ボーダーの呪術師」の言語戦略

一つの記号を、二つの異なった言語体系の同時使用によって巧みに操作することで、その意味作用の転換と亀裂のなかに巧妙に仕組まれた文化的支配のイデオロギーを強化すること。フリーウェイ上の標識が示す、この偽装的な「バイリンガルの暴力」とも呼ぶべき方法は、たしかに権力者によって使用された場合には、そこにみごとに抑圧的で差別的な言語システムを出現させる。しかしその同じ方法は、ときに被抑圧者によって盗用＝転用されることによって、逆にそうした暴力的な言語システムの存在を批判的に照らしだし、意味作用を宙づりにし、言語伝達の一元的な指向性を錯綜した言語の政治学が闘われる現場へと連れだす力を隠し持っている。

文化のボーダーラインを不断に越境する経験に立って、自らの言語表現の方法論を確立した作家たちにとって、彼ら／彼女らの主体意識が鍛えられる「旅」の地平が、すぐれて言語的な旅として認識されていたことは重要だ。自らの表現が生みだされる根拠を、郷土、国家、母語、民族性といった固定的な指標のなかに直接的に見いだすことの不可能な地平においては、文学的テクストはそれ自体ハイブリッドな混成体として現われ出ざるをえない。そこでは、とりわけその言語使用の側面において、複数言語のはざまを渡り歩くようなアクロバティックな実践が不可避となる。テクストが単一言語のなかに安住することを、表現そのものの越境的な本性が許さないからだ。すでにグロリア・アンサルドゥーアのテクストに依りながら検討したように、テクストの戦略としてのバイリンガリズムの問題が浮上するのも、こうした文脈においてであった。

メキシコ出身の詩人、劇作家、パフォーマンス・アーティストとして、カリフォルニアの多民族的な環境を拠点にして活動をつづけるギリェルモ・ゴメス゠ペーニャは、バイリンガリズムの問題に対峙することで言語表現の可能性を極限までテストすることに今日もっとも自覚的な表現者の一人である。バイリンガリズムの問題系を生みだす社会的根拠としてのアメリカ‐メキシコ間に引かれた現実の政治的ボーダーの存在は、ゴメス゠ペーニャにとって、すでに錯綜した文化的比喩と象徴の場として捉えられている。この、ボーダーの象徴性を踏まえた彼自身のハイブリッドな自己規定は、たとえば著書『新世界のボーダー』（一九九六）の冒頭に収められた次のような文章にはっきりと語られている。

私はチカーノ化の過程にあるノマディックなメキシコ人作家／アーティストである。これは私が少しずつ北へと向かっていることを意味している。私の旅はたんに南から北への移動というだけでなく、スペイン語からスパングリッシュを経て英語に至る移行でもあり、また儀礼的アートからハイテクノロジーへの旅でもあり、文学からパフォーマンス・アートへの旅でもあり、固定的なアイデンティティから複合的なアイデンティティの可能性に向けての旅でもある。だが私が

「そこ」にたどり着くや否や、そこがどこであろうと、永遠になにかが私をもといた場所に押し戻そうとする。私はそのたびに、とり憑かれたようになって私の果てなき旅を繰り返すしかない。ある意味で、私はボーダーのシジフォスである。(5)

ゴメス゠ペーニャにとっては、彼の身体そのものが圧政の帝国であり、かつ自由の荒野でもあった。だからその帝国／荒野の上に引かれた無数のボーダーは、彼の身体にとっての傷跡でもあり、同時に革命への秘密の通路でもあった。ボーダーはシジフォスの徒労が永遠に繰り返される現場であるとともに、知ある「コヨーテ」――メキシコ人が国境の密入国者の渡し屋を指して呼ぶ隠語――によって創造的に侵犯される認識の境界線でもありえた。

ボーダーを一義的に規定することはできない。それは複雑な文化的諸関係の配置を私たちがそのつど再確認するための、伸縮自在のメタファーだからである。たとえばアメリカ゠メキシコ国境を例にとってみよう。一般のメキシコ人にとって、ボーダーはアメリカ合州国という権力の帝国から自分自身を守る必要不可欠の砦である。これまでのメキシコの歴史のなかで、この境界線を越えてアメリカへと流れていったものは、例外なく帝国の深い汚泥にまみれ、「裏切り者」となった。ところが、アメリカへ渡ったチカーノにとってのボーダーはより両義的で複雑な含意を示す。それはチカーノたちにとって、メキシコとつながる唯一の臍の緒である。振り切って来たにもかかわらず、回帰すべき場所であり、再生のための母胎である。ところがアングロ系のアメリカ人にとって、メキシコ国境とはまずなによりも国家的安全保障の文脈で意味を持つ地帯である。しかもそこから南は「第三世界」の混沌が始まるまさに境界でもある。北アメリカのメディアは、国境を犯罪と不法行為と侵犯が蔓延する一種の「紛争地帯」としてセンセーショナルにとりあげつつ、一方で国境のエキゾティックな空気をツーリスティックに脚色しながら喧伝する。
　ゴメス＝ペーニャのテクストにおける過激ともいえるバイリンガリズムが成立する文脈は、まさにこうした伸縮自在のボーダーの上にある。例えば『ボーダーの呪術師』（一九八九）という一五人に分裂した声と人格によって語られる一人芝居のためのテクストは、著者がプログラムノートで言うように、外面的にはスペイン語、スパングリッシュ（チカーノ言葉＝カロー）、英語、およびインディオの言葉（ナワトル語）という四通りの固有言語の交錯として実現されている。そしてとりわけ注目しなければならないのは、著者自身の言語的旅が遂行されるスペイン語－カロー－英語のあいだの往復運動である。

crísis
craises
the biting crises
the barking crises
［*He barks.*］
la crísis es un perro
que nos ladra desde el norte
la crísis es un Chrysler le Baron con 4 puertas
［*He barks again.*］
soy hijo de la crísis fronteriza
soy hijo de la bruja hermafrodita

producto de una cultural cesarean
punkraca heavy-mierda all the way
el chuco funkahuátl desertor de dos paises
rayo tardío de la corriente democratik
vengo del sur
el único de diéz que se pintó[6]……

危機《クリシス》
難局《クライシス》
噛みつくような危機
吼えつくような難局
〔吼える〕
危機とは北の方からわれわれに
吼えたてる一匹の犬
難局とは4ドアの
クライスラー・レバロン
〔ふたたび吼える〕
私は二つの国の紛争の息子
私はふたなりの魔女の息子
帝王切開で生まれた文化的専制君主の息子

パンク・ロック野郎でどこまでも糞へビメタ
国から脱走した腐ったアステカ・ファンク
民主主義の電流からもれる遅れた稲妻
私は南から来た者
逃げてきた一〇人のうち残ったただ一人(7)……

そもそも一人のメキシコ出身の舞台芸術家にとって、演技する自己と観衆との言語的関係は、場所や環境に応じてつねに流動的に変化する。彼にとって、特定の言語の選択は、それ自体のなかに複雑な反響をつくりだす。彼が英語で話すことは、なによりもまず彼の他者性の明示である。その発音が避けがたく示すアクセントやイントネーションの特異性が、そのままゴメス＝ペーニャの他者性の持つ特徴として示される。英語使用は、彼自身のアングロ文化への同化と、追従と、媚びを表象すると同時に、観客のなかに差異と拒絶と侮蔑の感情を生みだしてゆく。だがスペイン語に逃げ込んでも、それは決して彼の「母語」としての安定と包容力を保証してはくれない。舞台上で採用されたスペイン語は、いわば一種の翻訳の言葉として、彼のアメリカ的現実における無数のチカーノ的葛藤を、メキシコ人のモノリンガルな観客にたいして解説するだけに終わってしまう。メキシコ人観衆にたいするスペイン語の採用は、その明解性のゆえに、逆にゴメス＝ペーニャを機械的な翻訳者・紹介者の立場に格下げしてしまう危険性をはらんでいるのだ。第三の選択として、スペイン語と英語の混合言語としてヴァナキュラーなかたちで成立したカローー(チカーノ言葉)で話すことは、彼をめぐる錯綜したリアリティそのものの内在的な表現として、ある意味でもっとも誠実な言語的位相にある。たしかにチカーノの経験をカローによって語ることで、メキシコ系アメリカ人の現実ははじめてその内実を与えられるが、その言葉自体は、二言語・二文化を等しく手もとに引き寄せることができるとみなされる一部のチカーノの観衆にとってのみ完全に了解可能な表現でしかない。それ以外の人々にとって、カローは曖昧で攻撃的で不可解な隠語として、きわめて居心地の悪い感情を呼び覚まさずにはおかないのである。

　このあたりのことをふまえながら、ゴメス＝ペーニャは「ボーダーの呪術師」の声の一人に、デカルトをもじってこんな台詞を語らせている。

I speak Spanish therefore you hate me
I speak in English therefore they hate me
I speak Spanglish therefore she speaks Ingleñol
I speak in tongues therefore you desire me
I speak to you therefore you kill me
I speak therefore you change
I speak in English therefore you listen
I speak in English therefore I hate you
pero cuando hablo en español te adoro
but when I speak Spanish I adore you
ahora, why carajos do I speak Spanish?
political praxis craneal
I mean……

I mean[8]……

俺がスペイン語を話すからあんたは俺が嫌いだ
俺が英語で話すから連中も俺が嫌いだ
俺がスパングリッシュで話すから彼女はイングルニョールで話す
俺がインディオ言葉で喋るからあんたは俺に欲情する
俺があんたに向かって話すからあんたは俺を殺す
俺は話す、ゆえにあんたは変わる
俺が英語で話すからあんたは聴く
俺が英語で話すから俺はあんたを憎む
でも俺がスペイン語で話すとき
俺はあんたを愛している
だが俺がスペイン語で話すときは
あんたを崇拝しているとき
ちくしょう、いったいぜんたいなんだって
俺はスペイン語なんぞを話すのか
頭蓋骨の政治的実践
つまり俺がいいたいのは……
つまり……

ゴメス＝ペーニャが表現する場とは、まさにこうした三言語が、三種類の異なった観衆とのあいだに錯綜した意味作用を生じさせる意味論的紛争の現場にほかならない。しかも彼はそうした困難な条件を、逆に彼自身が特権的に持つ文学的・演劇的な戦略として活用する。ゴメス＝ペーニャは、ある対談のなかで彼の立場をこう巧みに説明している。

ボーダーの表現者は三通りの文脈を操作する術を心得ている。ボーダーに生きるアーティストはメキシコ、チカーノ、アングロの三つのコンテクストにおいて書き、演じ、介入する。例えばメキシコに行って上演する場合、そこで私は、メキシコ人にたいして言語的な他者としてふるまう余地を残しておく。なぜならメキシコ人にたいしてチカーノの経験を効力のあるものとして理解させるために、それは絶対に必要な手続きだからだ。したがって、メキシコ公演では、セリフの七五パーセントがスペイン語で、二五パーセントが英語で演じられる。二五パーセントの言語的他者性——おそらく観衆の半数はそれが理解でき、残りの半数はまったく理解できないであろう——が絶対に必要なのだ。逆にアングロ的な環境で上演する場合、私はこの過程を逆転させる。二五パーセントのスペイン語の混入は、アングロ主体の観衆を居心地悪くさせ、脅威を与えるのに充分であり、彼らをして、ここで表現されている経験のすべてを受容することはできないという事実を悟らせることになる。さらにチカーノの観衆が多数を占める場で上演する場合、状況はいっそう複雑なものとなる。多くのチカーノは正確なスペイン語を話せないし、移民第一世代のメキシコ人の英語はきわめて怪しげなものの域を出ない。したがって彼らは作品全体を織り上げている、二言語の交錯からできあがったテクストのカロー的な構造に鋭く反応するにちがいないが、こうした言語受容の状況はときに彼らに大きな疎外感をもたらすかも知れない。そして最後に、インディオの意味不明の呪文のようなことばが、すべての種類の観衆にたいして完全な他者、究極の周縁としてふるまうことになる。(9)

ここに述べられていることを、たんにゴメス゠ペーニャという一人の表現者の、観衆を相手にした演劇人としての特異な方法論としてのみ理解することはできない。文学的テクストの生産と受容をめぐる旧来の画一的な関係に本質的な疑問を提起することのなかった、すべての作家とすべての読者にたいしての、これは一つの宣戦布告でもあるからだ。一つのテクストに言語的な完結性・固定性を与えず、文脈に応じてたえず可変的に機能しうる言語装置としてこれを「放置」しておくという驚くべき戦略は、文学が基盤としてきた言語的存在論を根底的に揺るがし、一言語の内部にモノリンガルに安住するすべての表現を震撼させる。そして、ことばの意味作用や伝達能力によってではなく、逆に通じない言葉、意味不明の言語的実践に依拠した表現可能性の探求が、まったく新しいテクストのありかを示唆しはじめる。バイリンガリズムを究極にまで推し進めたこの言語戦略は、文学的表現が依拠してきたもっとも因習的な枠組みにまっこうから対峙するために、いまどうしても必要な方法論であるにちがいないのである。

5 「翻訳」という思想

本稿が考察の対象としてきたのも、まさに表現者が、自らの生存の条件として選びとった(あるいは不可避的に選択を迫られた)「旅」と「越境」の経験に立って、単一の言語共同体から果敢に離脱してゆくときに得られる、この新たな言語表現のヴィジョンについてである。そのヴィジョンは、原テクストが外見的にも明らかにバイリンガルな様相を呈しているゴメス゠ペーニャやアンサルドゥーアのような例にかぎらず、表面的には英語、あるいはスペイン語という固有言語の単一な語彙と文法のなかに収束しているかに見えるチカーノ文学のその他のテクストにおいても、じつは激烈なかたちでテストされている。そしてこれは一チカーノ文学のコンテクストにおいてのみ提示される問題ではもちろんない。国家、民族、性、階級、言語といった、さまざまな意味で、現代世界を細分化し分節化する制度のボーダーを果敢に越境しながら表現を立ちあげようとするすべてのテクストにおいて、じつはこのバイリンガリズムの政治学は試されている。サルマン・ラシュディ、カズオ・イシグロ、マイケル・オンダーチェ、エドゥアール・グリッサン、パトリック・シャモワゾー、ファン・ゴイティソーロ、ジャメイカ・キンケイド、デレク・ウォルコット……。あるいはC・L・R・ジェイムズ、エドワード・サイード、トリン・T・ミンハ、ポール・ギルロイ……。わずかな名前を挙げるにとどめるが、こうした「英語」、「スペイン語」、または「フランス語」において書く現代の作家・批評家の言説のなかに、ここでいうバイリンガルな探求のこだまが深く響いていることは明らかである。言葉はそこで採用された固有言語が歴史的に蓄積してきた用法や意味作用の伝統を振り捨て、言語が鍛えられるその文化混淆の経験の内実において、みごとにハイブリッドな実践として再生させられる。いいかえれば、ここで言葉は、その表面的な意味の伝達能力への依存から解放されて、書き手の主体性から直接立ち上がる表現の志向性そのものに向けて、羽ばたこうとしているのである。

すでにヴァルター・ベンヤミンは、一九二一年に執筆されたエッセイ「翻訳者の使命」の冒頭で、「文学の本質をなすものは、伝達ではないし、言表内容でもない」と明快に書きつけていた。こうしたベンヤミンの発想は、文学的テクストを創造する現場ではなく、ある言語によって書かれたテクストを他言語に変換するという二次的な作業の場において、かえって強く意識されることになった。原テクストを理解しない読者に向けて行なわれると考えられてきた「翻訳」という実践が、テクストの意味内容を逐語的に変換・伝達する目的でなされるのであれば、それは単に非本質的なものを媒介するだけに終わってしまう。翻訳とは、変換のプロセスではなく一つの文学的形式のことであり、だからこそ原テクストのなかにすでに、その翻訳可能性というかたちで、翻訳の原理は本質的に内包されている。ベンヤミンはこのことを「原作に内在するある特定の意味が、その翻訳可能性として顕わになる」と説明する。

だからこそ、翻訳とは二つの独立した固有言語の境界を予定調和的に橋渡しする作業などではない。翻訳とは、まさに原テクストが孕んでいる志向性の強度として、それが翻訳を許容し、また要求しているかという本質的な部分にかかわる「読み」の実践のことだからである。そしてその「読み」の成果は、翻訳されるべき原テクストの意味作用を精緻に移し替える翻訳文の完成度として示されるというよりは、むしろ原テクストの志向性によって自国語の完結性に風穴を開け、自国語をどこまで鍛え直すことに成功したかによって測られるような何かなのだ。ベンヤミンは、「翻訳者の原則的な誤謬は、自国語を外国語によって激しく揺さぶるかわりに、自国語の偶然的状態をあくまで保持しようとするところにある」と書きつつ、創作と翻訳との本質的な関係を次のような比喩的な表現で言い当てようとする。

翻訳者の使命は、翻訳の言語への志向、翻訳の言語のなかに原作の谺《こだま》を呼び覚すあの志向を見出すことにある。……しかし翻訳は、創作とは違っていわば言語そのものの奥深い森のなかにあるのではない。翻訳はこの森の外部にあって、この森に対峙し、そしてこの森に足を踏みいれることなしに、そのつど翻訳の言語自身のなかの谺が他言語で書かれた作品の反響を響かせうる唯一無二の場所に立って、原作を呼びこむのだ。(10)

ベンヤミンの比喩に倣えば、原テクストの森に響きわたるもっとも本質的な言語運動を、翻訳というもう一つの奥深い森が谺のようにして呼び込む。そこでは二つの言語の森が相対峙し、その言語運動の強度において拮抗している。こうした複数言語の対峙と鍛練の現場をベンヤミンは「翻訳」と呼んだのである。翻訳論として書かれたこの文章は、おそらく私たちがボーダーの文化的配置を注視しながら現代の文学的実践を読み解こうとするときにも、新たなインスピレーションを与えてくれるかも知れない。なぜならボーダーこそ、ある意味で、国家の集積によって成立する世界像の外部にあって、世界そのものを呼び込む場となっているからだ。世界という一つの巨大な森が、その世界構想の原理を一つの翻訳可能性として示すとき、まさにボーダーという名の、国家原理のはざまに浮かぶ野生の森が、世界性の秘密を多様に響きあう谺として呼び込むのだ。

ボーダーの経験が、境界を渡る「旅」の経験が、このようにして「世界」そのものを一つの「翻訳可能性」として微細に映しだしてゆく言語的プロセスの探求こそ、私たちがテクストに対峙するときのもっとも重要な課題である。そうしたテクストにおいて、言語はすでに幾重にもチャージされ、無数の文化的力学によって充填された機関として駆動している。だからこそそれは、単一言語内の完結性のなかで意味作用の透明性をナイーヴに装うことは決してできない。たとえば、二〇世紀のカリブ海という、それじたい、近代の国家形成力の運動に対峙して旅とディアスポラ（離散）の特権的なトポスとなった場に生を受け、自らも移動を生きることになった詩人デレク・ウォルコットの英語による詩が、いかにハイブリッドな言語的交通と通文化的トロープのたえざる援用によって成り立っているかは、ホメロスをカリブ・クレオール的文脈に移しかえた詩集『オメーロス』（一九八四）などにおいて歴然としている。[11] 過剰に充填された意味作用の種子が、さまざまな地点に散布され、伝統的な言語空間からはじけ飛ぶようにして豊穣かつ混沌とした言葉の森を形成しているのを、私たちはそこに目撃することになるだろう。あるいはまたファン・ゴイティソーロの小説『戦いの後の光景』（一九八二）において、皮膚にからみつくようなカスティーリャ語（＝スペイン語）によって描写されたパリらしき街のアラビア語化された光景が、猥雑で攻撃的でポルノグラフィックでもある寓話として、いかに豊穣な「世界」そのもののヴァージョンを語りだすかを見てもよい[12]。激烈な文化混淆が水面下で展開するヨーロッパの十字路で、いまどのような言語的闘争が、一人の流亡カタルーニャ人の自己意識を舞台に繰り広げられているかを、ゴイティソーロはまさに言葉のアクロバティックな身振りそのもののなかに活写しようとしているのである。

すでに引用したエッセイのなかで、ベンヤミンはこう言っていた。「異質な言語の内部に呪縛されているあの純粋言語を自らの言語のなかで救済すること、作品のなかに囚われているものを改作のなかで解放することが、翻訳者の使命にほかならない[13]」と。このベンヤミンの言葉を、現代の世界文学の可能性に接続してみたとき、ここで問われていた「翻訳」という思想の運動こそ、まさにいまボーダーに立つ書き手たちのテクスト内部の実践としておこなわれているものであることに気づく。ずれ合い、不協和音を奏で、ときに敵対する異語の交錯の森のなかで、言語の始原的形成力だけをたのみとして、自己と現実の関係を微細に測量しながら記述してゆくこと……。それはいわば、一つのテクストの内部で試される翻訳の可能性そのものであるともいえる。ただベンヤミンの時代との一つの決定的な違いがあるとすれば、それはもはやいかなる作家も、「異質な言語」というかたちで他言語を外部化し、「自らの言語」というかたちで一つの固有言語に安定的な自己同一化を図ることが、現代においてはまったく不可能であるという事態である。すでに文学的テクストは、内部と外部を複雑に折り畳まれた言語の無数の襞の集積としてしか存在しえない。バイリンガリズムの戦略を採用し、異語の論理を盗用し、自国語の意味作用に亀裂を呼び込み、言語の混沌とした交通空間のはざまにボーダーと旅の経験に支えられた羽ある言葉の種子を小さな爆弾のようにして仕掛けてゆくことだけが、私たちの時代の作家になしうる最後かつ最新の実践にほかならないのである。

そして読み手としての私たちもまた、この言語が帯びる多文化的な負荷という一点において、同時代のテクストが同一の水準において書かれはじめたことに「読み」の照準を合わせてゆくことを強く要請されている。それこそが、バイリンガリズムという概念に、そして「翻訳」という方法論に、新たな創作と読みの可能性を与えてゆく、ほとんど唯一の出発点になるにちがいないからである。

iii　ディアスポラの楽園

1　スナップショット

「郊外」を語ることは、ポストモダニティの文化のなかにおかれた「観光」を語ることに似ている。いうまでもなく、すでに観光と呼ばれる行為じたいが過度の大衆化と商品化によってその近代ブルジョワ社会における巡遊《グランド・ツアー》としての旅の内実を失って記号と表象の波間を漂いはじめたのとおなじように、郊外も、もはや田園趣味と牧歌趣味に裏打ちされた擬似自然主義的な空間であることをとうのむかしにやめて、高度な消費文化とメディア化社会のダイナミックな運動が生成する、すぐれて象徴的な場になろうとしている。

たとえば、人類学者エルヴェ・ヴァランヌが「アメリカで人類学する」[1]（一九八六）という影響力ある論文で論じた「郊外」は、アメリカ的価値と問題点とが集約的に投影され出現する文化空間のシンボルであるととらえられたが、そこでイメージされた「郊外」は、きわめてツーリスティックな意匠に彩どられてもいた。たしかに湖や自然林、丘陵や砂浜の海岸といった郊外的自然景観は、それじたい都市住民にとってアプローチしやすい観光的魅力を擁している。さらに郊外に立地する歴史博物館、美術館、民俗資料館、工芸館、さらにさまざまな運動施設や競技場といったものは、場所の移動感覚、見世物の提供、さらに自己確認のための平易な「物語」への参加、といった契機を促すことを通じて、現代人の持つツーリズムが志向する遊戯と移行の感覚をきわめて日常的に受け止める受け皿としてはたらいたのであった。

ワイオミング大学でアメリカ研究を講じる気鋭の民俗学者ジョン・ドーストの『書かれた郊外』[2]（一九八九）といった著作がもっとも典型的に示すように、近年のエスノグラフィックなアメリカ郊外研究はポストモダニスト的な一種の観光論として精力的に展開されてきたともいえる。そうした研究は、ある特定の場所が「郊外」であり同時に「観光地」でもあるという特性に注目することからスタートする。そうした土地には、後期資本主義社会の無数の商品形態が前景として広範に配置されている。現実のさまざまなシミュラークル、見世物、記号の交換経済。郊外はそうした断片化し、非中心化したポストモダニティにおけるわれわれの社会生活の象徴であり、一貫性のある同定可能な内容物をそなえた文化的空間でははけっしてないからである。

そこは、居住と移動の行為が交錯する不可思議な定住とトランジットの交点でもある。郊外は、一方で都市住民の週末観光の目的地でもあり、同時に都市通勤者にとっての、可動性を前提としたあやうい定住が実現された場でもある。居住の経験と旅の経験とが、そこでは不思議な融合と乖離の力学のはざまで同居している。そして郊外と観光とを結びつける最重要の視点は、それらがどちらも「視覚性」の経験の優位によって特徴づけられる点である。都心から郊外へと抜け出てゆくハイウェイや鉄道から眺められた視覚性の上に、郊外の第一義的なイメージはつねに築かれ、更新されてきた。おなじようにまた、景観の周囲に張り巡らされた視覚的な装置が現代の浮気なツーリストに観光的体験の実質を保証してきた。自然環境、歴史的景観、古い民俗集落、寺社や宗教的聖地、市場、絵はがき、パンフレット……。こうしたツーリスティックな視覚装置を前景にしつつ、一方でそこにはショッピング・モールやシネマ・コンプレックスなど、新たに都市への通勤人口を受容する郊外住宅地として要請された機能を満たす画一的であり、適度に大胆な現代建造物の群れが点在する。

ポストモダニズム的景観論からいえば、「郊外性」と「観光性」とはどちらも互いの分身であるような、一つの社会形態を指す異なった呼称にすぎないともいえる。つまり郊外とはわれわれの日常生活における定住的な観光のことであり、逆に観光とは日常的自己の十全な実現を宙づりにされた人間の生きる可動的な郊外のことである、というように。そこにはたらく強力な原理は、すでに述べたように、「速写」の視覚文法である。だがそれは、鳥瞰的視線によって空間や事物をまなざす権力者の視覚性ではない。表面を、断片をちらりと垣間見ること。この「スナップショット」ともいうべき速写の視覚原理のなかで眼の迷宮に封じ込められてさすらう経験こそが、現代においてもっとも郊外的で観光的な経験だと定義しうるかもしれない。だから、ロードサイドの流れゆく景観をスナップ写真におさめる眼のフォトグラファーであるわれわれは、同時に郊外をさまようツーリストの姿に自らを変身させているのでもあった。視覚的経験を意味づけていた近代の「崇高性」はもはや超越的で非人間的な姿をとることなく、観光客の前にその疑似現実的で断片的な表情をスナップショットのように明滅させるだけだ。フレドリック・ジェイムソンがいう「ヒステリックな崇高性」。彼が『ポストモダニズム、あるいは後期資本主義の文化論理』(3)のなかで言及するアーティスト、ドゥエイン・ハンソンのポリエステル造りの塑像作品《ツーリストII》の示すハイパーリアルな存在感を見れば、その遠近感を欠いた立体鏡のイメージのような姿が、映画のラッシュを一瞥したような奇妙に深みのない表面性の感覚のなかで、われわれの「郊外の旅行者」に近似してくるのを否定することはできないのだ。

2 コンタクト・ゾーン

郊外性と観光との相同的な関係をこのようにとらえたとき、郊外を単に空間的・地理的な意味で都市縁辺部に広がる田園と住宅とアトラクションの場であると定義することの不毛性はあきらかだ。それは、観光という行為と経験がすでに現在そうであるように、地理的空間性を示す概念である以上に、ポストモダニスト的な自己記述をめぐる複雑なプロセスへと変容しつつある。「郊外」はもはや、空間的な周縁性とは決別したところで、その新しい意味を(あるいは超‐意味を)開示しつつある。伝統的な「都市‐郊外」という連続性を持った二項対立の図式は崩れ、「郊外性」は都市の内部に無数の経験の通路を穿ちながら「都市性」自体を蚕食しはじめている。都市が構築的な意味をそなえた都市空間であることを停止し、そこからなにか別なもっと流動的で蒙昧なものに変容してゆく亀裂のような深淵は、都市の地理的な周辺部にではなく、むしろ内部にある文化的・社会的・心理的な襞のようなものとなって幾重にもわれわれの生活空間の細部を覆いはじめている。まさに都市性の意味自体がゆらぐ認識論的なエッジの部分に、あたらしい生存と認識のテリトリーが生まれつつあるのだ。

そうしたテリトリーを、都市‐郊外、あるいは中心‐周縁といった非対称の(つねに一方に認識の起点を定めた)関係から解放するために、「コンタクト・ゾーン」という用語の使用をここで提案できるかもしれない。メアリー・ルイーズ・プラットが『帝国主義的な眼』(4)(一九九二)において終始一貫して使用したこの言葉は、アジア・アフリカ・アメリカ大陸諸地域における植民地主義的な文化接触の現場を西欧の「周辺地帯」、「フロンティア」であるとみなす従来の因習的な思考を廃し、あらゆる主体がそれぞれ動因となって強制・抑圧・支配・紛争・抵抗・調停といったものを含む複雑な関係が織りなされてゆく空間および歴史的過程をニュートラルに指し示すために使われた言葉だった。プラットはこの言葉の含意をつぎのように説明する。

「コンタクト・ゾーン」とは「植民地的フロンティア」のほぼ同意語である。しかし後者の言い方が西欧の拡張主義的な視点に根ざしている（フロンティアは西欧との関係でのみフロンティアでありえた）のにたいし、「コンタクト・ゾーン」という用語は、かつては地理的・歴史的に分断され、いまその軌道が交じりあった主体同士の空間的・時間的同居の状態を言い表わすために提案された言葉である。「コンタクト」（接触＝交信）という表現によって含意されるのは、征服と支配とい

ドゥエイン・ハンソン「ツーリストII」(1988)。ミネソタ出身のアーティストであるハンソンは，1970年代からアメリカの労働者・中産階級の人々の日常の姿を等身大のグラスファイバー製の塑像として制作し，見る者に自らの凡庸な分身を立体像としていかに受容することができるかを挑発的に問いかけた。そのモティーフのもっとも典型的なものが「観光客」（ツーリスト）であったが，ほかにも買物客，掃除人夫，ジョガー（ジョギングする人），ベビーカーを押して歩く女，などのシリーズがある。(Hanson)

うあまりに拡散主義的な説明によってあっさりと無視されてきた、植民地的遭遇の持つ相互作用的かつ即興的な次元である。「コンタクト」（接触＝交信）という視点は、主体がいかにして他者との関係によって規定され、あるいはその関係のなかに組み込まれるかということに光をあてる。それは植民者と被植民者の関係、あるいは旅する人と「旅される人」の関係を、分断や隔離の相のもとに見るのではなく、併存と、相互作用と、連動の行為とがしばしばラディカルなまでに非対称な力学のなかでうずまく過程をそのままにとり扱おうとするのである。(5)

植民地をめぐる文化ポリティクスの力学を、ヨーロッパの紀行文学を主たる手がかりに一つの「意識の歴史」として描き出そうとするプラットが、ここで「コンタクト」という戦略的な用語を、混成言語を問題にしようとする新しい言語学的領域から借り受けていることは重要だ。いうまでもなく、プラットが「コンタクト・ゾーン」というとき、そこには言語学のいう「コンタクト・ランゲェッジ」という用語が想定されている。コンタクト・ランゲェッジとは、母語を異にする複数の話し手が商行為等の目的で継続的にコミュニケートするときにあみだされる即席の混合語のことをふつう指す。それは、一般には簡略化されたピジン語としてはじまり、ネイティヴの話者を獲得するとより洗練された文法構造をそなえたクレオール語へと変化する。クレオール語のようなコンタクト・ランゲェッジは、言語接触によって個別言語体系が崩壊したあとで出現するハイブリッドな混成言語であるが、その特徴は、それがいかなる固有言語の語彙を借り受けているかにかかわらず、それ自体の共通した構文構造が言語誕生の原形の力を示している、という点にある。コンタクト・ランゲェッジとはだから、かつて考えられていたように、言語の崩壊する終焉（＝周縁）を意味するのではなく、むしろ言語という制度の瓦解のなかから新たに生成するカオティックな言語形成力の一つの方向性を指し示しているのである。

「コンタクト・ラングェッジ」の示すこうした言語学的な可能性を借り受けて命名されたプラットの「コンタクト・ゾーン」という用語は、したがってコロニアリズムにおける植民地的拡張のフロンティアを文字通り意味するだけではない。それは植民地主義の認識論的なエッジに生じた、無数の対立と紛争を内蔵したポストコロニアルな思考の成果そのものをも包含する概念としてみなすことができるからだ。そして現代の都市性をめぐる問題点の多くも、まさにコンタクト・ゾーンとしか名づけようのない人間と商品と表象の遭遇と交通と交換のテリトリーにおいて、もっとも苛烈なかたちで現われている。

だから現代都市のエッジを画する現象は、都市の「コンタクト・ゾーン」としての性格のなかに表面化しつつある、といえるだろう。いうまでもなく、一九世紀的な意味において都市は、国家を表象するコロニアルな権力の中心として、つねに周辺の植民地をまなざし、認識する起点であった。その意味では都市は、コンタクト・ゾーンからはかぎりなく遠く離れつつ、おのれの認識的ヘゲモニーの上に安住することができた。しかしまもなく、ポストコロニアルな二〇世紀的現実は、都市を無数の移民と亡命者の流入するテリトリーへと変えていった。歴史的に見れば、都市はその機能形態から考えても、また変容する「世界」そのものの隠喩としても、コンタクト・ゾーンとしての性格を一気に強めていったのである。「中心」はいつのまにか「前線」へとその姿を変えたのだといえるかもしれない。

都市をそうしたポスト植民地主義的・ポスト資本主義的な「コンタクト・ゾーン」とみなしたとき、いくつかの特権的な場が浮上する。ホテル、空港、都市公園、湾岸、病院、地下空間（地下鉄・地下街）、テーマパーク、そして郊外……。まさに都市のコンタクト・ゾーンとしての性格を集約的に示すような空間群である。

　ホテルはなかでも、都市性と観光性の接点にたちあがる文化的ジャンクションの場として興味深い。たとえばロサンジェルスの新都心において、ポストモダンを集約するクロノトポスとしてのホテルの出現を刺激的に論じたのがジェイムソンだった[6]。ジェイムソンによればジョン・ポートマン設計によるウェスティン・ボナヴェンチャー・ホテルの特徴はその威容にもかかわらず徹底した反モニュメント性にある。この途方もなく巨大なガラスばりの建築物には、はっきりした正面玄関と呼びうるものがない。庇をもった豪華な入口、あるいは大げさな車寄せといった空間を廃し、いくつかの異なった入口から複雑なロビーへのアクセスを有するこの建物は、内部に迷宮をかかえながら不思議に揺らぐ亀裂によって外部の都市から切断されている。正面玄関という都市への明快な「通路」を拒絶することによって、ホテルは非文脈化され、都市の一部であることから、都市そのもののミニチュアのような奇妙な存在へと変容する。しかもウェスティン・ボナヴェンチャーが外部の都市と自らを切断するやり方は、ル・コルビュジエに代表されるようなユートピックな動機をもったモダニストによる空間的・建築的モニュメントのように自覚的・可視的・象徴的・歴史的なものではなく、よりパロディックであり、自己言及的である。エレヴェーターというより巨大なゴンドラ状の「人間運搬機《ピープル・ムーヴァー》」（ディズニーの用語から借りた設計者ポートマン自身の表現）が上下し、無数のエスカレーターが各階を接続するアトリウム内の空間では、人は都市を散策し移動する通常の身体・知覚コードを奪われて、奇妙に可変的で流動する速度とスケール感の世界に入ってゆく。そうした空間に成立する群衆性・雑踏性をジェイムソンは「ハイパー・クラウド」と呼んでいるが、これはホテルという空間が、いまや主体意識の溶解とともに、カオティックな往来と交換が繰り返される都市文化の亀裂を内蔵した可動性そのものの象徴となりつつあることを示しているといえよう。

こうした場は、かならずしもロサンジェルスのような都市に突出して出現したわけではない。たとえば、おなじような空間的切断性と迷宮のなかのハイパー・クラウドは、横浜ランドマーク・タワーとそのなかに埋めこまれたロイヤルパークホテルにおいても見ることができる。地上七〇階、高さ二九六メートルという外見的な威容にもかかわらず、このホテルへのアプローチは明快ではない。桜木町駅から動く歩道によって導かれた歩行者は、巨大なショッピングモールであるランドマーク・プラザとの接合点でホテル・ロビーへの入口を見失う。車寄せのある玄関は歩行者には見えにくい反対側にあり、宴会出席者専用の出入り口はさらに奥、横浜美術館側の陰にある。しかもこのホテルではエグゼクティヴ・フロアなるものが六四階から六六階まで設けられ、ここでは他の宿泊客とは完全に区別されたルームチャージ、およびチェックイン・システム（六五階のエグゼクティヴ・ラウンジで行なう）が採用されて、利用者間の差別化が徹底して図られている。こうしてランドマーク・タワーの構造は、利用者の目的と投資に応じた無数の内部空間としての襞を幾重にもたたみ込んだ複雑な迷宮性を示す。そこで彷徨するハイパー・クラウドは、通常の空間解読のコードを奪われたまま、微動だにしない超高速エレヴェーターによって最上階へ導かれる。しかし彼らは、高すぎて遠近感を欠いたように見える霞む街路をぼんやりと眺め下ろしながら、最上階のスカイラウンジでも都市を鳥瞰するパノラミックな視覚性を獲得できずに、奇妙な浮遊感のなかに幽閉されてゆくのである。

コンタクト・ゾーンとしてのホテルは遍在する。トリニダード出身のインド系作家V・S・ナイポールの小説『ミミック・メン』(7)（一九六七）において、主人公の移民先であるロンドンの下宿屋は非正統性、過渡性、亡命、根を失った状態といった条件が交錯する場であった。ナイポール自身が、東のインド（オリエンタリズムの投影先）と西のインド（カリブ海黒人世界）をともに内包する稀有の混血であることを考えれば、ナイポールの寄宿先となったあらゆる西欧のホテル空間こそ、激烈なポストコロニアリティの闘争が繰り広げられたコンタクト・ゾーンそのものだったともいえる。おなじようなトランスエスニックかつ階級的な闘争の場としてのホテルはまた、アメリカの詩人・作家ジューン・ジョーダンのエッセイ「バハマからのレポート」[8]にも描きだされる。カリブ海屈指のリゾート、バハマに旅した裕福な黒人女性であるジョーダンは、ビーチフロントに建つ高級ホテル、シェラトン・ブリティッシュコロニアルでのんびりと日々を過ごすうちに奇妙な齟齬感におそわれる。休暇を贅沢に楽しむ彼女に仕える、彼女と同じ肌の色をした従業員たちの存在がその原因だ。料理を運び、ベッドメイクにやってくるそれら使用人たちとの不幸な出会いとすれ違いについて省察しながら、ジョーダンは階級・人種・性・民族・国家といった制度の境界を逸脱し、越えてゆくときの人間関係が孕む疎外と暴力性について目をひらかれてゆく。そして、ここで問題となるホテルの宿泊客（旅人）と従業員（現地人）との関係が、コンタクト・ゾーンとしての現代都市における住人と旅人（そこにはいうまでもなくツーリストとともにビジネスマン、亡命者、外国人労働者といった無数の移動者が含まれている）との関係に転倒したかたちで対応していることはいうまでもないだろう。

　ホテルから空港に視点を移してもよい。空港もまた、現代における特権的なトランジットの空間として、コンタクト・ゾーンとしての性格をますます強めてきている。近年の成田空港はたんに日本の表玄関という以上に、アジアの航空路線が集中する、アメリカ方面への経由ポイント（＝拠点空港《ハブ》）として、きわめて多国籍的なトランジット空間としての性格を強めている。さらに羽田新空港ビルの新しい商業施設ビッグバードや、大阪湾海上に浮かぶ関西新国際空港といったスペースが、空港のコンタクト・ゾーンとしての意味と機能を私たちに教えることになるだろう。たとえばフロリダのマイアミ国際空港は、都市文明とリゾート地との接点として、さらにアングロアメリカとラテンアメリカのジャンクションとして、コンタクト・ゾーンとしての空港の姿をいち早く示してきた場所だった。ダウンタウン・マイアミの西のはずれに位置するこの大規模空港は、八万六〇〇〇人の従業員をかかえる、それ自体一つの都市である。アメリカ大陸各地、およびヨーロッパ西海岸からの無数の旅行者によって終日賑わうこの空港のターミナル・ビルは、また民族性の饗宴が日々繰り広げられる見世物空間でもある。昨日はメキシコのマリアッチ・バンド、今日はジャマイカのレゲエ・グループ、明日はアルバのスティール・ドラム……。エキゾティックに演出されたラテン・リズムが空港の機能性に別種の文化的アクセントをつけ加える。さらに空港内ではしばしばフード・フェスティヴァルが開催され、フランスのワインとチーズ、メイン州のロブスター、アルゼンチン・ビーフといった遠隔地の物産が所狭しと並ぶ。コンタクト・ゾーンであることによって、あらゆる地理的距離がここでは征服され、あるいは無化されている。T・D・オールマンのいかにもジャーナリスティックな言い方によれば、「マイアミ国際空港で人は何でもできる。ジャクージに浸かり、クレープ・シュゼットを食べ、金を売り、土地を買い、カクテルパーティを催し、エアロビクスに興じ、結婚式を挙げ、そして必要とあらば、子供を産むことも、投獄されることもできる」[9]。

プエルトリコ人作家ルイス・ラファエル・サンチェスの短編「エアバス」[10]（一九八四）もまた、ポストコロニアルな現代社会において「文化」の所在を示す場が固定的な空間からより流動的なトランジット・ゾーンへと移行しつつあることを興味深く示している。サンチェスが描き出したのは、通称エアバスと呼ばれるニューヨーク―サンファアン（プエルトリコの主都）間を結ぶ深夜の直行便のなかで展開されるプエルトリコ人たちの会話と哄笑とコミュニケーションと交換（性的＝商品的）の世界である。大西洋を南北に数時間で行き来するこの深夜ジェット便は、プエルトリコ人にとっての可変的な日常をもっとも簡潔に集約している。アメリカ国籍を自動的に所有しつつも、アングロ的アメリカからの疎外者でありつづけるプエルトリコ人にとって、彼らの主体性はいつもニューヨークとプエルトリコとの間に宙づりとなっている。エアバスという交通手段は、まさにその彼らの浮遊感をストレートに受け止め、表現する媒体でもある。彼らはニューヨークにやってきて仮の定住を手に入れても、帰りのエアバスのチケットをつねに蓄えておく。旧来の移民流入と同化融合の社会学的シナリオをあざ笑うように、プエルトリコ人の生存の意識は中間的であり、非帰属的である。だからこそ、コンタクト・ゾーンとしての深夜の空港待合室と飛行機の機内において、彼らのもっとも昂揚した生も営まれる。サンチェスはこう書いている。

プエルトリコ人たちは、こちら側とあちら側のあいだに揺れる中間的な領域に踏み迷い、そこを彼らの定住的な居場所としてしまった。そのために彼らは、プエルトリコとニューヨークをむすぶ旅の行為を非制度化せざるをえなかった。彼らにとって、その空の旅は街角でバスに飛び乗るという行為以上のものではなくなった。プエルトリコ人たちは、大西洋の海原をたんなる小川に変えてしまったのである。(11)

たしかにホテルや空港のようなコンタクト・ゾーンは、ポストモダニティに対峙した伝統的定住者たちの認識論的窮地を指し示していた。しかし同時に、それらは一方でクレオール的流動そのものを生存のテリトリーとしてしまった新しい「旅人」にとっての文化生成の可能性にも連なる、すぐれて多義的な場でもあるといえるのである。

3　マスカレード政治学

都市という、自己完結的にイメージされてきた概念の構築物を内側から切り裂くようなコンタクト・ゾーンの増殖は、すでに見てきたように空間論的に分析することもできるが、一方で社会論的な視点から考察することも可能である。

カリブ海諸地域からのディアスポラ（民族の離散）的移動によってロンドン市街に出現したポリエスニック（複合民族的）な居住区におけるカーニヴァルを分析しつつ、ロンドン大学の人類学者アブナー・コーエンはこの都市型祝祭の展開を、非政治的な文化形態として現われたすぐれて政治的な現象として「マスカレード政治学」と名づける。[12] ロンドンのディアスポラ・コミュニティにおける新興の祝祭の構造と変容過程のなかに、彼は遊戯的・見世物的側面を持った文化運動の内部に組み込まれた「政治」の錯綜した姿を読みとったのだった。

コーエンの基本的立場は、複合民族的な性格を持つロンドンのカーニヴァルの分析をつうじて、グラムシの「ヘゲモニー」やアルチュセールの「イデオロギー的国家装置」といった概念によって規定された支配階級と支配的思想との深いかかわりを、マージナルな社会階層によるサブカルチャーの領域のなかから逆照射しようとする点にある。コーエンによれば、民族性《エスニシティ》の領域は、社会のヘゲモニーの所在とのあいだにつねに政治的関係を保ちつづけてきた。その関係は、反抗と同盟とのあいだのたえざる往還によって特徴づけられるようなきわめて複雑な関係である。[13]

ロンドン都市圏の西に隣接するノッティング・ヒル地区のカーニヴァルは、一九六六年、地区の市民祭り的性格を持つ英国の伝統的な「フェアー」の再興運動としてはじまった。ノッティング・ヒルという町のイメージを住民が正しく把握し、下層階級の居住地として社会的に俗悪なイメージを付与されてきたこの地区の住民の精神的回生を目的としたこの祭りは、もともと「イギリス白人」の発想から生まれたものであり、いかなる「外来の」カーニヴァルの模倣を目指したものでもなかった。今世紀初頭に絶えていた町のフェアーの伝統を蘇らせるために、カーニヴァルの参加者は伝統的な服装をし、ディッケンズの小説に登場する人物の格好をした仮装集団が行進し、ケンジントンの歴史を再現する山車がパレードした。当初、カーニヴァルは行政の援助を受けつつ、知事の象徴的な参加によって公的な性格を与えられることになっていた。しかし開催直前になってカーニヴァルの組織委員のなかに共産主義者やブラック・ムスリムの関係者がいるという噂が流れ、知事は急遽公的なスポンサーから降りる決定を下した。こうして最初から、祭りは複雑な政治的空気を反映しつつスタートした。たしかに公的支援の解除は、表面的には政治的活動家の存在がその理由であったが、じつはより本質的な原因がその背後に隠されていた。ノッティング・ヒルの白人・黒人住民は、いずれもこの時期、行政担当者にたいして新しい住宅供給を要求する運動を展開していたが、カーニヴァルを計画・実行した主要メンバーが、まさにこの住宅事情改善要求の運動の活動家たちと一致していた、という事実の存在である。こうして行政権力の側は、労働者たちの住宅事情改善要求にたいする戦いを、カーニヴァルにたいする戦いとして遂行してゆく状況に立たされていったのである。

いうまでもなく、住宅事情計画の再編成への要求は、この地区の住民の多様化・多民族化の動きに対応して生まれたものだった。なかでもトリニダード、ジャマイカ、グレナダといった旧英領西インド諸島の国々からの移民の増加によって、ノッティング・ヒルの社会構造は流動化を見せていた。そしてそうした動きに呼応するように、六〇年代末になるとカーニヴァルは次第に二極化の構造をみせはじめる。すなわちイギリス的支配文化によるさまざまなイヴェントと、それに対立して提示される西インド的・カリブ海的文化形態の登場である。とりわけトリニダード出身の黒人が多いこの町では、カーニヴァル自体がトリニダード化するのは時間の問題だった。なぜなら、西インド諸島の出身者のなかでもとりわけトリニダード人のカーニヴァルにたいする親近性は、群を抜いていたからだ。一世紀半にわたって、トリニダード本国ではカーニヴァルが国民的伝統として盛大に祝われていた。カー

グラシエラ・イトゥルビーデ「仮装行列」(1983)。「マスカレード政治学」は仮面行列の祝祭のなかに示された文化ポリティクスであるとともに，文字通り仮面を被って自己を偽装した政治学の発動のことでもある。メキシコの写真家イトゥルビーデによるこのカーニヴァルの仮装行列もまた，見かけのスペクタクルの背後に，歴史や民族性や階級にかかわる文化紛争の政治学を隠している。(Iturbide)

ニヴァルという文化形態への親近感はもとより、トリニダードからの移民者たちは仮面舞踏《マスカレード》や行進やゴージャスな仮装にかんする技術的な様式を洗練させていたし、さらにカリプソのようなカーニヴァル音楽を民衆的な創造として保持していた。こうしてノッティング・ヒルの祭りは、トリニダード人にたいして、彼らのカーニヴァルを再創造するためのまたとないうつわとして機能してゆくことになったのである。

　ノッティング・ヒルのカーニヴァルがトリニダード化していったもう一つの条件が、六〇年代後半のイギリス経済の破綻による失業の増加と、数少ない雇用をめぐる白人と黒人の社会的紛争である。白人労働者層による西インド黒人系移民にたいするさまざまな差別がはじまるのもこの時期であり、こうした状況のなかで西インド出身者の白人にたいする政治的抵抗手段としてカーニヴァルが再組織されていったのは自然な展開だったといえる。旧来のスポンサーから自立した西インド的カーニヴァルの誕生は、こうして白人・黒人を含めた労働者階級による制度への抵抗という性格を脱して、西インド黒人を主体とした政治的・社会的プロテストの道具へと急速に変貌していったのである。やがて一九七六年には、西インド系若者と警察のあいだでの小競り合いから流血事件へと発展し、数千人が負傷する事態が起こった。その後数年間は、カーニヴァルはコミュニティの祝祭である以上に、西インド系党派と外部の利益グループとのあいだのきわめて政治的な裏取引の場ともなっていった。八〇年代以降、祭りの社会運動的側面は表面的には沈静化し、二日間で二〇〇万人ともいわれる参加者の増大はカーニヴァルをより技術的で国家的な「行事」へと変容させていった。だが、イヴェントの見かけがどのように変わろうと、カーニヴァルを成立させ、その年々の特徴を決定する無数の要素が、深く政治的なプロセスを内蔵していることはいまも変わらない。

『マルクス主義と政治[14]』におけるミリバンドの用語を援用すれば、あらゆるカーニヴァルは「競合イヴェント」としての性格をもっているといえる。わずか数年間で、複雑な政治・社会的イデオロギーの競合するイヴェントとしての流動的なプロセスを経過してきたノッティング・ヒルのカーニヴァルにも見られるように、政治的装置としてのカーニヴァルの潜在的可能性は、つねに現実の権力関係の構造によって濫用されているといえる。

コーエンは、カーニヴァルの潜在的機能をヘゲモニーとカウンター・ヘゲモニーの競合を表現・実践することのなかに見ながら、カーニヴァルが同意と紛争、同盟と敵対の両極を振り子のように揺れる政治・社会的形式であることをつぎのように表現している。

〔カーニヴァルは〕社会的矛盾をカモフラージュし神秘化する両義的な象徴形式なのである。「理想型」のカーニヴァルにおいては、ヘゲモニーと対抗勢力とは一種の平衡状態にある。そのバランスが崩れる度合いに応じてカーニヴァルの性質は変質し、完全に違ったものに変容してしまいさえする。もしカーニヴァルが純粋で露骨なヘゲモニーを表現することを目的として挙行されたとすれば、それは全体主義的政治システムがうみだす壮大な大衆的政治儀礼となるだろう。その逆に、もしカーニヴァルがもっぱら純粋な「反対」の表明に向けられるとすれば、それは体制にたいする政治的デモンストレーションになるだろう。どちらの場合も、それはカーニヴァルであることをやめるのである。(15)

具体的な歴史の現場では、つねにこの両極のバランスは揺れ動き、政治・社会の状況の繊細な変化に呼応して祝祭の方向性は複雑な変容を見せている。コーエンが示唆するように、現代のカーニヴァル研究の一つの可能性は、まさにそうした社会的競合イヴェントとしての祝祭の「政治学」を、カーニヴァルが示すヘゲモニーとカウンター・ヘゲモニーの微妙なバランス感覚のなかに探ることにあるといえるだろう。

ポスト資本主義的・ポスト植民地主義的「現在」において、カーニヴァルだけがこのような「マスカレード政治学」の媒体ではない。都市内部に穿たれた無数のコンタクト・ゾーンにおいて、そうした仮面を被ったポリティクスが、意味と表象と記号の政治学が、激烈に展開されていることはいうまでもない。民族的アイデンティティの探求、宗教的カルト、消費文化、テクノロジーへの熱狂や崇拝、そして音楽やファッションの流行現象のかげで、マスカレード・ポリティクスは操作され、増殖し、自己運動をはじめているのである。

4　ディアスポラの楽園

こうした光景を、人間と商品と記号と幻影のディアスポラ的離散の光景であると名づけることはあながち不適切ではあるまい。自らカリブ海移民の息子として、ディアスポラ社会学の先頭を切るロンドン大学キングズ・カレッジのポール・ギルロイは、示唆的な著書『英国国旗《ユニオンジャック》には黒がない』(16)（一九八七）において、民族の離散によって生み出された現代イギリスのマスカルチャーの歴史的プロセスへの深い洞察から「人種」「民族」「国家」といった政治的用語の再定義を試みている。音楽から広告にまで至る、文化的・民族的コンタクト・ゾーンに起こる黒人をめぐるさまざまな文化表現を素材にしつつ、ギルロイは黒人の生存におけるディアスポラ的次元は、出自としての西インドやアフリカという地理的起源によって定義されるのではなく、むしろイングランド、ウェールズ、スコットランド、アイルランド各固有文化の退廃的・守旧的土壌のなかで、アフリカ、アフロアメリカ、カリブ海の歴史によって媒介された非ヨーロッパ的伝統がどのような文化形成を行なってゆくのかというハイブリッドな過程によって定義されるべきことを、説得的に述べている。

大西洋をはさんだ文化のディアスポラ的な過程が、いかなる国家的・民族的伝統に根ざすこともない創発的な文化形成の局面を示唆している現実を刺激的に分析した著書『ブラック・アトランティック』（一九九三）において、ギルロイはさらにそうした論点を多角的に展開してゆく。たとえば、イギリスの都市における「黒人性」を示すカリブ海系音楽がアジア系移民のミュージシャンによってインドの民族音楽やアメリカのラップ、ヒップホップとともに引用され、その融合形態やスクラッチ・サンプリングの示す技法が、イギリス黒人たちが練り上げた文化表現のモードへと連なってゆく興味深

ツェン・クォンチー「ディズニーランド」(1979)。ツェン・クォンチーは16歳のとき両親とともに香港からカナダに移住し，1970年代後半からニューヨークのイーストヴィレッジを拠点に写真家として活動した。セルフポートレートのシリーズによって知られ，それらはみな人民服にサングラスという定型的な姿で無表情に観光地に立つ自画像である。ディズニーランドのほか，ニューヨークの自由の女神像，パリのノートルダム寺院，ピサの斜塔，フロリダのケネディ宇宙センター，そしてワールド・トレード・センターなどがそうした作品の舞台となっている。(Tseng)

い事態を指摘したあと、ギルロイはつぎのように書いている。

アメリカ黒人文化から特に引きだされた、黒人性をめぐる外面的意味が果たす役割は、接続的な文化の練り上げにとって重要なものとなった。そこでは、異なった民族的・国家的バックグラウンドをもった諸グループが一つの新しい行動様式のなかに集結するという事態が起こった。この行動様式は、もはやかつてのカリブ海文化の遺産がそうであったようには、エスニックな要素によって特徴づけられたものではなかった。たとえば、従来ならば安定した正統的なカテゴリー〔すなわちレゲエ＝「ジャマイカの民族音楽」という固定的な同一化（引用者註）〕としてみなされてきたレゲエが、イギリスにおいてどうなったかを見ることはわかりやすい例だろう。レゲエのリズムと曲調のハイブリッドな起源がいったん巧みに隠蔽されたあと、イギリスにおいて、レゲエは地域的に限定された民族音楽としてジャマイカのスタイルを意味することをやめ、新しい異なった文化の嫡出子としての意味を持ちはじめた。そこでの文化的正統性とは、新しいグローバルな立場と、汎カリブ海文化と名づけうる表現との双方に立脚したものであった。(17)

ディアスポラの主体がせめぎあうそうした文化表現の現場を、都市の「コンタクト・ゾーン」と呼んでみたとき、そこに成立した条件はイギリスの黒人固有の問題から、ただちにわれわれの身近な社会関係へと導かれる。そこでふたたび都市文化は、観光とのどうしようもない親近性を暴露する。たとえば原宿の街路を行き来する青年たちの髪を飾り、大歓声に湧く国立競技場のサッカー・ゲームで日本人Ｊリーガーたちがふり乱すドレッドロックスは、アフリカやジャマイカの符牒ではもはやない。ラスタファリアニズムを生み出したアフロ＝カリブの伝統的美学とは無縁の、より交錯した記号の経済学によって現在のドレッドロックスの意味は変容し再創造されつつあるからである。現代社会においてドレッドロックスは「アフリカ性」を少しも意味しない。ましてやいかなる第三世界性も。むしろ反対に、このヘアスタイルはいまや「第一世界」との不可分の関係性（＝共犯性）の象徴である。ドレッドロッカーたちが、いかにアフリカあるいは黒人という起源のテリトリーへの強い回帰願望を髪型に込めたとしても、そこでの「アフリカ」や「黒人性」は第一世界の都市文化によって構築された「アフリカ」や「黒人性」の概念から逃れることはできないからだ。そして一方で、ジャマイカへの観光旅行者たちは、キングストンやオチョリオスのヘアサロンでいとも手軽に俄ロックスを体験する。やがて文明社会に帰国した彼らは、この髪型をツーリスティックな戦利品として周囲に誇示する……。どちらの側から見ても、いまやドレッドロックスは特権的なまでにディアスポラの産物なのである。

おなじような例は無数にある。香港出身のアメリカ人写真家ツェン・クォンチーは、人民服を着た自分自身の姿をミッキーマウスの傍らに置くことで、亡命的生存の不条理と逆説性をアメリカ的郊外観光のステレオティピカルな景観に重ね合わせた。土着と世界を結んで肥大・収縮する毛沢東というシンボルの幻影がディアスポラの軌跡を示す奇妙な瞬間が、ここには見事に写し撮られているのだ。

こうした転移と交換と混交の痕跡によって特徴づけられた現代都市のコンタクト・ゾーンを、ポストモダニズムの可能性と窮地とを同時に見通すパラドキシカルな視線とともに、「ディアスポラの楽園」と呼んでみよう。このいかにも不透明で曖昧模糊としたパラダイスの住人＝ツーリストであるわれわれが、これからこのテリトリーのなかにいかなる定住と旅の物語とを書き込んでゆくのか？　われわれの分析は、この無数の断片的な物語をたんねんに読みといてゆくことからはじめられねばならない。

iv　ハリケーンとカニバル――カリブ海がいつの日か私たちになるために

これまでにさまざまな種類のカリブ海の地図を見てきたが、ほんとうに満足できるものには一度もめぐりあったためしがない。学術書の図版であっても、小説本に付された絵地図であっても、いつも何かが欠けている、という感覚がつきまとう。だからといって、たとえ地図に欠けているものが何で、欠けている場所がどこなのかを探しあてても、それで違和感がすっかり氷解するというわけでもない。どこかで、私は「カリブ海」という地域を、実体的な地理学の領域から、想像力によって伸縮自在に変容する意識のテリトリーへと置き直してしまったようなのだ。そうだとすれば、枠の中に地図化されて収まっているカリブ海の姿がどのような地理的領土を含んでいても、それが固定化された地図であるかぎり、私の感覚と決して相容れないのも当然のことなのかもしれない。

ふつう、いわゆる「カリブ海島嶼地域」（西インド諸島）とは、フロリダ半島南端のキーウェストから海峡をへだてて九〇マイル南に浮かぶ海域最大の島キューバから南東方向にゆるやかな弧となって連なる大小の島々、すなわち大アンティル諸島および小アンティル諸島を総称している。したがって通常の地図はこの島嶼地帯を中心に、さらにこれらの島々が描く弧のちょうど対岸にある南米の北岸と中米地峡地帯によって囲まれた「カリブ海」そのものを、枠のなかに描き出すことになる。もっとも経済的でミニマムなカリブ海の地図とはこのようなものであるが、これでは枠の外側との継続的な関係のなかで展開してきた、より広域的な「カリブ海文化」を想像することは難しい。アメリカ合州国はフロリダ半島の南半分だけがかろうじて図の上端に収まり、南米ベネズエラやコロンビアもごく一部がわずかに下の方に引っ掛かり、熱帯プランテーション文化をカリブ海と共有してきたブラジルやガイアナ、スリナム、仏領ギアナといった南米の大西洋岸の土地はほとんど除外されている。カリブ海諸島の東の果てにある黒人たちの故郷アフリカはもちろん、奴隷交易の中継地となったアゾーレス諸島、カボ・ヴェルデ諸島などの大西洋上の島々の存在も地図の関心事ではなく、カリブ海とアメリカ南部のクレオール地帯（ルイジアナやミシシッピ）を繋ぐメキシコ湾の海域の広がりも、ミニマムな地図では脇へ追いやられてすっかりちぢこまっている。

一九九八年六月、初来日したグァドループ出身の作家マリーズ・コンデと会って落ち着いた対話の機会を持ったとき、私は、この圧倒的なクレオール的かつ離散《ディアスポラ》的な存在にたいして、彼女の仕事が通常分類される「カリブ海文学」という制度的な住処がいかにも窮屈なものであることをあらためて実感した。彼女の存在も作品も、この枠づけられた「カリブ海」の地図の中には収まりようがない。そう感じた私は、私自身のカリブ海世界への地図的ではない想像力の広がりを彼女に伝えるために、ひとつの経験を話すことからはじめた。儀礼的な慇懃さから静かに始まった対話が、この話題によって一気に発火し、あとは熱気と親密さとがその場を支配しつづけたことをいまでも鮮明に覚えている。

私の持ち出した話題とは、一九八八年の九月にカリブ海域を横断してメキシコからアメリカ合州国深南部にまで達して多くの被害をもたらしたハリケーン・ギルバートのことだった。私は、たまたまこのハリケーンが通過した直後にメキシコ・ユカタン半島のカリブ海に面したリゾート地カンクンを訪ね、窓ガラスを割られ建物の設備をおおかた暴風に吹き飛ばされてほとんど廃墟と化したリゾートホテルがそのままの姿でエメラルドの海に向かって林立する光景を目撃し、ある感慨に打たれたことがあった。カリブ海に現代の都市社会の幻想としての「楽園」イメージを投影してつくられた快適な「リゾート」が、野性の自然力の猛威によって空中楼閣のようなその脆弱性を露呈し、電気も空調も窓ガラスもないホテルの廃墟だけがまるでマヤ人のピラミッドの遺跡のようにして残されている姿は、カリブ海が西欧文明によって濫用されつづけてきた歴史をあらためて私に照らしだすのに充分な光景だった。五〇〇年前、このあたりの海上にはじめて接近したメキシコの征服者エルナン・コルテスの一行は、白亜のピラミッドが海岸に立ち並ぶトゥルムの遺跡を海上から目撃して(すでに住む人もおらず、うち捨てられた都市であることも知らずに)、インディオ文明の栄華に震撼したのだったが、それから五〇〇年後にこの観光植民都市カンクンの廃墟の姿を「発見」した私は、皮肉な歴史の陰画をそこに見いださざるを得なかった。

けれどもそのこと以上に、私はこのハリケーンのルートを知ることによって、思いもかけない啓示を受けることになった。ギルバート(Gilbert)と名づけられたこの熱帯低気圧は、マルティニック島の東海上数百キロの大西洋上で発生したあと、まもなく強大なハリケーンへと変貌し、プエルトリコ、ドミニカ共和国、ハイチの南海上を西進し、ジャマイカに上陸して多くの死者を出し、さらにケイマン諸島をかすめてコスメル島からユカタン半島に上陸して死者二〇二人という猛威を振るい、そのまま勢力を維持しながらメキシコ湾岸を横断してテキサス、オクラホマ、ミズーリの諸州を襲撃して竜巻を併発しながらアメリカ合州国の内奥部で消滅した。大西洋とカリブ海とメキシコ湾とアメリカ深南部を繋ぐこのルートは、私にあらためて「カリブ海」性というものの動的な連続性と、地域的な広がりとを教えてくれたのである。同時にそのハリケーンのルートが、ヨーロッパからの征服者や移民たち、そしてアフリカからの黒人奴隷の苦難の旅程に見事に重なることもまた、たんなる偶然とも思われなかった。ハリケーン・ギルバートはこうして私のなかで、カリブ海をめぐる土地と土地との複雑で広範な繋がりにたいする想像力を、強く刺激したのだった。私はこのハリケーンの経路を図示することで、はじめて満足のゆく「カリブ海」の地図が得られるような気すらしたのである。

私がこの話をし終えるのが待ちきれないといった風情で、マリーズ・コンデは私に深く相づちをうちながら、こんどは彼女自身のハリケーン体験を話しはじめた。そのエピソードは、コンデのエッセイ「入る旅人、出る旅人」(1)においても、彼女にとってきわめて重要な経験として語られている。コンデがサウス・カロライナの古い植民都市チャールストンの美しい宮殿や邸宅が半壊してしまった姿に驚いたのは、ハリケーン・ギルバートからちょうど一年後の一九八九年の同じ九月にカリブ海地帯を縦断して各地に甚大な損害を与えたハリケーン・ウーゴ（Hugo）のせいである。このハリケーンもまた、ギルバートと並んで、近年の大西洋ハリケーン史に残る強大な嵐であった。アフリカ沿岸にほど近いカボ・ヴェルデ諸島の南海上で九月一一日に発生したウーゴは、まさに黒人奴隷たちの「中間航路」をなぞるように大西洋上を西進して一七日にはグァドループ島に上陸した。その翌日にはセントクロイ島、さらにプエルトリコ島と上陸したあと、進路を明確に北西へと転換してコロンブスが最初に上陸したバハマ諸島の東海上を北上し、二二日朝、北米サウス・カロライナ州のサリヴァンズ島に再上陸して近くの町チャールストンを半壊させたのである。このハリケーンによる死者は総計で四九人であった。

ウーゴのルートは、気象学者が「カボ・ヴェルデ型のハリケーン」と呼ぶ典型的な経路である。しかしマリーズ・コンデも回想するように、彼女にとっての発見は、いま自分が立っている北米の町を破壊した同じ雲の塊が、つい五日前には自らの故郷であるカリブ海の島を襲っていたという事実が与える、土地と土地との隠された親縁性をめぐる不思議な感覚だった。そしてその感覚が、チャールストンという植民都市じたいがカリブ海バルバドスからの移民によって建設されているという、サウス・カロライナとカリブ海との浅からぬ歴史的関係をめぐる事実を、あらためて彼女の前に照らしだす。ハリケーンによってうながされた奇想が物語の種子を発生させ、その種子が小説作品としてコンデのなかで育てられてゆく。こうして、アフリカとカリブ海とチャールストンの町を結んで、小説『最後の東方の三博士』[2]（一九九二）が書かれることになる。フランスの植民地主義に抵抗したかどでアフリカの故国を追われてマルティニックに流亡した部族の最後の王とその子孫たちの複雑な離散の物語。このなかで、コンデはチャールストンに住むアメリカ黒人女性のアフリカへの過剰な思い入れを、マルティニックから流れてこの女性と結ばれ北米の多文化主義的な精神風土に移住して違和感から逃れられない王家の末裔である主人公の画家の複雑な自己意識とからませながら、アフリカとアメリカス（カリブ海を含む南北アメリカ）との関係を深く問い直したのである。この作品の錯綜したストーリーに対応する地図を描くことはおそらく至難であろう。ただハリケーン・ウーゴの軌跡のみが、コンデのこの作品での奇想をうながした離散する人と文化の内実を、直感的に指し示すことができるだけである。

ハリケーンは、爾来私にとって、カリブ海の文学や文化の広範な展開と深い内実を測量するときの特権的な手がかりとなった。フロリダ国際大学のキャンパスに置かれているアメリカ気象局の「ナショナル・ハリケーン・センター」のウェブ・アーカイヴ[3]に詳細に記録された過去の北大西洋のハリケーンのデータを眺めながら歴史を夢想することに、私は一時期熱中した。なかでも、近年では一九九八年九月後半にカリブ海の主要な島すべてに打撃を与えたハリケーン・ジョルジュ（Georges）の軌跡が圧巻である。やはりカボ・ヴェルデ南海上を起点として、はるかに大西洋を横切って小アンティル諸島に達したハリケーン・ジョルジュは、グァドループとアンティーガを直撃して二人の命を奪い、セントキッツからプエルトリコを襲い、そこからドミニカ共和国、ハイチ、キューバと島伝いにことごとく上陸して数百人の死者と数十万人のホームレスをもたらした。とりわけドミニカ共和国の被害は甚大で、数十万人が家を失い、全土の橋の七割が損壊し、バナナ畑の九割が破壊された。この故国の不幸にたいして、米大リーグのスラッガー、サミー・ソーサが中心となって義援金を募ったことはまだ記憶に新しい。

ハリケーンのことを知れば知るほど、ここには歴史のアレゴリーが隠されているという確信を私は持ちはじめた。そもそも、北大西洋上に発生するハリケーンを命名するシステムのなかに、カリブ海をめぐる歴史意識を刺激するさまざまな偶然と必然の種子が潜んでいる。植民地時代の一九世紀初め頃、ハリケーンはそれがある島に上陸して打撃を与えた日にちなむ聖人の名（七月二六日なら「聖アナ」、九月一三日なら「聖フェリペ」……）を与えられることが多かった。やがて一九世紀末になると、ある気象学者によって女性名が発生順につけられてゆくという慣習が生まれる。さらに一九五三年以降、ナショナル・ハリケーン・センターはAからWまでアルファベット順に並んだ人名のリストを二種類用意し、これを発生するハリケーンに順次割り当ててゆくという方式を編み出した。二年ごとに一巡し、ふたたび同じ名前のリストが採用されるわけである。一九七九年からは女性名だけであったものに男性名も加わり、リストも六種類のセットとなって、六年間で名前が一巡するという現在の方式に改められた。ちなみに、二〇〇一年のリストはアリソン、バリー、シャンタルと続きタニヤ、ヴァン、ウェンディで終わる。二〇〇二年はアーサー、ベルタ、クリストバル、ドリー、エドゥアールといった名前が続く。一見してわかるように、ここで採用された名前のバラエティには一つの大きな特徴がある。そこに英語、フランス語、スペイン語、オランダ語、ポルトガル語の名前が適度に混在している

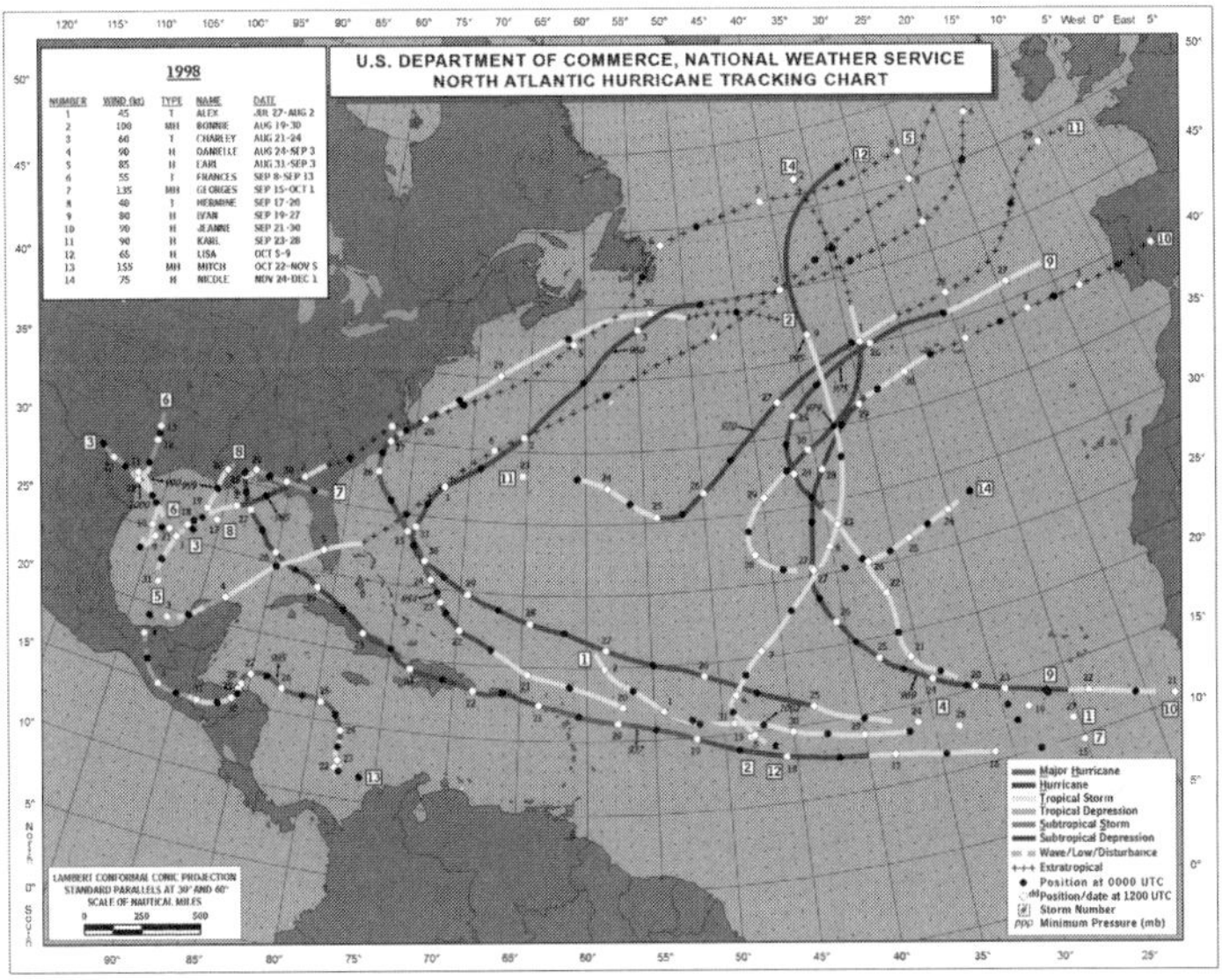

1998 年の大西洋・カリブ海・メキシコ湾のハリケーン経路図。この年にはアレックスからニコルまで，14 のハリケーンないし熱帯低気圧が発生した。7 番が，大アンティル諸島をほぼ完全に縦断して多大の被害を出したハリケーン・ジョルジュ。その軌跡は，コロンブスや初期のカリブ海探検者たちの航海の経路と，驚くべき一致を見せている。(National Hurricane Center)

という特徴である。まさにこれらの言語は、カリブ海を取り巻く近代の「歴史」に関わったすべての西欧国家の言語であり、ハリケーンのルートとおなじく大西洋を西進してやってきたいずれかの征服者・侵略者たちの言語であった。そうだとすれば、ハリケーン命名のシステムの無意識には、いまだにコロニアリズムの言語権力が見事に潜んでいることになる。

だからこそ、すでに触れたように、カリブ海の住民は、ある年はギルバート（英語）の猛威におののき、またある年はウーゴ（スペイン語）の暴風に身を曝し、別の年にはジョルジュ（フランス語）の突風にひれ伏すことをいまだに余儀なくされることになる。二〇〇二年には、ふたたびクリストバル（コロンブスの名）と呼ばれるハリケーンも発生するであろうし、その翌年のリストにはイサベル（コロンブスの「発見」を支援したスペイン女王）も待機していて、歴史の寓意は皮肉な毒を分泌する。だが一方で、ハリケーンのなかにはエルネスト（チェ・ゲバラ）もおり、エドゥアール（グリッサン）もおり、アール（ラヴレイス＝トリニダードの作家）もミシェル（クリフ＝ジャマイカ出身の作家）もラファエル（サンチェス＝プエルトリコの作家）もいることを忘れるわけにはいかない。その意味で、ハリケーンの名前のリストは旧西欧宗主国とカリブ海の民衆とのあいだの主体性の戦場であるともいえる。

マリーズ・コンデもしばしばエッセイのなかで依拠するピーター・ヒュームの優れた研究書『植民地的遭遇』[4]（一九九二）は、英語の歴史における「ハリケーン」という語彙の社会史的な誕生の背景とその修辞学的な展開を議論していてスリリングである。もともと先住民のアラワク語で「フラカン」と呼ばれていたこの暴風雨をもたらす嵐は、一六世紀なかばまでにはすでにスペイン語に導入されて「ウラカン」（huracán）となり、これが英訳されて一七世紀初頭にはオックスフォード英語辞典にフラケーンズ、あるいはフリケーノスとして登場していた。英語の語彙使用の歴史において、地中海の嵐をあらわす「テンペスト」とこの「ハリケーン」とが決して混同されなかった理由は、新大陸の新奇さじたいの表象として「ハリケーン」という語が定立していたことによるものであり、エキゾティックで新奇なものを外来の言説から借用して定義づけることによって生まれた「ハリケーン」は、いわば西欧にとっての想像を絶する「怪物性」の修辞的な言い換えでもあったことになる。そして、かつての征服者の船や移民船、奴隷船を襲っていた暴風雨は、いまあらたに西欧人の名前を付されてカリブ海の住民に襲いかかる。この逆説の構図こそが、カリブ海の歴史が反転されてより広範な世界に投影されてゆくことの証であり、同時にマリーズ・コンデのような作家の想像力が生まれるイマジナティヴでパロディックな領土となるのである。

*

ハリケーンがもともとカリブ海の怪物性を示す記号であったとすれば、同じ歴史を共有しているのが「カニバル」（食人族）という単語である。マリーズ・コンデのエッセイ「英雄とカニバル」[5]はまさにこの地点から読まれなければならない。カニバルという語彙は、コロンブスの第一回の航海日誌のなか、「発見」直後の一四九二年一一月二三日の項にはじめて現われる。同行した先住民が「ボイーオ」（現在のキューバ島東海岸あたり）と呼ぶ島に、恐ろしい人食いの習慣を持った「カニバル」族が住んでいるという伝聞の記述である。この「カニバル＝食人」という意味論が、このあたりの先住民をさす「カリブ」という単語とあいまいな連続性を保ちながらスペイン語に採用され、ほどなくこれが英語環境に移植されて「カニバル＝食人族」という記号が生まれる。スペイン語にも英語にも、すでにギリシア語起源の「アントロポファジー」（人を食うもの）が存在し、これはギリシア人が黒海の彼方に住むとする食人族を指した言葉であった。そうだとすれば、ハリケーンという単語と同じように、カニバルという概念もまた、すでに存在した地中海（西欧中世までの世界観の起点である海）的意味論によっては指し示すことのできない、新大陸の野蛮な他者の存在を示すために編み出された、あたらしい差異化の記号であったことになる。それがインディオの言語から借用されているという語源学的な説明もまた、ハリケーンの場合と見事に符合する。他者の語彙を借り受けて他者の怪物性を定義づけようとする西欧の眼差しは、こうしてハリケーンとカニバルという二つの強力な表象装置を持つにいたったのである。カリブにもカニバルにも通じる「カリバン」（キャリバン）という名をもつ島の原住民＝怪物を登場させるシェイクスピアの戯曲『テンペスト』が、この二者を巧みに組み込んだ物語として造形され、それが英領ヴァージニア植民地の展開と同じ時期に登場したことは、歴史の無意識が仕組むアレゴリーを見事に示している。

だが、現代のカリブ人作家によるハリケーン体験が歴史を反転させる奇想を育んだように、カニバルあるいはカニバリズムという概念もまた、他者の言語的搾取と平定をねらった西欧の思惑を逆転させ、濫用し、パロディ化する戦略の源泉としてはたらくことになった。今世紀のアメリカスにおける「食人」概念の創造的転用のもっとも野心的なケースが、コンデも言及するブラジルのモデルニスタ、オズワルド・ジ・アンドラージの『食人宣言』（一九二八）である。二〇世紀初頭のブラジルにおける西欧の価値観に偏重した近代化傾向を批判しながら花開いたモデルニスモの作家・画家らによるこの運動は、ナショナリズムとコスモポリタニズム、土着主義と近代主義との二者択一のジレンマを超克するために編み出された、きわめて戦略的な思想運動であった。ここで「食人」とはたんに西欧的価値観の否定ではなく、むしろそれを飲み込み、その栄養分を摂取し尽くすことによって、より創造的でハイブリッドな総合体をつくりだす行為として宣揚されていた。ブラジル人の誕生を、「食人」を媒介としたハイブリッドな文化的混合体の生成の瞬間に求めようとする「宣言」の起草者にとっては、真の「ブラジル」の誕生とは、通常考えられている航海者カブラルによる「発見」（一五〇〇）にはじまるのではなく、先住民トゥピナンバ族がポルトガル人宣教師を儀礼的に「食べ」たと伝えられる一五五四年でなければならなかった。「トゥピか、トゥピでないか、それが問題だ」とシェイクスピアのハムレットのセリフを文字通りパロディックに咀嚼・消化しながら発せられたこの宣言は、西欧の幻想がブラジル先住民に付与した「カニバル」の記号を転倒しつつ自らの混血性に新たな意味を与えるラディカルな思想実験であり、置換の詩学だったのである。

カリブ海において、西欧の文学的な正統《カノン》をカニバル的に転倒・咀嚼しようとする試みは、コンデも指摘するように、シェイクスピアの『テンペスト』がはらんでいたプランテーション的寓意の掘り起こし、とりわけ多義的な奴隷＝怪物キャリバンのパロディックな読み替え・再話としてもっとも過激に遂行されることになった。バルバドスの詩人エドワード・ブラスウェイトが詩集『島々』（一九六九）でキャリバンを黒人奴隷にみたてて歴史の転倒ののろしを上げ、キューバの批評家ロベルト・フェルナンデス＝レタマールはエッセイ『キャリバン』（一九七一）において全アメリカスの外的抑圧に対する抵抗と革命の軌跡を主人に反逆するキャリバンの系譜に置き直し、バルバドスの作家ジョージ・ラミングは『水にベリー』（一九七一）で『オセロー』と『テンペスト』を人種主義的なレイプの物語へと換骨奪胎した。おもにアングロフォン・カリビアン（英語圏カリブ）において展開したこの動きは、しかしコンデも言及するように、フランコフォン（仏語圏）の作家たちのプロジェクトとも並行しており、エメ・セゼールによる黒人劇としての『テンペスト』の翻案（一九六九）を生み出した。しかしカリブ海の作家たちにとって、食い尽くすべき西欧文学のカノンはシェイクスピアだけではもちろんなかった。セント・ルーシャ出身の詩人デレク・ウォルコットは、戯曲『オデュッセイ』（一九九三）や長編詩『オメーロス』（一九九〇）によってヨーロッパ精神の起源としてのホメロス的ギリシア世界をカリブ海へと批評的に曳航することで、古代地中海の言説が現代カリブ海の言説としてより豊かに変奏されうることを見事に示した。そしてマリーズ・コンデが「英雄とカニバル」の末尾で自ら謙遜しつつ暗示するように、彼女の小説『移り住む心』[6]（一九九五）こそ、エミリー・ブロンテの『嵐が丘』という壮大な西欧文学のエピックを飲み込み、その栄養と毒とを緻密に咀嚼しながら、クレオール的な愛というものの繊細にして苛烈な真実にはじめて到達した作品だといえるだろう。カリブ的プロジェクトとしての「食人」が、ヨーロッパ人の肉のパロディックで挑発的な消化をもたらすだけでなく、そこから繊細で未知の美と感情の均衡をつくりあげることができるという事実を、マリーズ・コンデは自らの作品によって証明して見せたのである。

＊

コンデにとって、食人としての「書き換え《レエクリチユール》」とは、さらに「翻訳」という実践の領域をも含み込んだものとして想像されている。この「カニバリズムとしての翻訳」というテーゼは、ブラジルの食人宣言を生んだモデルニスタの嫡子たる現代ブラジルの詩人アロルド・ジ・カンポスによって、とりわけ実践的に表明されてきたものだった。[7]ジ・カンポスは、すでに六〇年代から七〇年代前半にかけて、オズワルド・ジ・アンドラージの撰集の編集や、マリオ・ジ・アンドラージ論である『マクナイーマの形態学』の執筆などをつうじてモデルニズモの「食人」の意味論を精査しながら、それを現代ラテンアメリカの社会経済的な従属の変革という一般的視点から、より文化批評的な実践、いいかえれば詩学的かつ思想的なテクスト操作の問題としてとらえ直した。その過程で彼のなかに「創造および批評としての翻訳」という視点が発見される。ポルトガル語というヨーロッパの周縁言語のさらに末端に連なるしかないブラジル文学のか細い言語的血管を再生させるため、ジ・カンポスはエズラ・パウンドの「批評行為としての翻訳」といった概念を導き手としながら、異なった文化圏の根幹的テクストを翻訳を通じてポルトガル語のあらゆる血管の末端まで「輸血」してゆく「吸血鬼としての翻訳者」(ジ・カンポス自身の表現)の道を過激に歩みだす。パウンドの「キャントーズ」、e・e・カミングズ、ドイツ・アヴァンギャルド詩、マヤコフスキー、俳句、謡曲、ダンテ、ジョイス(彼は『フィネガンズ・ウェイク』のポルトガル語訳にすでに六二年に着手している)、マラルメ、パス……。これらの目もくらむような言語とテクスチュアリティの多様体をまるごと飲み込んで「記憶の断絶」をもくろむ翻訳者=ジ・カンポスは、翻訳が、モノリンガルに完結したと想定される言語的意味の異言語への置換ではなく、テクストの記号としてのあらゆる身体性(音声、運動性、皮膚感覚)と図像性(視覚イメージ、心像)の消化と再-創造によって、言語表現の一貫性・完結性の神話じたいを解体するプロジェクトであることを示したのだった。だからこそ、ジ・カンポスの「翻訳」行為(彼は「翻訳」Tradução というかわりに「転位-創造」Transcriação と呼ぶことを好んだ)は、外国語文学の自国語への翻訳という形態にとどまることなく、自国ブラジルのポルトガル語詩人の作品の翻案や書き換えの実験にまでおよぶことになったのである。

こうしたラディカルな翻訳の思想は、マリーズ・コンデの作品が成立する地平にも、たしかにその深い反響のこだまを送り込んでいる。私をマリーズ・コンデのテクストの躍動する想像力の世界に導き入れてくれたもっとも重要な媒介者は、誰よりもまず、彼女の現在の伴侶にして唯一無二の英訳者であるリチャード・フィルコックスであった。コンデのフランス語作品を英語世界へと移住させるときの翻訳者としてのフィルコックスの深い思索と、彼と直接言葉を交わしたときに受けた真摯さの印象から、私はそこに通常の逐語的な「翻訳」観をはるかに超えた創造・批評行為がなされていることを確信した。

マリーズ・コンデの小説を、主に英語で入手できるペーパーバックによって読んできたものであるからこそ、かえって本質的な問題として書きとめておくべきことがある、と私は感じる。フィルコックスはすでに『マングローヴ渡り』の英訳(8)(一九九五)の序文で、コンデにとってもっともグァドループ的というべきこの作品のクレオール的な言葉の感触を英語に移すときの逡巡と決断について語っている。グァドループ的なクレオール語表現を、英語圏カリブで使用されるクレオール語によって代替させることは可能である。だがそれでは、物語の舞台の島をジャマイカかバルバドスに置き換えることにしかならない。英語で造語することも解決策の一つであろうが、それはフランス語とクレオール語のあいだに存在する違和をすこしも引き受けることのない、英語話者の安易な言葉遊びに終わる危険性がある。こうして、フィルコックスは、クレオール語の字義的な変換という強迫観念を捨てて、テクストが音として伝える言葉の声調、語り手の息遣いの微細な変異に聴覚を集中させることで、この語りを受けとめうる一つの「声」を手に入れようと決意する。死者を送ろうとする島人たちの民俗的な通夜を描くこの特異な「声」と空気のニュアンスに見合う言語を求めて、フィルコックスはジョイスやフォークナーやV・S・ナイポールを渉猟し、そこに適切な声を発見できないと知ると、ついには英訳されたガルシア゠マルケスの『落葉』における葬儀の描写にまで探索の手をのばす。しかしそこにも彼の求めるものはなく、絶望していた彼のもとに、不意に一つのやわらかな声が予期せぬ場所から響き渡る。ヴァージニア・ウルフの『灯台へ』である。人物の意識の流れを叙述のリズムがのびやかに受けとめ、そうして語られる物語の交響のなかにナレーターがそっと忍び込んで特異な声で読者にささやきかけるその声の「音域」が、フィルコックスに、遠く離れたカリブ海の豊饒な海岸とスコットランドの荒涼たる小島を結び合わせる秘密を伝達したのだ。こうして『マングローヴ渡り』

の翻訳は、訳者にとってマリーズ・コンデとヴァージニア・ウルフという二人の女性の二つの声を片方ずつの耳でそれぞれ聴きながら行なわれる、二人の作者の発する音と信念をめぐる転位と再‐創造の行為となった。

一九九七年に出版された英語版の『最後の東方の三博士』の序文の冒頭で、フィルコックスは「翻訳はカニバリズムの一形態である」とついに明確に書きつける。そしてさらにそれがカリブ海のテクストであるならば、翻訳は二重のカニバリズムである、と彼は言う。なぜならば、セゼールやグリッサンやルネ・デペストルがすでに主張したように、カリブ海の小説自体が西欧のカノンのカニバル化の産物だからだ。その意味で、この二重のカニバリズムを職業とするフィルコックスは、作家である妻の日常を夫として支えるかたわらで、非情な食人鬼としてコンデの創作のプロセスの一部始終を観察し、彼女が摂取する栄養のすべてを自ら貪《むさぼ》ることになる。コンデがこの作品を書いているあいだ、ひたすらブルースやジャズを聴きつづけていることを知ったフィルコックスは、アフリカの始原の音楽性をアメリカのブルースやジャズが即興的に練り直してアフロ・アメリカの音を構成してゆくその手際を、『最後の東方の三博士』の言語と物語が反映している、と考える。さらにこの作品を英語世界へと導くために、フィルコックスは、コンデがこの作品の執筆にあたってもっとも強い霊感を受けた書物であるブルース・チャトウィンの小説『ウィダの総督』(9)(一九八〇)の言語を精査する。アメリカスとアフリカとを結んで何度も往還を繰り返す物語の構成の類似だけでなく、この二つの作品は、高貴さと卑俗、伝統と変容、出自と流浪をめぐる一貫したアイロニーのトーンが驚くほどの共鳴を見せている。優雅さのなかに人格の統合を見いだす、アフリカの王国の感情と美意識の運命を扱いながら、この二つの風変りな小説は、等しく偶像破壊的であり、ノマディックであり、脱神話的である。

イギリスに生まれ、世界放浪の旅のなかで短い生命を燃焼し尽くしたチャトウィンの「声」のかたわらにマリーズの離散する声を着地させ、その声と声の干渉と共振のなかから、一つの「食人」行為としての翻訳を誕生させること……。フィルコックスはこうして、『最後の東方の三博士』を英語による作品として再‐創造することに成功する。そのとき、もはやマリーズ・コンデを原語で(すなわちフランス語で)読むことの第一義的な正統性の根拠は存在しない。すでに、コンデの「フランス語」作品そのものが、優雅さの持続と記憶の重層によって描かれた(非西欧言語による)世界をフランス語という西欧言語によって「翻訳」したものである以上、英語として出現した『最後の東方の三博士』もまた、フランス語版とまったく同じ強度をもって屹立しうる、一つの至高の「翻訳」=「食人」の成果であるからだ。そしてこの英語版によって、アフリカ(部族語)からマルティニック・グァドループ(フランス語)を経由してチャールストン(英語)にいたる言葉のはるかな旅程もまた、必然的な広がりのなかで一つの帰結を見る。文字によっては書かれえぬアフリカの王の年代記の不在を三角形の頂点に、フランス語と英語によって生きられた二つのテクストを底辺の両端に従えることで、『最後の東方の三博士』ははじめて、充満する三角形としての「世界」を志向することが可能となったのである。

＊

コンデ＝フィルコックスにおける「翻訳」の意味をこうとらえることで、コンデがなぜニューヨークというカリブ海の多言語的現実が凝縮して生きられる都会に住み、フランコフォンの作家グループとの連携を超えて広くアングロフォンやイスパノフォンの作家たちと深く精神的に結ばれようと切望するか、という問いにたいする答えも見えてくるだろう。エドウィッジ・ダンティカの例が典型的であるように、ニューヨークに移住した両親の後を追ったハイチ出身の少女は、自らのフランス語系ハイチ・クレオール世界の経験を、彼女の離散の経路の必然的な帰結として、英語によって語りはじめた(『クリック? クラック!』[10])。キューバ亡命者のなかの一・五世(幼少期に島を離れた世代)である詩人グスタボ・ペレス゠フィルマは、スペイン語と英語のはざまに「失われた」まま息を潜める自分自身のことばを永遠に探し求めてマイアミで二言語混淆の『バイリンガル・ブルース』[11]を叫び歌う。そして、旧オランダ領スリナムの首都パラマリボに生まれて二〇歳でオランダに移住したアストリッド・ローマーは、彼女の幼少の記憶に生きる字の読めないクレオールの同胞に向けてオランダ語で「語られる物語」をひたすら書き続ける……。カリブ海はこうして、すでにニューヨークにおいて陰影に富む英語で綴られるハイチとなり、マイアミにおいて苦渋のバイリンガルが描くハバナとなり、さらにデン・ハーグにおいて静謐に発音されるオランダ語のスリナムとなる。マリーズ・コンデが、こうして離散し世界に向けて豊かに散布され、無数の言語の響きによってつくりあげられた「カリブ海」世界の正統な住人であることは、もはやいうまでもないであろう。

先にあげた、アストリッド・ローマーは、『勇気ある生』[12](一九九六)および『愛に似たもの』[13](一九九七)によって二〇世紀後半のスリナムのクレオール的文化景観とその歴史を生き生きと描き出したが、彼女はこれらの作品の意味と効用についてあるインタヴューのなかで次のように示唆的に語っている。

スリナムは言葉となりいくつもの物語へと変容した。新聞記事へと。故郷からの手紙へと。電話の会話へと。ときどきの訪問へと。私の作品を読んだオランダに住んでいるたくさんのスリナム人が私にこう言ってくれた。あなたは、私たちにスリナムを取り戻してくれた、と。けれど私はこう思う。私は彼らにスリナムを取り戻したのではない。この二つの作品で私がしたことは、ただ、スリナムが私たちになるという物語に、二つの新しい章を書き加えただけだ、と。[14]

スリナムが私たちになる日。そのときが、ローマーのカリブ海がすべて過去の記憶と未来の予兆とを抱えてついに彼女の傍らに広がる精神の汀へと満ちてくる瞬間である。まったく同じように、マリーズ・コンデにとってのカリブ海もまた、すでに、つねに、そしていつの日か、彼女を含む私たちに「なる」ことを夢見て、クレオールと呼ばれる意識の汀へとさざ波を送りつづけている。コンデの小説やエッセイのすべてを貫く、このクレオールの汀の上に自己の精神の拠点を見いだそうとする感覚は、ほとんど圧倒的だ。しかもことさら「クレオール」という概念を概念として独り歩きさせることなく……。

「クレオール」と書きつけることでなにか特別の意味論がそこに生じ、なにか特別な言表行為がなされてしまったという幻想から脱すること。クレオール、クレオリテ、クレオリゼーション……。これらは、オプティミスティックに言挙げしたり、うさんくさげに眉をひそめたりする対象としての思想でもなければスローガンでもなく、ましてや文化概念でも現状の説明原理でもない。それは現代の世界に生きる私たちの生命の本質的な包容力のことであり、私たちの感情や肉体のみずみずしい混淆性のことであり、私たちが使用する言葉の遊動しようとする自然な本性のことである。それは私たちの誰もが持っているはずの、精神と肉体をやわらかくつなぎながら理解と感覚を育んでゆく魂の技法のことであり、それ以上でも以下でもない。

そのことを誰よりも確信を持って語りながら、マリーズ・コンデのカリブ海は絶えずゆらめき、拡散し、地図上の島々から決然と離れてゆく。アフリカ沖からカリブ海、北米大陸を横断するハリケーンの経路を描き出したナショナル・ハリケーン・センターの喚起的な地図ですら、もはやいまの私には不十分に思える。カリブ海がいつか私たちになる日。その日には、平面地図への強迫観念は消滅し、新しく書き加えられた無数の物語を持ち寄って私たちがそこに「世界」を出現させ、それを「カリブ海」、と呼ぶことがきっと可能になるだろう。マリーズ・コンデは、そんな未知の普遍地理学の発明者になろうとしているように、私には思われる。

V　水でできたガラス

1　水でできたガラス

ガラスがつくりだす、日常的でありながら不思議に喚起的な光景を私はあるとき発見した。それは毎日仕事場の大学へと車で向かう途上で目にする、大都市郊外の典型的な町工場の風景の一つである。鉄道線路に交差する旧式の踏切のすぐ脇に建つその小工場は、工場と呼ぶよりは区切られた作業場という形容のほうがふさわしいほどの粗末なつくりだったが、貧弱な小屋の前の空き地にはいつも不釣り合いなほど巨大なガラス破片の山が屹立していた。細かく砕かれたガラスの破片は、季節ごとの太陽光に透過されて奇妙な偏光プリズムとなり、通り過ぎる私の目をいつもさまざまな方向から刺し貫いた。そんなとき、固体としてのガラス片の姿に、なぜかゆらめく流体を思わせる運動性を感じて私は驚いた。高さ七〜八メートルのそのピラミッド状のガラスの小山は、まるで嵐のまえぶれを告げる荒れた海岸に打ち寄せる、白い波頭をいただく高波のように私に迫ってきたからである。「水でできたガラス」の姿を、そのとき私は幻視した。

それが板ガラスの再生工場であることはあきらかだった。砕かれたガラス・カレットはここで熱せられてドロドロの液体にかえり、ふたたび成型されてさまざまな用途のガラスへと加工されていた。

加工される前のガラス片がいったいどこから持ち込まれてくるのか、いまだに訊ねたことはない。だが、ガラス山から出る不均一な光の発散が語っているように、そこには無数に異なった素材として各地で使用されていたガラス製品が、ただガラスであるという素材の共通性のみによって、ここに集められていることはまちがいなかった。ガラスはいかなるガラスにも交ざりうる。その意味では、ガラスはやはり水のような流体なのだった。ものを対象化したり、事物と事物のあいだに認識的な境界をもうけたりしない動物的な知覚のことを、ジョルジュ・バタイユは「水のなかに水が存在している」ような状態とたくみに形容したが、ガラスにとっての存在論もまた、こうした内在的な連続性によって保証されているようななにかにちがいなかった。

だとすれば、近年この工場で働く人々の一様に浅黒い顔がさまざまに国籍の異なった労働者の存在を暗示していることは、不思議にガラスの示す流体的な存在論にみあっている。珪砂や炭酸石灰、酸化ナトリウムといった素材を高温で熱して溶解させ融合しそれを急速に冷却することによって、結晶化しない無定形状態の固体として生成するガラスは、それじたいのなかに多様な混合体としての性格を秘めている。一方そうしたガラスを加工処理する日本の労働者たちのなかにいま成立しつつある文化的交雑性は、彼らの家郷であるブラジルや、タイや、イランや、ペルーといった国々のローカルな文化の単一な結晶化をこばむハイブリッドな混沌を体現している。この二つを並べてみたとき、比喩的にいっても、ガラスは現代の社会をおおい尽くそうとしている無数の人間の移動と交雑と混淆の状態を喚起的に示す文化的メタファーとしての特権性を備えていることがわかる。

こうしてガラス工場の日常的な光景は、いまだあやうい脆弱さのなかに生まれようとしている混合体としての現代文化の、うごめく流体としてのあらたな可能性を私に強く示唆してくることになった。

2　水とガラスの都市たち

水とガラスの親縁性についての私の発見は、ただちに、この二つの物質をかけがえのない財産としていまに生きつづける都市ヴェネツィアへの連想を誘う。海に浮かび、水を友とした一三世紀のヴェネツィア都市国家が、まさに水によって世界と結ばれたその交通性ゆえに果たされた文化接触の賜物として、特異なガラス工芸を生みだしていったことは偶然ではない。海の上を文物が漂うことが、ガラス製法の技術的伝播をもたらしたのだとすれば、ヴェネツィアガラスが秘め隠す流体としての比喩には文化史的な根拠があったともいえるからだ。

しかもヴェネツィアとガラスの親縁性はかならずしも工芸史における具体的なつながりだけではない。ヴェネツィアと海、そしてヴェネツィアと水の深く本質的な連関を誰よりも鋭く見抜いたロシアの亡命詩人ヨシフ・ブロツキーは、冬の「高潮《アックア・アルタ》」によって水浸しとなったサンマルコ広場を濡れながら徘徊し、あるいは夏のシロッコの熱風が海面に吹きつけるときに描かれる漣《さざなみ》の描線に目を奪われながら、水という流動体が人間の思考じたいのもつ形式を表現していることを発見する。そしてこの水の豊穣な表現可能性に思いをいたしたブロツキーがそのときふと参照するのが、ほかならぬガラスの存在だった。流浪の詩人が、その無意識によって漂着した港をみごとな散文で描いた『ヴェネツィア——水の迷宮の夢』のなかにこんな文章がある。

> 世界を一つのジャンルに当てはめようとすれば、その主な様式上の工夫が水であることは、疑う余地はない。もしそうでないとしたら、世界を創った神が水以外の代わりになるものをあまり持っていなかったせいか、あるいは思考そのものが、水のパターンをもっているのか、そのどちらか

だ。人の筆跡もそうだ、情緒も、血も同じだ。物を反映するというのは液体の特質で、雨の日などには、自分の体をそのうしろに置けば、液体の反射性が硝子よりも高いということを、容易に証明できる。……このようにして、人は初めてヴェネツィア人となる[1]……。

古都レニングラードを貫いてバルト海に注ぐネヴァ川を身体に宿した詩人が、流亡のはてに訪ねたもうひとつの水の都ヴェネツィア。バルト海とアドリア海という二つの流体の連鎖のなかにみずからの転位《ディスプレイスメント》の境涯を感知しながら、詩人が水とガラスとをまるで親子のようなものとして語ることに注意しよう。そして水が時をあらわし、記憶という時の凝縮をわたる旅が亡命者の宿命であるとすれば、水は自己の鏡のようにして、ガラス越しに、自らの現在の姿を正確に映し出すことになる。ガラス工芸によって人々を魅了し、その流体の充満によって鏡として旅人の真実を映し出すヴェネツィアは、現実にもまた比喩的にも、ガラスの都と呼び換えることができるにちがいないのだ。

だがこのいささかツーリスティックでもある連想は、さらにヴェネツィアを通り越して、そこからわずか五〇〇キロほど南東に位置する、現代によって呪われた一つの都市へと私をいざなってゆく。ボスニア＝ヘルツェゴヴィナの首都サラエヴォ。歴史的にカトリック、東方教会、イスラム、ユダヤの宗教的な交差点として、東ヨーロッパにおける特異な文化的十字路を形成してきた古都サラエヴォは、いまやもっとも凄惨で泥沼化した内戦がたたかわれた戦場都市の一つとして知られるようになってしまった。

戦場となったサラエヴォへの歴史的想像力にあふれたルポルタージュとして傑出した、スペインの作家フアン・ゴイティソーロの『サラエヴォ・ノート』（一九九四）にこんな一節がある。

今、私の目の前にある街は破壊された荒れ地以外の何物でもない。そこには怪我、不具、内臓、化膿する傷口、目を背けたくなるような傷跡があふれている。……ガラスが光る高層ビルは、穴を塞がれた蜜蜂の巣のように、高くそびえ立つ。光を反射してキラリと光る窓と、ところどころにガラスの抜け落ちた窓が混じる様子は、目玉をくり抜かれた目の窪みや、片目の意地悪い視線を思わせる。焼けて灰になった車やバスは、道のまんなかで炎上する恐怖をとどめている。(2)

窓ガラスが無事なままの住宅などほとんど存在しない、窓枠と鉄骨とブロックの裸体をさらすサラエヴォの街をひたすら彷徨する作家の姿が目に浮かぶ。この街では、散乱するガラス片は、まさに砲弾の落下と、爆発と、銃撃戦と、狙撃兵のきまぐれな発砲とを、事後的に確認するためにもっとも雄弁な証拠品であるらしい。サラエヴォにおいては、砕け散ったガラス片とはちょうど瓦解した多民族・多言語国家の幻影の断片だ。大きなナショナリズムの幻想が破れ、地域的なナショナリズムと、民族自決と、そして冷徹な響きをもった「民族浄化」という符牒のような掛け声が、無差別殺戮の闇を支配する。自己閉鎖的な破壊の衝動だけが、政治や宗教の理念を無化しながら一人歩きする。散乱するガラス片が、もはやそれらの前身の痕跡をとどめないように、内戦もまた、集団と集団の対立というレヴェルよりも内化し、個人と個人のあいだの、さらに人間一人一人の意識と身体の、記憶と歴史の、意識と無意識のあいだの抗争へとミクロ化してゆく。ドイツの詩人エンツェンスベルガーが「分子的内戦」と呼んだ、この出口の見えない深化された内戦の光景を、砕け散った無数のガラス片は思いがけないやり方で映しだしているのである。(3)

しかも戦場の瓦礫は、分子的内戦の苛烈な深度を示すと同時に、近代的消費の究極の形態として容易にスペクタクルの犠牲ともなっていった。ギー・ドゥボールが『スペクタクルの社会』において鋭く論じたように、メディア化された現代社会のイメージ消費は、広告、映画、TVなどがさししめすパノラミックなランドスケープを媒介に、それをスペクタクルとして社会関係の中に巧みに取り込んでゆく。[4] そのことによってスペクタクルは生の経験を肩代わりし、それを飲み込み、ついには消費形態そのものの集合的な表象となってしまう。まさにこのメカニズムが、旧ユーゴスラヴィアの戦場を襲ったのである。セルビア軍によって壊滅的な爆破を受けた「アドリア海の真珠」、クロアチアの古都ドブロヴニクは、以前からの魅力的な観光都市としての機能を、いまやそのまま戦場の瓦礫のなかに再現しようとしている。建築史家エドワード・ボールの報告によれば、ドブロヴニクはその戦闘による破壊そのものを「保存」し「再構成」する一連の「修復」作業を経て、みごとな戦場観光都市として再生を果たしつつあるというのだ。[5] われわれの生きるこのスペクタクル社会は、戦場のガラス片や倒壊した建物や瓦礫の山をすら、消費すべきイメージ商品として簒奪しようとたくらんでいる。

そしてその点ではサラエヴォもまた例外ではない。すでに内戦中から、イタリアなど周辺国ではサラエヴォへの「内戦観光ツアー」が企画されていたし、そこでは破壊の惨状を見世物として享受するだけでなく、実際の戦闘に加わって銃を撃つことすら可能だった。毎週末にイタリア各地の空港から小型機でボスニア入りした観光客は、兵士の指導で兵器の使用法についてレクチャーを受け、迷彩服や防弾チョッキを貸与されたあと、「遠方の道に動いているもの（兵か一般人かは不明）を撃つ」ように指示される。[6]「傭兵参加コース」と名づけられたこのグロテスクな「ヴァカンス」は、戦場への経済効果と観光客のスペクタクル的好奇心の満足という双方の利益が等価交換されるかぎり、恐るべき現実として存続する。すなわちここでのガラス片はまた、ツーリストの怪しげな発砲がつくりだした、悪夢のような現実をも意味しているのである。

だが、世界中がテロリズムの脅威のなかでいまや同時に体験しつつあるともいえるこの暴力の夜の闇を、わずかな生きる希望とともに照らしだすのもまたガラスの手製の灯火である。観光ガイドブックという即物的な形式を借りて、戦場となった都市の日常空間のリアリティをみごとに描き出したFAMA編による『サラエボ旅行案内』には、市民による水の入手をめぐる生活術の紹介のあと、夜の闇をいかにしてやり過ごすかについての次のような記述がある。

〝夜のサラエボ〟とは市民生活が太陽の運行に依存しているという意味だ。ふたりのアメリカ人、テスラ（ユーゴスラヴィア生まれの米国の電気技術者・発明家で、私たちの誇り）と、アメリカ人が誇りとするエジソンの発明の上に成り立ってきた文明生活がなくなった今、早寝早起きの習慣を身につけるしかない。電気のある家庭をうらやみながら、多くの夜が過ぎてゆく。それでも方法はある。サラエボ市民はカンディーロをつくる方法をマスターした。カンディーロとは聖像（イコン）の前に吊るされる照明器具の一種で、ギリシア人はこれをカンデロスと呼んでいる。つくり方は次のとおり。ガラスの瓶かコップに水を半分、油を四分の一いれる。コルクの蓋を五ミリから七ミリほど切り取り、木綿糸やカーペットの切れ端など、なんでもいいから燃えるものを小さく切ってそこに通す。灯芯が油の上からずれないで燃えるように二センチほどのブリキ板を瓶の上に使う。その板に沿って灯芯が油に浸かるようにするのだ。(7)

ほとんどサバイバル・マニュアルのような書き方のなかに、ガラスの使用をめぐる思いもかけない喚起的な情景がたち現われてくる。分離する水と油という液体によって二層に満たされたガラス瓶が、分子的レヴェルで夜に浸透してゆく内戦の闇を照らしだす。くぐもったガラス越しにぼんやりと発光する部屋の片隅で、恐怖と平安とが、日常と非日常とが奇蹟的に接続される。そして比喩的にいえば、テスラ――これはまた一九九五年の東京の地下鉄を毒ガスによる阿鼻叫喚の場へと変えた宗教集団の幹部たちの信奉する一科学者の名前でもあった――、エジソン、ギリシアのカンデロスといった出自を異にする電気科学の意匠や民衆の技術が、サラエヴォの住宅の灯火のなかで不思議な融合をはたすことになるのだ。

3 境界なき主体

内戦だけでなく、私たちの社会そのものが、いまや分子的な亀裂を生きようとしていることに目をつぶることはできない。国家、民族、言語といった従来の社会的・文化的境界を確定していたアイデンティティの根拠が、人間の激烈な移動とポストコロニアリティの矛盾のなかで、宙づりにされようとしている。自己同一化を規定してきた集合的・制度的な枠組みがその虚構性をあらわにするにつれて、アイデンティティと差異をめぐる文化政治学は主体の内部に存在する分子的組成にたいして照準を合わせはじめた。こうした押しとどめることのできない文化的転位の動きが進行する一方で、それをふたたび幻想の世界秩序に回収しようとする力はむしろ強まっている。国民国家の境界や、言語共同体の枠組みをみずから破って、本質主義的な幻想に還ることなく、あたらしい接続的な連帯へと乗り出してゆこうとするディアスポラ（離散）的な作家やアーティストにたいしての世界の反動的・抑圧的な対応は厳しさを増している。サラエヴォという都市にたいするヨーロッパ世界の冷淡も、ゴイティソーロが正しく示唆しているように、多様な宗教と文化の交通路として特異な歴史的ハイブリディティを示すこの混住都市への、民族と宗教の優位を守ろうとする者たちによる嫌悪と敵意の現われであるともいえる。「出会いと収斂の場、相違が排除を生まず、影響しあい浸透しあうことによって混合し、互いを豊かにしあう場」としての歴史を生きてきたサラエヴォは、まさにそうした文化混淆的な歴史性ゆえに、今日の悲劇を引き受けざるをえなかったのかもしれない。

文化と文化を分ける境界を、意識的にであれ、無意識にであれ超えて進もうとする者が引き受けるべき主体性の新しい位置づけを、いまサラエヴォ市街のガラス片の彼方にどのようにして展望することができるのだろうか。こうした問いは、必然的にアイデンティティという意識が発生する地勢学の根底的な変革を私たちに要請する。政治的、思想的、そして芸術的なあらゆる表現の固有性が立脚していた「自己」というものの因習的な境界が破られたいま、私たちが必要としているのは新たな「主体の政治学」とでも呼ぶべき実践である。そこではもはや、自己のアイデンティティは他者と弁別される差異のなかに自明なものとして存在はしない。むしろ自己のなかをたえず通過しつつ主体性そのものを更新してゆく他者性の強度によって、アイデンティティの接続的な力が測られてゆく。主体のなかに浸入してくる他者性の流れを感知し、まさに自分自身の身体のなかでくりひろげられている分子的戦闘の渦中へとダイヴすること。

そこで主体は境界のないものとなる。境界なく生きるとは、「わたし」という場をダイナミックな交通と交差の場に変容させてゆくことでもある。米墨国境地帯という苛烈な文化混淆のボーダーで稀有な寛容性と凝集力を持った言葉を生みだしつづけるチカーナ（メキシコ系アメリカ人）の女性詩人グロリア・アンサルドゥーアは、そうした主体の政治学に踏み出そうとしているすべての意識の同胞に向かって「十字路になりなさい」と呼びかける。


ボーダーランズでは／きみ自身が戦場／そこでは敵どうしが実は似かよった仲間／そこはきみの家　そこできみは余所者／国境紛争はすでに片づき／一斉射撃が休戦協定を無効にし／きみは負傷し　戦闘中に行方不明／あるいは死亡し　なお反撃をやめない／ボーダーランズで生きるとは

／剃刀のような白い歯をもった機械がきみの／赤味がかったオリーヴ色の肌を切り裂き　心という穀粒を押し潰し／きみをどんどんふんづけひきちぎりぺしゃんこにのして／真白なパンみたいにいい匂いのする　でも死んだ塊にしたがること／ボーダーランズで生き延びるためには／きみは境界なく生きなくてはならない／十字路になりなさい(8)。

「わたし」という現象を核心と外形を明確にそなえた統合体とみなすのではなく、十字路であると、あるいは一つの曲がり角のようなものであるととらえること。そのことは当然、みずからの安定的な帰属を放棄することにつながる。だが家郷を失い、国から追放されることによって、逆にすべての領土はこちらにむかってやってくる。占有すべき領地としてではなく、無数の「わたし」を散種すべき無辺際の荒野として。それはまた終わりのない「旅」が実践される現場でもある。旅がうながす認識の転換によって自他の強固な差別化のシステムを解除したものにとって、すべては一変する。支配的「世界」をあいかわらず治めてきた勢力の側から、他者である、少数者である、エキゾティックである、「第三」番目であるとつねに規定されてきた者たちは、自らに押しつけられたステレオタイプの鏡のなかに、逆に醜悪な支配者の顔を発見する。旅が、たえざる外界の相対化と、自己の内部への他者の繰り込みとを同時に実現するからだ。ハノイに生まれ、少女時代をサイゴンで過ごしたのち、泥沼化するヴェトナム戦争をのがれてアメリカ合州国に渡り、流亡の境涯のなかで幻影の「オリエント」を無化する実験的な映像を生みだしつづける映像作家・批評家トリン・T・ミンハは、十字路としての旅が私たちの思考にもたらす効用を次のように書いている。

旅をすることとは、自分のアイデンティティを深く揺るがし、逆転する作業である。私は他人を通して私となるのだ。異国風なものは、見る人によって、他者であったり、私であったりする。なぜなら文化を離れて、文化の外側にいる人とは、私がまだその懐かしい文化の一部を共有している彼方の人ではなく、あるいはその耳慣れない文化から私が何かを学びはじめている新たな土地の人でもないからである。私とは、私といっしょに回り道をしている人、この場所からだけでなく、私の複数の自我の一つから旅立つ人。旅程は、私のアイデンティティの基礎や背景をずらし、それがたえまなく繰り広げるのは、自己と他者——私自身の外の他者と、私自身の内の他者——との、まさに出会いなのである。[9]

4　エクセントリックな旅

そうした旅人は、ときに亡命者と呼ばれ、ときに難民と呼ばれ、ときにディアスポラの民とよばれるだろう。だがそれらは、現実における亡命や難民の経験を直接意味しているのではない。旅の可能性はすべての現代人に向かって開かれている。自らの生存を、幻想の根っこ《ルーツ》（roots）からいさぎよく切断し、歴史の深みにたった可変的な経路《ルーツ》（routes）の上へと置き直すことを選択した人々にとっては、旅こそが彼らの住みかとなるからだ。ネイティヴな土地を離れ、転位という旅の境涯のネイティヴとなること。

そうした旅の軌跡を、エドワード・サイードにならって「特異な＝脱中心的な旅《エクセントリック・ジャーニー》」と名づけてみよう。パレスティナからの亡命知識人として、つねに「異なった存在《エクセントリック》」として旅に生きることを余儀なくされたサイードは、出発点と目的地と帰還する家とを保証された旧来の旅——それをコロニアリストの旅と呼ぶこともできる——ではなく、世界秩序を成り立たせている中心軸を大きく迂回しながら彷徨する、もっともアクチュアルな現代人の旅の思想について語っている。そこでは、旅は遠隔地の情報を占有し、西欧的な知としてそれを搾取し、土地を収奪し支配する方法ではない。エクセントリックな旅とは、サイードにとって漂流する船に乗った意識の難破者としてイメージされている。

知識人は難破して漂着した人間に似ている。漂着者は、うちあげられた土地で暮らすのではなく、ある意味で、その土地とともに暮らす術を学ばねばならない。このような知識人は、ロビンソン・クルーソーとはちがう。なにしろクルーソーの目的は、漂着先の小さな島を植民地化することにあったのだから。そうではなくて知識人はマルコ・ポーロに似ている。マルコ・ポーロは、いつも驚異の感覚を失うことはなく、つねに旅行者、つかのまの客人であって、たかり屋でも征服者でも略奪者でもないからである。(10)

「土地とともに」暮らす、という表現は、現代文化の置かれた漂着者としての新しい条件を喚起的に指し示している。土地を所有/同化/収奪する植民地主義者の思考でもなく、だからといって土地との有機的な帰属関係を再神話化する先住民主義者の方法でもない、そうした属地的・領域的思考からともに自由になった「旅する理論」を、ここでサイードは私たちのディアスポラとしての未来に向けて静かに提示しようとしているのである。

そうしたヴィジョンのなかに、一三世紀末のヴェネツィアの商人にして冒険家、マルコ・ポーロの名が登場していることは、私のきまぐれな連想をふたたび刺激する。二六年もの歳月をかけて、小アルメニアからペルシア、チベット、カタイ(元)、チャンパ、インド洋沿岸を経、一二九五年、いまからちょうど七〇〇年前にヴェネツィアに帰着して「東方」の像をはじめて西欧人に伝えたマルコ・ポーロの軌跡に、現代のディアスポラの流民を重ね合わせること。それはとりもなおさず、中世期の文物交流の結果として一三世紀に花開いたヴェネツィアの工芸ガラスの輝きのなかに、現代社会を覆う文化的交雑と分子的内戦がもたらした無数のガラス片を透視することではないのか。

わたしはふたたび、あの、「水でできたガラス」という奇妙な夢想に、不可思議なリアリティの種子が隠されていたことを発見する。内戦の夜を照らす手製の灯火としての、十字路としての、亡命者としての、漂着者としてのガラス。その水のような可塑性をみなぎらせた流動体のなかに、私は未来の土地と文化とアイデンティティと表現とを接続する新しい地平の存在を感知する。「君の頭上　褐

シムリン・ギル「洗い晒しにされて」(1993-95)。マレーシア半島の西岸ポート・ディクソンとシドニーを拠点に制作をつづけるギルは，彼女の原風景であるマレーシアやシンガポールの汀に生起した苛烈な歴史的交通と漂着の歴史を深く受けとめつつ，浜に打ち寄せられたガラス片を丹念に収集して，そこにさまざまな喚起的な言葉を刻み込んでインスタレーションを構成した。「出来事」「象徴」「細胞」「遊び」そして「ガラス」……。波に洗われて漂着したガラス片は，現代人の流亡の汀に打ち寄せる無数の言葉と，ここで重なり合った。

色の煉瓦の枠に縁どられたガラスを通して／一本の樫の象眼細工された銅色の月桂樹が／ウィスキーのように輝く」と詠んだカリブ海セント・ルーシャ出身のノーベル賞詩人デレク・ウォルコットもまた、自らの群島から離散した民としての境涯にたって、海が接続しつづけてきた「世界」の新たな変容の姿をさまざまな修辞的文体に乗せて示している。収容所群島から亡命者の群島へと移住した盟友ヨシフ・ブロツキーに捧げた「ヨーロッパの森」と題された詩において、さきほどの詩句のあとにウォルコットはこうつづけている。

> あの暗い子供は誰なのか――ヨーロッパの欄干に／立って　夕べの河が　詩人ではなく権力を／刻印された金貨を鋳造《つく》するのを見詰めているのは／紙幣のようにさらさら音を立てるテムズとネヴァを　それから／黄金《きん》に黒を重ねたハドソン河のシルエットを　眺めているのは。／／凍ったネヴァ河からハドソン河まで／空港の丸屋根の下　谺する駅舎を通って／注ぐのは移民の支流だ――国外流浪で／共通の風邪のように階級もなくなった彼ら／いまは君のものである一つの言語の市民たち。[11]

文化の境界を渡ってゆくという営為に踏み出した現代のあらゆるトランスカルチュラルな子供たち、離散の表現者たち、すなわち「私たち」でもありうる無数のガラス片が、ここでウォルコットのいう、新たに生まれかける、流亡という名の一つの言語的連帯への市民権を与えられた者であることは、いうまでもない。

補遺2

vi　交差するアリエルとキャリバン——ある「誤読」の前史

「誤読」の二〇世紀史

〈シェイクスピア〉と〈アメリカス〉Americas。この二つの言葉を、符丁のようにして、「現在」の世界文化を照射するためのアクチュアルな問題意識とともに、できうるかぎり喚起的な方法で接続してみること。簡潔にいえば、これがここでの思想的関心事である。

〈アメリカス〉Americas という、日本の読者にはいささか耳慣れない概念は、いうまでもなく文法的には〈アメリカ〉America の複数形として成立する言葉である。なによりもまず、〈アメリカス〉という文化概念が定立するための最大の前提は、それが北米＝アングロアメリカによって独占されたかの感がある「アメリカ」という概念に、汎大陸的、西半球全域的な包括性と、歴史・民族的多元性を与え直そうとする意志に貫かれているという点にある。それは文字どおり文化的交通によってつくられた「複数のアメリカ」という歴史的現実のことであり、同時に「複数のアメリカ」の未来的可能性のことでもある。別の言い方をすれば、それはアングロ系白人種によって統治された近代国家としての「純血のアメリカ」(合州国)の唯一の理念にたいして、ヨーロッパ、アフリカ、先住民インディオを統合する「混血のアメリカ」を突きつけることでもある。

こうした南北アメリカの歴史＝文化的複合性にたいする包括的なまなざしの一つの起源は、一九世紀末から二〇世紀はじめの中米カリブ地域に出現したモデルニスモ運動に求めることができる。そしてこの時期の〈アメリカス〉意識のなかではじめて、シェイクスピア劇の一登場人物に、特別な象徴的含意が付与されることになった。モデルニスモ運動の中心人物の一人であったニカラグアの詩人ルベン・ダリーオは、ヨーロッパ的な詩法にアメリカ大陸の土着的な想像力を対置させ、さらに植民地時代の混血アメリカへの自覚的意識を詩集『青…《アスール》』などに込めて主張したが、そのダリーオが一八九八年に書いたエッセイ「キャリバンの勝利」は、北の強大な怪物としてアメリカ大陸に君臨をはじめたアメリカ合州国をシェイクスピアの最後の劇『テンペスト』の粗暴な野人キャリバンに見立てて批判したのである。〈アメリカス〉の文脈におけるキャリバンの登場はこのダリーオのエッセイをもって嚆矢とする。(1)

一八九八年とはまた、米西戦争においてアメリカ合州国が勝利した象徴的な年でもあり、その結果としてカリブ海に残されていた最後のスペイン植民地の一つキューバがスペインから脱却する。だがそれは、アメリカ合州国によるキューバへの政治・経済的干渉のはじまりでもあり、すなわち旧宗主国たるヨーロッパ諸帝国に代わるアメリカ合州国という新しい「カリブ海の主人」の誕生を画す出来事でもあった。これに対し、一八八〇年代から亡命キューバ人とともに、ニューヨークを拠点にしてキューバ独立運動を押し進めていたモデルニスモの思想家・詩人ホセ・マルティは、「われらのアメリカ《ヌエストラ・アメリカ》」（一八九一）という文章をニューヨークとメキシコのスペイン語雑誌に発表して、多元的な〈アメリカス〉への道程を、アメリカ合州国の覇権拡大の欲望と対比させながら宣言していた。(2) マルティの文化論の汎アメリカ大陸的射程は、まさに「キャリバン」を援用したダリーオのモデルニスモの思想的支えともなり、さらにもう一人の重要な『テンペスト』の登場人物であるエアリエルの援用によって〈アメリカス〉の思想の基盤をつくったウルグアイの思想家ホセ・エンリケ・ロドーの『アリエル』(一九〇〇)にも、遠いこだまを送っていた。

こうしてみると、現在の私たちは、〈アメリカス〉という共同意識がシェイクスピアを自らの問題として誤読し、象徴的に援用しはじめてから、一〇〇年後の歴史を生きはじめたことになる。そこで反芻されるものこそ、〈アメリカス〉に流れた二〇世紀史そのものでもあった。〈シェイクスピア〉および〈アメリカス〉というそれぞれの問題系が背後にもつ広大な歴史学的・文献学的・学説史的蓄積とじかに対峙しながら実証的な手続きによって議論することはここでの私の目的ではない。英文学者、ましてやシェイクスピア学者でもなく、厳密な意味でかならずしもアメリカニストでもない筆者には、そのような前提ははじめから欠けているというべきだろう。しかしだからこそかえって、この二つの問題系は、私にとってのっぴきならない思想的重要性を持って迫ってきたのだともいえる。なぜならば、〈シェイクスピア〉と〈アメリカス〉との関係は、とりわけ二〇世紀的文脈において、ある意味で、まさに非実証的で詩的な解釈、いわば創造的な「誤読」という相のもとに展開してきたからである。二〇世紀の〈アメリカス〉という現実を生きてきた混血の思想家や作家たちによって〈シェイクスピア〉が象徴的に援用され、創造的に誤読され、あるいは私的＝詩的に盗用されていった歴史は、いわば西欧近代の認識論が〈シェイクスピア〉という正統(カノン)を一つの礎として築き上げてきた世界観と支配言語がもたらした唯一の「歴史」の背後から、もうひとつのありうべき主体的「歴史」を出現させようとする、〈アメリカス〉の側の人間の思考の軌跡そのものであったのである。そしてそうした主体的な歴史の新たな出現に立ち会おうとする衝動は、アメリカスという地理的限定を超えて、アフリカやアジアに連なる世界の苛烈な文化混淆の現場からも等しく浮上していたのだった[3]。

私の試みは、この〈シェイクスピア〉という符丁が代表してきたひとつの近代的な思惟の歴史に、決定的な「不連続」を導入しようとするヴィジョンを検討する試みである。そしてそのために参照される〈アメリカス〉という思考の場が、まぎれもない西欧植民地主義の産物であるとするなら、この試論は、歴史のいわば「ポストコロニアルな不連続」についての断片的な考察としてかたちをなしてゆくことになる。

さて、ここでの考察にとって特権的な象徴性を持つテクスト『テンペスト』とはなんであったのか？　シェイクスピアが『テンペスト』を書いたのは一六一一年である。そのわずか四年前の一六〇七年、イギリスにとってのはじめてのアメリカ大陸における定住植民地であるジェイムズタウン（現在のヴァージニア州南部の大西洋岸）の町が建設されている。いっけんかけ離れたこの二つの事実のあいだに、じつは『テンペスト』という作品の現代的可能性を読みとく一つの大きな鍵が隠されている。それはすなわち『テンペスト』を、従来の地中海的文脈から、大西洋的な関係へと一気に引きだすことをも意味している。これこそが、ここでいう「誤読」の核心である。『テンペスト』の作中には、たった一つのアメリカ大陸の地名も登場せず、アメリカ大陸にかんする直接の言及も存在しない。プロスペロ一行が嵐に遭遇して難破し漂着した島はあきらかに地中海にあると読め、作品を素直に追うかぎり、その舞台はおそらくシチリア島かマルタ島あたりだろうと考えるのがもっとも自然である。

だがすでによく知られているように、『テンペスト』という物語をシェイクスピアに着想させた種本は、北米をめざす植民初期のイギリス船を襲ったすさまじい嵐と無人島への漂着を記録した「バミューーダ・パンフレット」と呼ばれる報告だった。ヴァージニア・カンパニーの植民地書記官だったウィリアム・ストレイチーによって一六一〇年に書簡の形で書かれたこの記録は、一六二五年まで出版されることはなかったが、シェイクスピアが未刊のこの記録を見ていたことは、ほぼまちがいがないとされている。

するとここに奇妙なねじれが生まれる。つまりシェイクスピアはこの難破の物語を、アメリカ東海岸沖に浮かぶバミューダ島における出来事から霊感を受けながら、それをあきらかに地中海的な物語というかたちで創作した、という事実である。カリブ海の征服と略奪と、それにつづく植民化・奴隷化というコロニアリズムの歴史がまさに立ち上がろうとする瞬間をシェイクスピアは無意識のうちに封印し、それを地中海の物語へと回収しようとした。だが、この物語に埋め込まれたカリブ的種子はシェイクスピアの作品のなかでひそかに生き続け、やがて二〇世紀になって、植民地から脱して自己のアイデンティティを強く求める思想的運動を開始したカリブ海やラテンアメリカの作家たちに、大いなる霊感を与えることになったのだった。シェイクスピア自身が蒔いた、歴史と創作とのあいだのこの屈折した関係をめぐる野生の種子は、カリブ海や中南米のそこここで、シェイクスピアのあずかり知らぬ不思議に熱帯的な花として開いたのである。

この、歴史のねじれをはらんだ無意識の種子のなかでももっとも重要なのがキャリバンである。キャリバン **Caliban** とは、そもそもカリブ海の食人族《カンニバル》 **Can(n)ibal** のアナグラム（語の綴り換え）によって創られた名前であり、『テンペスト』が内蔵するカリブ的暗示の焦点でもある名だった。しかもキャリバンは、シェイクスピア劇のすべての登場人物のなかでももっとも謎めいた存在で、演出上においてもつねに論争の的となってきた。プロスペロから「ケモノ」「ぞっとする生物」「四つ足の怪物」「薄のろ亀」などとさまざまに呼ばれるキャリバンは、その形態的な特徴をテクストから明確に割り出すことがまったく不可能である。さらに人間／獣、奴隷／反乱者、下僕／誘惑者といった両義的な役割のなかでゆらめくキャリバンの性格もまた、単純な支配と服従の構造を曖昧にする。そしてこのキャリバンの視覚化の不可能性は、ちょうど漂着した島が現実の地図上の一地点として焦点を結ばないことと、見事な対応を示している。つまり、現代においてこの島がどこにあるか、と問う想像力は、そのまま、キャリバンとは何者か、という『テンペスト』を解読するための最大の謎へと接続されてゆくことになる。そしてまさに、このプロスペロの島をカリブ海へと読み替える創造的な「誤読」の実践によって、キャリバンも新しいカリブ海的生命に目覚めることになったのだった。

『テンペスト』が現代世界にたいしてもつ暗示の力を自分自身の問題に引きつけ、キャリバンという役柄の曖昧さにもっとも鋭く反応したのが、二〇世紀後半のカリブ海の作家・思想家たちだった。植民地解放によって圧政のくびきから解かれたものの、支配者の歴史が退いた後の歴史の空白のなかで自己を見失い、奴隷の末裔としての黒人的主体性をいかにしてうち立てるかを切実に考えていたカリブ海の知識人たちこそ、キャリバンの創造的探求の行為にもっとも熱心だった。ジョージ・ラミング、エドワード・ブラスウェイト、エメ・セゼール、ロベルト・フェルナンデス＝レタマール、C・L・R・ジェイムズ、デレク・ウォルコットといった思想家、詩人たちのキャリバン探求は、それぞれ『テンペスト』というテクストの脱‐神話化の試みであり、それはヨーロッパの植民地主義的歴史をほとんど神話的な与件として固定化する歴史意識に対する強靭で徹底した批判精神の産物でもあった。『嵐』（一九六九）という作品で、『テンペスト』を黒人劇へと翻案したマルティニック出身のネグリチュード詩人エメ・セゼールは、プロスペロを全体主義的な独裁者であると規定しながらキャリバンの可能性についてこう書いている。

キャリバンはいまだ彼自身の始原に近いところにいる人間であり、彼の自然との絆はまだ絶ちきられていない。キャリバンはいまだ驚異の世界に〈参画〉することができるのにたいし、彼の主人は既存の知識によってそれらの驚異を〈捏造〉することしかできない。しかもキャリバンは同時に叛乱者——すなわちヘーゲル的な意味での真の英雄である。そして奴隷はつねに主人よりも重要だった——なぜなら、歴史をつくるのはいつも奴隷の側だからである。(4)

キャリバンのカリブ海的援用は、プロスペロの歴史に不連続を導入しようとする、ポストコロニアルな新しい「歴史」の宣揚へののろしであった。

アリエル、あるいは家族的紛争

二〇世紀の錯綜する「アメリカス」の歴史を、ほとんど世紀まるごと身を持って生き抜いてきた一人の詩人＝思想家が逝った。一九九八年四月一九日、メキシコシティの自宅で八四年の生涯を閉じたオクタビオ・パスである。この、おそらくは世紀に数人というほどの傑出した文人の死去を大きく報ずるメキシコやスペインの新聞を閲覧していた私は、一つの関連記事を読みながら、不思議な夢想に入り込むことになった。

その記事には、パスのここ数年来の病が、一昨年暮れの自宅アパートの火災によって大切な蔵書の一部を失って以来、急速に悪化の傾向をたどっていたことが報告されていた。書物が人々のイデアの凝縮として生産される歴史に寄り添いながら思考し、書きつづけたパス。そのような彼にとって、生きる意欲を削ぐことになった蔵書の焼失とは、ほとんど彼自身の身体部位の喪失に等しいものだったことを直感した私は、その痛みを想像してみた。彼の精神を育て鼓舞し充足させ、ついには身体の一部となって生きつづけるイデアの塊がもぎ取られてゆく苦痛を。しかも喚起的だったのは、火災で失われた書物の著者のなかに、ルベン・ダリーオが含まれていたことだった。ラテンアメリカの二〇世紀の芸術思想の到来を告げるモデルニスモの提唱者にして、中南米・北米・ヨーロッパと渡り歩いたコスモポリタン詩人。そしてわれわれの文脈では、パスの死からちょうど一〇〇年前の一八九八年、エッセイ「キャリバンの勝利」のなかで、『テンペスト』の新大陸的な「誤読」＝「再創造」の作業に誰よりも先んじて着手したダリーオである。

ダリーオとパスをむすぶ一〇〇年を隔てた「九八年」の符合は、われわれの考察にとって示唆的である。なぜなら、ダリーオによって自覚的に開始される『テンペスト』のアメリカ的転用の思索が、パスらによってきりひらかれた二〇世紀末のラテンアメリカ的＝メスティーソ的＝クレオール的文化ヴィジョンとのあいだに抱える連続と不連続とを、この「九八年」の符合は暗示しようとしているからだ。いかなるダリーオがパスの身体の一部として生きつづけ、二〇世紀のもっとも覚醒した「アメリカス」意識の一つを造形していったのか？　この問いはすなわち、一九世紀末のモデルニスモの思想圏がたちあがることになった西半球をおおう歴史的文脈を、それから約一〇〇年後の現在がどの程度まで共有し、さらにそこからの変異や歴史的展開のなかで二〇世紀という一つの世紀が何を経験してきたのかを明らかにするのに不可欠の問いかけとなるはずである。（この点については、ダリーオ自身の詩や散文、そしてパスの傑出したダリーオ論「貝殻と人魚」などをもとにあらためて本格的に論じなければならない）。

モデルニスモの思想圏の背景となった、一八九八年の政治史を再び簡単に振り返ろう。この年、スペインからの独立をめざして闘われていたキューバ独立戦争にアメリカ合州国が介入する。スペインを打ち破ったアメリカ合州国は、そのままキューバの後見人を自認し、一九〇二年のキューバ独立以後キューバに傀儡政権を樹立させて文字どおり新たな「ネオコロニー」（二〇世紀型の植民地）として政治・経済的にこの島を支配しつづけた。このネオコロニアルな支配は、いうまでもなく一九五九年のフィデル・カストロによる社会主義革命によってキューバの親米傀儡政権が倒されるまで、半世紀以上にわたって続くことになったのである。（さらにいえば、一八九八年の米西戦争によってプエルトリコとフィリピンとがアメリカ合州国の領土となり、ここではスペイン帝国に代わってアメリカ合州国が一九世紀的な植民地帝国の維持を肩代わりしたことになる)。

こうしてみると、米州における一八九八年という画期的な年は、アメリカ大陸全域におけるアメリカ合州国の存在が、一つの現実的な抑圧装置として出現した象徴的な年だったということになる。そしてその年に、まさにルベン・ダリーオのエッセイ「キャリバンの勝利」が書かれることになったのである。一八九三年にニューヨーク（ここでホセ・マルティと出会う）を訪れていたダリーオは、北米を特徴づける物質主義や傲慢で粗野な文化性向を批判し、激烈な調子でこう書いている。

赤ら顔で、悪趣味で、下品な者たちが都会の街路をのし歩き、押し合いへし合いしながらドル券をかき集めようとする。これらキャリバンたちの欲望は、株式と工場にしかない。食べ、むさぼり尽くし、計算し、ウィスキーを飲み、巨万の富を得る。(5)

シェイクスピア劇の粗野な化物キャリバンの性向をそのままアメリカ合州国へと読み替えるこの修辞学は、ただちにモデルニスモの思想運動のなかで一つの強力なルート・メタファーとしての影響力を発揮してゆくことになった。この影響は、当時ダリーオが外交官として滞在しつつ文学的リーダーとして活躍していたブエノスアイレスや隣のモンテビデオ、さらにサンティアゴといった南米の諸都市においてとりわけ顕著であった。たとえばフランス系アルゼンチン人の作家パウル・グロウサックは一八九八年五月のブエノスアイレスでの講演で、キャリバンの名前を援用しながら、アメリカ合州国の帝国主義的な進出を当時のラテンアメリカの一般的な知識人がいかに捉えていたかを次のように語っている。

南北戦争と西部への非道な侵略以来、ヤンキーの精神は混沌としたキャリバネスク（キャリバン風）な身体に完全に乗り移った。旧世界はこれを不安と畏れを持って注視している。いまや没落を宣言されたわれわれの文明を、新しい文明が乗っ取ろうとたくらんでいるのだ。(6)

アメリカ合州国（「ヤンキー」）の西半球における台頭をキャリバネスクな「混沌」をかかえた邪悪な身体の出現とみなすこうした感覚は、一方で、ラテンアメリカ文明（「われわれの文明」）の美質をほとんど「旧世界」（すなわちヨーロッパ）の価値の一部であるかのように前提する発想と対をなしていた。この場合、「秩序」は徹底して旧世界の側にあり、新世界における北米的「混沌」は完全に否定的な意味論を与えられて、キャリバンの粗暴なイメージと同一視されたのである。（だがもちろん、キャリバン的身体の本質的な「混沌」はやがて世紀後半になって、特権的な意味をそなえた輝かしい混血アメリカのメタファーとして逆のかたちで復活することになる）。

こうした、貪欲なヤンキーの領土拡張と物質主義のイデオロギーをキャリバンのイメージに読み替えて対比させながら、ラテンアメリカの美的・精神的感受性の優位を宣揚しようとするモデルニスモの思想的方向性は、それから二年後、一九〇〇年にモンテビデオで刊行されたホセ・エンリケ・ロドーの『アリエル』において見事な結実をみることになった。ロドーは当時ダリーオの評伝を書いたばかりの二九歳の新進のウルグアイ人思想家であり、この著作によって『テンペスト』に登場する妖精アリエル（エアリエル）に、ラテンアメリカ的象徴性をはじめて与えることになった。そこでは、シェイクスピアの造型した「聡明な賢者」にちなんでプロスペロと呼ばれている名教師が、優美なアリエルの銅像の周囲に参集した卒業間近の若き学徒たちの前で即興的な最後の講義を行う、という叙述の形式が採用されていた。

『アリエル』はおそらく、二〇世紀の幕開けの年に刊行されたという事実を象徴的に担いながら、今世紀のラテンアメリカ思想史におけるもっとも高名な著作でありつづけてきた。近年のある研究書によれば、一九〇〇年の初版以来一九七九年のバルセローナ版までで、すでに五四種類の異なった版がスペイン語圏において刊行され、『アリエル』に関する主要な研究書、論文はスペイン語、ポルトガル語、英語に限っても数百におよんでいる。

この著作の驚くべきポピュラリティの理由は、奇妙なことに二つの相反する要因によるものとして考察することができるかもしれない。一つは、すでに述べてきた、北米の物質主義的な帝国性を西欧ラテン文化を背景に持つ中南米的な精神性の原理に対置するその素朴ともいえる明解さである。ラテンアメリカの審美的理想主義とアングロアメリカの合理主義の対峙という構図は、かならずしも北米的文明の物質主義的達成を真っ向から否定するものではなかったが、「合州国を崇拝する、だが好きではない」と書いたダリーオにとって、問題の所在は、世俗世界における政治経済的な達成よりも精神的精妙さと調和を人間存在の本質として優先する、彼の審美的な信条のほうにあった。セオドア・ルーズヴェルトによる一九〇三年のパナマ運河の建設権獲得や、モンロー宣言の拡大政策としての一九〇四年の「ルーズヴェルト・コロラリー」等によって、アメリカ合州国のその後の中南米への拡張主義的傾向はロドーの予感をはるかに越える勢いで進んでいったが、まさにそうした歴史的事実関係の激烈さによって、『アリエル』が示唆したアングロ／ラテンの対峙の構図は後世の人々によってより強調されて受容されていったのだと考えられる。

だが、そうした明解な二項対立の図式的な解釈をどこかで逸脱してゆく、『アリエル』全体を貫いて流れる熱を持った言語修辞学こそ、この著書の多義的で多様な読みを可能にしてきた最大の理由でもあった。パスとならんで現代メキシコの批評的知性を代表してきた作家カルロス・フエンテスは、『アリエル』に散見される過剰でビザールな言語用法を多声的な祈祷音楽としての一八世紀のオラトリオにたとえ、そこに一種のバロック的「狂気」すら読みとろうとしている。[7] だがフエンテスが正しく指摘するように、この言語的「狂気」は、修辞学に淫することで生まれる狂気ではなく、ラテンアメリカの自己同一性を本質的に探り当てようとする、言説とコミュニケーションにかかわる火急の情熱がもたらしたものにほかならなかったのである。

ともあれロドーの言葉のなかの過剰性に目を向けたとき、そうした読みの地平においては、『アリエル』のなげかけるものははるかに現代文化をめぐるアクチュアルな問題意識に接続される。アリエルという形象の示す美と感受性と深く繊細な精神性をラテンアメリカ文明の特質として称揚し、キャリバンに託された北米物質主義と大衆社会のイデオロギーをこれに対置する構図は、当時のフランス思想（とりわけルナンの知的エリート主義とフーリエの理想主義）の強いこだまを受けながら、北米的功利主義のゆきつく先にある現代社会を、不思議な予言力によって照らし出してもいたからである。その意味で、ロドーの深い読解は、北米というキャリバンをラテンアメリカの他者として排除するのではなく、他者が自己をつねに規定し直す弁証法的な関係性のなかに、キャリバンとアリエルとを位置づけることを私たちにうながすことになる。

やや結論を先取りした言い方をすれば、ロドーの提示したアリエルという理想形象のなかに、あらかじめキャリバンは棲息していた。自己規定が他者性を疎外するのではなく、他者性あるいは代替可能性のなかにこそ自己意識の核心がひそんでいるという、現代の私たちが手に入れかけている接続的なアイデンティティの思想に、ロドーの『アリエル』は先駆的に立ち向かおうとしていたからだ。そう考えたとき、アリエルはアメリカ的世界観を更新するための未来的な記号となりうるかもしれない。

だがそのとき、アリエルのなかにすでにキャリバンが棲息していることを、誰もが認めることになるであろう。

命名の錯誤

芸術、美、高潔さ、真実、感受性……。ロドーの『アリエル』（一九〇〇）において、妖精アリエルの彫像のまわりに集まった若き学徒たちに向かって教師〈プロスペロ〉が説く美徳のありかはこうしたもののなかにあった。こうした美徳こそが、二〇世紀の曙光を浴びるラテンアメリカの精神性を特徴づけ、未来のラテンアメリカの自己同一性を保証すべきものとそこでは考えられた。『アリエル』はその結論部分で、ラテンアメリカ人の求めるべきアリエル的美徳の本質をこう直截に提示する。

勝利に浴するアリエルが意味するものは理想主義と生活の秩序である。思考の高貴な霊感である。道徳における無私である。芸術における良き趣味、行動におけるヒロイズム、日々の習慣における繊細さである。彼は人類の叙事詩における名祖《なおや》としての英雄であり、不死の導き手なのである。(8)

すでに述べたように、精神のアリエル的美徳の一方的称揚は、その背後にキャリバンという怪物的形象によってイメージされた北米の物質主義と功利主義的性向への強い批判が込められていた。北米の民主主義の名による市民社会の到来は、世俗的成功のみをひたすら希求し、その先にいかなる生の精神的目的性をも想定しないという点で、文明の大きな堕落とロドーには映った。この、北と南に対峙する「アメリカ」という意識の分裂した構図を語るために、ロドーはアリエルとキャリバンという対立的な形象をシェイクスピアから借り受けることになったのである。

『テンペスト』の登場人物の二〇世紀におけるはじめてのアメリカ的援用は、一九世紀後半のヨーロッパ思想史において重要な位置を占める文献学者・宗教史家エルネスト・ルナンの思想のこだまを間接的に受けたものだった。講演「国民とは何か」(一八八二)によって、フランス近代における「国民」概念を定位したことで知られるルナンは、『キャリバン――『テンペスト』その後』(一八七八)および『若返りの水――キャリバンその後』(一八八一)という二つの戯曲によって、パリ・コミューン以後のフランス第三共和制初期の政治過程と彼の思想的方向性を、シェイクスピア的隠喩として描き出していた。ルナンの『キャリバン』は、民衆蜂起を先導してミラノで権力の座につくキャリバンと、プロスペロの没落と、人間的策謀に嫌気のさしたアリエルの自然の精霊への回帰=消滅によって最後を迎える。鵜飼哲が説くように「それは、公共空間への大衆の登場を逆転不可能な時代の流れと見定めた著者による、新たな政治原理の模索の場」(9)となったが、最終的にルナンのアルター・エゴとしてのプロスペロの孤立と諦観は、共和制による市民社会の成立という未来への方向性を前にして、自らの立場を見いだし得ない貴族主義者の犠牲の精神を示すものだった。高貴な精神主義を象徴するアリエルが消え、勝利に沸く群衆と政治操作をめぐる狡知にたけたキャリバンの手に世俗世界がゆだねられるという結末は、政治と精神、物質と魂、科学と宗教の決定的な分裂の時代の到来を、シニカルで反民主主義的なエリート主義によって揶揄していたのである。

だがこうしたルナンの精神主義への屈折したこだわりの感情は、ロドーのラテンアメリカ人としての自己意識に一つの光明をあたえることになった。『アリエル』のなかで、教師プロスペロは聴衆に向かって、功利主義に支配された北米的民主主義の欺瞞によって審美主義と自己犠牲の精神とが凌辱されたことを告発しつつ、昂揚した口振りで「ルナンを読みなさい、そうすれば私と同じように、君たちも彼をあがめるにちがいないから」と若き聴衆に呼びかける。ロドーはつづける。

近代人のなかでルナンほど、アナトール・フランスが神聖視したあの「典雅な教え」の技芸に恵まれているものはいない。もっとも厳格なときですら、ルナンの分析は司祭の塗油の儀式を思わせる。彼が、疑いを持つように私たちに諭すときも、その疑いは治癒力を持った優雅さによって和らげられている。彼の思考は、聖なるこだまのように私たちの魂を充たしながら広がってゆくので、それはまるで典礼音楽のような言葉に聞こえる。……ルナンの考えでは、民主政治が浸透した社会における生の観念は、最大多数の最大幸福という装いのもとに、しだいに物質的な幸福のみを追求する方向にむけて形成されてゆく。ルナンにとって、民主政治がキャリバンの戴冠式であるとすれば、アリエルは必然的にキャリバンの勝利によって打ち負かされざるを得ないのだ。……精神の選択――それは良質な趣味や芸術性や永遠の理想への憧憬への利他的な鼓舞によってはぐくまれた生の昂揚であり、高貴さを至高の価値と信ずる感情のことであるが――は、合理主義的な平等観念が統治の階層性を破壊してしまったような社会においては、およそ支持しえない弱点とみなされる。……だが社会における真の平等とは、自然の真の同質性がそうであるように、精妙な均衡のなかにのみ存在するのである[10]。

ルナンによりながらロドーが述べているのは、キャリバンの勝利とアリエルの消滅として現れつつある市民社会の功利主義的欲望への批判と、それによって危機に晒される精神文化の擁護である。北米社会の政治的・経済的台頭を前にしたラテンアメリカ人の危急の思想的対応としてみたとき、こうしたルナンの援用は、歴史的な必然性をたしかにそなえている。アメリカ合州国という根なし草文化の凶暴なマテリアリズムに新たに晒され、一方で過剰に土俗的で孤立したスペイン文明の支配下に置かれつづけた経験のなかで、ロドーによる「フランス的知性」の援用は、北米もスペインも与えることのできなかった、フランスが示す、精神の古典主義的なルーツの感覚への強い欲望と傾斜であるとも考えられるからだ。

だが、ロドーによるルナン受容は必ずしも連続的なものではない。なによりもルナンの屈折したシニシズムのなかでは空気の精として雲散霧消した感のあったアリエルを精神主義のシンボルとして復活させて表題に掲げ、アメリカの未来をキャリバンとアリエルの対抗的かつ相互補完的関係として幻視したロドーは、懐旧的な貴族主義の罠からは解放されていたからだ。ときに、調和や完璧さを未来の精神文化の統合的生成への核心にすえて熱っぽく語るロドーの思考の身振りは、その意味でルナン的というよりははるかにその批判者であるニーチェに似ていた。

唯物論的なキャリバンの領土にアリエルの審美主義が浸透してゆくことによって生まれるアメリカ大陸の「未来の高次の調和」こそが、ロドーの汎アメリカ的コスモポリタニズムの理想であった。ダリーオ的モデルニスモの正統の継承者として、「一つの種族による別の種族の一方的な模倣によってではなく、それぞれの種族の特徴と美質を互恵的な影響関係と理にかなった調和によって顕在化させる」ような文化的アマルガムの出現をロドーは夢想していた。そして北米文化のもっとも粗暴なキャリバネスク的側面が、そうした文化的アマルガムの出現以前にラテンアメリカを覆い尽くしてしまうことこそ、彼がなによりも恐れるシナリオだったのである。アリエルによる警鐘は、そのためにこそ必要だった。

民族の自己同一性と世界の普遍的価値とを調停しうるコスモポリタニズムとは、ロドーによれば「過去への忠誠と、未来を形成してゆく力の双方を含む」ものだった。ラテンアメリカの植民地的過去と混血的未来こそ、まさにこの両者が融合して新たな世界を築く条件でもあった。その意味で彼は、多様性ある統合を指向する、きわめて現代的な文化多元論者の資質をも充分に持っていたことになる。アメリカスの未来を西欧古典主義的な審美感のもとにまなざすロドーのユーロセントリックな矛盾と限界を認めたとしても、『アリエル』の現代的な可能性の核心が、この「多様性ある統合」のヴィジョンをめぐる深遠な考察にあることは否定できない。ラテンアメリカ人のみならず、現代世界をともに生きる私たちが危急の要請としてつきつけられているのは、まさに、ナショナリズムとも呼ばれる共同体の自己同一性の獲得の後に訪れた、新たな他者性とともに生きるための試練だからである。カルロス・フエンテスはロドーの思想の彼方にそうした他者性との架橋の可能性を透視しながら、こう論じている。

　文化の水準では、それは自己の民族的・地域的自己同一性を保持しつつ、それを他者性＝代替可能性の水流のなかに試みに浸してみることである。他者こそが、私たちの「われわれ」という概念を規定するのだ。孤立した自己同一性の意識はすぐに破綻する。それはただちにフォークロアとなり、マニアとなり、鏡のなかの芝居へとなり果てるだろう。(11)

アイデンティティを他者性《オルターナティヴィティ》＝代替可能性に接触させること。市民社会の諸価値とは、フエンテスがいうように、国家、軍隊、境界、政党といった中央集権的な制度ではなく、むしろ遠心分離的な運動であり、それは中心の権力によっては回収不可能な拡散的創造性によって特徴づけられる。そしてたしかにロドーは、ラテンアメリカの自己同一性への信仰が、鏡のなかの芝居として他者を分離し自己閉塞してゆく道から、それ自体を離脱させる重要な第一歩を『アリエル』において示した。だがロドーはいうまでもなく、ラテンアメリカが想像しうるあらゆる遠心分離的な運動性を等しく提示することはできなかった。北米アングロサクソン文化への対抗的言説は、ロドーの西欧中心主義的審美学によって、つねにアメリカにおけるラテン文化の系譜をそれに対置することで充足したからである。ロドーの示しえた他者性への通路は、たった一つのオプションに終わったのである。

ロドーのオプションから決定的に漏れていたのは、一つにはインディオ文化という先住民アメリカの遺産への考察だった。あるいは大西洋的な関係として植民地ラテンアメリカを根元から規定することになった、アフリカ的文化の離散と定着だった。そしてまさにこの、先住民アメリカとアフロアメリカという二つの視点の決定的な欠落によって、ダリーオからロドーへと受け継がれた「キャリバン」と「アリエル」の象徴的意味論は、二〇世紀を通じての汎用性を示すことができなかったのである。西欧指向的な、一九世紀的世界観と教養を保持した旧時代のラテンアメリカ知識人による言論の独占が終わり、新しい世代の文化的・政治的リーダーが生まれてきた二〇世紀半ば以降、キャリバン／アリエルの意味論は変容してゆく。なぜなら、新たな文化的リーダーとは、ダリーオともロドーともちがって、インディオやアフリカ人の系譜をかかえるメスティーソ（混血）的・クレオール的な出自をその身体と精神に深く宿していたからである。

とりわけ北米の怪物性を担う記号としてのキャリバンは、その異形性・奴隷性・反逆性によって、混血アメリカの自己意識を直接に受けとめて新たな世界観を構想する特権的なシンボルへとカリブ海知識人によって読み替えられ、鋭く彫琢されてゆく。ラミング、ブラスウェイト、セゼール、フェルナンデス＝レタマールらによる、このキャリバンの意味論の逆転はたしかに強力な声として表明されたが、それはロドーのキャリバンへの深い理解の上に根ざしてもいた。ロドーが開いた道を、混血の学徒たちは決して踏みにじることはなかったのである。その意味では、こう総括することは正しいであろう。すなわち、「ロドーは危険の名をおそらく誤って命名してしまったかもしれない。だが彼はその危険がどこに存在するかについては決して誤らなかった」[12]（マリオ・ベネデッティ）、と。

vii “Red” の網を編むように――グレーター・メキシコへの旅

いまから二〇数年前、「国境文化のなかの『放蕩息子』たち」という文章を書いたことがあります[1]。これは「アメリコ・パレーデスへの手紙」という副題を持った文章で、私のテキサス－メキシコ国境地帯での経験をもとに、旅先からの師への私信という形式で書かれています。チカーノ的な文化地勢、あるいは彼らのテクストをめぐって書いた、私にとってもっとも初期のエッセイのひとつです。アメリコ・パレーデス Américo Paredes (1915-1999) は、チカーノあるいはメキシコ系アメリカ人の主題を学問的に考えるための原点を提供する最重要の文学者＝理論家ですが、このエッセイは彼にたいする個人的な書簡というインフォーマルなスタイルで書かれました。これは私にとって、そういうかたちで書くしかない文章だったのであり、チカーノの混血世界をめぐるヴィジョンを、言葉だけではなくて身体性をふくめて教えてくれたのがアメリコ・パレーデスでした。チカーノ世界のすべて、さらにそこから広がる言語や民族的なバックグラウンドがさまざまに混淆する、ひとつの現代世界の条件といってもいい「混合体としての世界」にたいする眼差しの根幹をつくってくれたのが、ほかならぬパレーデスとその思想だったわけです。

パレーデスとは、テキサス大学で三年間ほどの師弟関係を持つわけですが、彼にたいする私の近づき方は、客観的に考えるとかなり特異なルートだったように思います。一般的に、パレーデスはメキシコ系アメリカ人の民俗文化研究の先駆、あるいはチカーノ文学の原点のような存在として、「アメリカ」の側から捉えられていて、アメリカ文学のなかのマイノリティ文学やエスニック文学に関心を持つ視点が最終的にパレーデスにたどり着くという流れが普通です。ところが私の場合は、パレーデスに師事する、というとやや固い言い方ですが、パレーデスがいるからテキサス大学で学ぼうと決心したとき、メキシコにいたわけです。二年ほどメキシコシティにアパートを借りて生活しつつ、首都から西に五、六〇〇キロ離れたミチョアカンの火山地帯に居住するプレペチャ族というインディオのテリトリーを中心に、調査というか、徘徊していたのです。

やがて私のメキシコにおける経験が深まってゆくなかで、アメリコ・パレーデスという人物が、メキシコにおいてすでに伝説的といってもいい、非常に特権的な存在として語られていることを知るようになります。人類学者や民族音楽学者であるメキシコの私の友人たちが深い敬愛の情を込めて「ドン・アメリコ」と呼んでいた、この、国境文化に精通した学者＝音楽家＝作家＝詩人＝ジャーナリスト。メキシコではとりわけ、コリードやデシマのような国境地帯の民衆歌謡やカウボーイ（バケーロ）文化、メキシコ特有の諺やジョークの文化的意味をめぐるパレーデスの多彩な仕事が、メキシコ文化のアイデンティティを画定するための本質的なテクストとしてしばしば言及されていました。

メキシコにおいて、メキシコ系のアメリカ人が、メキシコの文化的なエートスを深く体現している存在として語られるケースは、非常に例外的でした。メキシコの民俗文化研究やメキシコ人の文化的なアイデンティティにとっての正統性《オーセンティシティ》は、従来からあくまでメキシコという国家的領土を大きな枠組みとして、さらにそこを歴史的にさかのぼった先住民＝アステカ的な中央高原文明の世界観のなかで探求されてきたものでした。だから、メキシコの正統的な文化エートスが、メキシコと国境を接しているとはいえ、テキサスに住むメキシコ系アメリカ人の思想やテクストに投影されるというのは非常に珍しいことでした。メキシコが自らの文化アイデンティティの危機に直面してその文化フロンティアに目覚めたとき、北部フロンティア地帯に立って繊細かつ豪放な声をあげるパレーデスという「境界の人《ヘンテ・デ・ラ・フロンテーラ》」の存在を発見した、ということでしょうか。メキシコにとっても、パレーデスはひとつの無意識の可能性だったのかもしれません[2]。

　最初の出会いは一九八四年のことで、メキシコの側から国境の河を渡ってやってきた一人の日本人にたいして、パレーデスは通常の学生と教師という制度的な関係を超える親近感と特別の愛情のようなものをもって迎えてくれたという感触が私にはありました。その頃、ちょうどパレーデスはテキサス大学の教授職を七〇歳で退職し、名誉教授という立場で大学院コースを持っていました。私はその講義に毎学期参加することができたわけですが、それには「グレーター・メキシカン・フォークロア」Greater Mexican Folklore というタイトルがついていました。一貫してこのタイトルを掲げて、長年のあいだ彼はテキサス大学の英文学科で講義をおこなっていたわけです。

　グレーター・メキシコ。それは、一九世紀半ばにアメリカ合州国に割譲されたリオ・グランデ以北の諸州を、拡張的なかたちでメキシコという国民的・国家的なアイデンティティのなかに吸収しようという視点ではありません。むしろこれはトランスナショナルで、ある種イマジナリーな社会空間としてパレーデスのなかに構築された概念でした。おそらくいまだにほとんど探究されていない、パレーデスの提起した挑発的な文化空間の概念です。

「グレーター・メキシカン・フォークロア」のクラスに、彼は毎回のように愛用のギターを持ってやってきて、自ら「コリード」corrido と呼ばれる国境のバラッドを歌いました。コリードは歌われる一種の叙事詩です。国境のさまざまなフォークロア、歴史的な出来事を物語詩として、市井の音楽家がギター片手に歌い、共同体のイデア、集合的エートスを民衆に向けてつむいでいくものです。そしてそれが、コミュニケーションの形態として、ちょうど新聞のような大衆的役割を果たし、そこからさまざまな出来事が人びとの耳を通じて口づてに伝達され、日常的コミュニケーションのネットワークをつくっていく。そういう、リオ・グランデ周辺の国境地帯に伝わるコリードの伝統につらなるパレーデスは、自らも国境の町ブラウンズヴィルに生まれ育ち、コリードの物語歌を小さいときから聞きながらそれを内部に吸収していったわけです。彼の身体からほとばしりでるコリードの歌とギターの演奏、その身体から立ち上ってくる国境そのもののエートスの空気に教室のなかで触れて、私は深い感銘を受けました。教室という、ある意味で画一化された、一方通行のコミュニケーションが行われることをあらかじめ前提とされたような制度的な空間で、そうした行為が可能であるということにも、大きな衝撃を受けたのでした。私もギターやビウエラ（メキシコで作られる五弦ギター）をいじっていたので、パレーデスの自宅で彼と一緒にセッションをする、という贅沢な時を過ごすこともありました。

　パレーデスが考えた「グレーター・メキシコ」とは、一つのヴィジョナリーな文化領土を指す言葉です。ポストコロニアリズムであるとか、トランスナショナリティといったような、アカデミックな専門用語《ジャーゴン》が全く存在していなかった時期に、すでにパレーデスのなかで感知されていた脱国境的で通文化的な意識の地勢、それを彼はグレーター・メキシコと呼んだのです。このパレーデスのいうグレーター・メキシコとは何なのかを問うことが、当時の私のほとんど唯一最大の課題となりました。私自身、メキシコ先住民文化やメスティーソ文化に関しては多少の知識や体験の蓄積がすでにその時点であったわけですが、そうした土着主義的《ネイティヴィスティック》なメキシコというものを内側から食い破っていくような

晩年のアメリコ・パレーデス。若きコリード弾き(ギタレーロ)として歌いはじめてからほぼ70年のあいだ，家にいるときでも大学の教室でも，パレーデスはギターを抱えて，「民族の知恵」が移動と交通のなかで生まれ，変容していった豊かな文化的消息をひたすら語りつづけた。

テキサス－メキシコ国境付近の玉葱畑に立つパレーデス。20代後半と思われる。国境の町ブラウンズヴィルの新聞記者として文筆の世界に生きはじめた時期であったが，同時に，白人国家によって抑圧される自らのメキシコ系アメリカ人としての誇りを即興的な詩作によって表現していた。

グレーター・メキシコという脱‐地域的概念に強く引きつけられ、その核心を何とかしてパレーデスを通じてつかみとりたい、そういう若い情熱が私をみたしていたわけです。パレーデスの思想と身体的存在、そして彼を生んだボーダー地帯の民俗文化から、グレーター・メキシコと呼ばれるものの感触を自分自身のなかに可能な限り取り込んでゆくという作業に、テキサスでの私はほぼすべての時間を使っていたといってもいいでしょう。そして、パレーデスのほうも、惜しみなくそのヒントを私に分け与えてくれました。

なぜパレーデスが私のような人間にたいして特別な親愛の情を示してくれたかという理由は、パレーデスの過去に深く関わっていました。彼は日本を中心とした東アジアに、終戦直後から一九五〇年まで、五年数カ月間住んでいました。はじめてパレーデスの家を訪ねて紹介された彼の夫人アメリアは、いきなり私に日本語混じりのスペイン語で語りかけてきました。すぐに彼女が日系のウルグアイ人だということを知りました。パレーデスが「日本」というテリトリーと特別の関係をもっていたのです。話題がそのあたりに及ぶと、「オカザキ（岡崎）」とか「ガマゴオリ（蒲郡）」とかいった地名――これらは占領時代にGHQが接収した邸宅やホテルがあった場所です――が、パレーデスの口からこぼれ出してきたりしました。

具体的な背景を少し語れば、パレーデスは「パシフィック・スターズ・アンド・ストライプス」*Pacific Stars and Stripes* という太平洋地域の米軍の準機関紙の記者として、終戦直後から東京をベースにして取材・執筆活動をしていたのです。そのような経緯のなかで、戦時中に日本に帰国していたアメリアと出会ったわけです。ただ、当時の私の情熱はグレーター・メキシコの探究という別のところにあったので、日本をめぐるエピソードはごく断片的なかたちでしか聞くことがありませんでした。

このことは、テキサスを離れて日本にいったん戻ったあとの数年間、しこりのようなものとして私の頭のなかに残りつづけていました。パレーデスとのあいだで通じ合った特別な感情というものを新たに考察するために、「パレーデスと日本」という主題を彼自身の口から詳細に聞き出してみたい、二人のあいだにしか成立しえない関係性に立ったひとつの聞き書きのような作業をしてみたいという強い気持ちがずっとあったのです。しかし結果的には、私のテキサス再訪がかなわないまま、一九九九年のパレーデスの死去によって、その作業は永遠に不可能なものになってしまいました。

これは非常に残念なことでしたが、それからしばらくして、パレーデスがもっとも厚い信頼を寄せていたチカーノ文学研究者ラモン・サルディィーバルによって書かれた『文化の国境地帯――アメリコ・パレーデスとトランスナショナルな想像力』という五〇〇ページを越える大著が登場しました。[3] サルディィーバルは長いあいだ、パレーデスに無私の協力をしながら彼の若いときの小説をまとめて出版したり、あるいは彼のさまざまなノートや手稿を整理したり、最後になった一九九八年のボーダー・コリード調査にも同行したりしながら、晩年のパレーデスに尽くしてきました。評伝執筆を目的にパレーデスの日本経験を調査するために来日したことも知っていましたが、日本で会う機会はありませんでした。ところが、ついにそうした作業の成果がひとつのかたちを伴って私の目の前にあらわれ、この浩瀚な書物を読んで深い感銘を受けたのです。チカーノたちが自らのチカーノ性に立って未来の世界ヴィジョンを創造するために、もう一度原点から検討していかなければならない、そのときの鍵となるアメリコ・パレーデスという人物の可能性が、「ボーダーランズ」「トランスナショナル」といったような、今現在のアカデミックなキーワードをもちいて非常に緻密に論じられている、誠実な著作です。私は、まさにそうした誠実さ、すなわち、徹底してパレーデスが関わり、生きようとしたチカーノのもっとも素朴で日常的な生活世界と社会空間、それをパレーデスがアカデミックな達成として普遍化することができたという視点に立って思考したいという、著者サルディィーバルの純粋な学問的情熱に打たれます。もちろん同時に、パレーデスという人物の批評的な伝記《クリティカル・バイオグラフィ》としても、非常にすぐれたものです。この本が出たおかげで、私自身が抱いていた「パレーデスと日本」という問題系が不明なまま立ち消えになってしまうという心配もなくなり、ここにその探究の大きな第一歩がしるされました。ただ、まだまだ不明な点も多く残されていますし、パレーデスの日本で書かれた新聞記事がそのまま彼自身のチカーノ研究にかかわる世界観を直接的に照らし出してくれるわけでもありません。ですからパレーデスの「パシフィック・スターズ・アンド・ストライプス」紙の記事そのものをいかに緻密に文献研究していっても、チカーノ研究を新たにきりひらくような視点にただちに繋がっていくことはないかもしれません。そのためにはある種の認識の飛躍、跳躍が必要になってくる。そうした跳躍のためのひとつの布石として、この本は非常に大きな示唆を与えてくれるものだと思います。

*

いずれにしても、パレーデスのことをふたたび考える機会が、こうして私のところに訪れました。そこで、一九五〇年、パレーデスが日本からアメリカに戻ってすぐ書いた一篇の詩からはじめてみたいのです。タイトルは、「故郷の町の交差点」Esquinita de mi pueblo。パレーデスの若い時代の詩作品を集めた『二つの世界のはざまで』（一九九一）という詩集に収められています。

At the corner of absolute elsewhere
And absolute future I stood

Waiting for a green light
To leave the neighborhood

But the light was red
Forever and ever
The light was red
And all that tequila
Was going to my head.

That is the destiny of people in between
To stand on the corner（4）
Waiting for the green.

ここではない、絶対的な外部にさしかかる町角
絶対的な未来にさしかかる町角で、ぼくは
青信号を待って立ちつくす
住みなれた町を出ようとして

でも信号は赤のまま

いつまでも、ずっと
信号は赤のままだった
そしてテキーラの酔いばかりが
ぼくの頭のなかを駆け巡っていた。

はざまに生きる者の宿命とは
青信号を待ちながら
町角で立ちつくすこと。

何の解説も必要もないほど、実に簡潔な英語で書かれた詩です。タイトルだけがスペイン語、そして本文は、あえてこういえば「ピュア」な英語で書かれている。こういう言語的な、ある意味では非常に意図的な捩れのなかに、すでにパレーデスの心理的屈折を見ることができます。象徴的な二つの語、「コーナー」cornerと「エスキニータ」esquinita、これは辞書的な意味で一対一で対応する概念とはおよそいえないニュアンスをそれぞれ含んでいるものです。通常の意味としては、どちらも町角、道の曲がり角のことです。「エスキーナ」(町角)にスペイン語で縮小辞をつけて「エスキニータ」といえば、「エスキニータ・デ・ミ・プエブロ」というタイトルが醸し出すいわゆる「バリオ」barrioの空気、チカーノの素朴な日常生活の営まれる貧しい居住区、路地といってもいいようなものですが、そのバリオの空気がそこにすーっと立ち上がってくる。

ところが、英語の「コーナー」のニュアンスになると、そうした日常生活が営まれる路地、トウモロコシの粉でできたトルティーヤを焼く匂いがあたりに立ちこめるような、そうしたバリオの町角という意味から、ある種形而上学的な、抽象的な分岐点・交差点という意味に一気に変容していくわけです。英語の詩は、そうしたバリオの空気、バリオのエスキニータを舞うほこりと、トルティーヤの匂い、その記憶をあたかもみずから放擲するような視点から書きつけられている。そういう感触がまずここにあるわけです。

しかも、執筆された一九五〇年という年に気をつけたいのです。前述のラモン・サルディーバルの本でも、ちょうどこの年パレーデスが日本での六年近い滞在を終え、まさに朝鮮戦争が勃発する一カ月前にテキサスに帰郷して、それから数週間後に書かれた最初の詩がこの作品であるというふうに述べられています。

そうすると、まさにここで交差点に立つパレーデス自身とは何者なのかという問いが浮かびます。バリオとは、チカーノ的自己にとっての安心の領域でもあり、しかし同時にそれが一つの足枷にもなっているような社会的・集合的な抑圧の力、つまり外の世界に対する自閉、封鎖の象徴でもあるかのような、愛憎半ばするミクロコスモスです。ところがこの詩は、そこからただ単に飛び出すか飛び出さないかという、一人の人間の自立と自己形成をめぐる分岐点の問い、あるいは生まれ故郷から出ていくというときの心理的・精神的テンションだけを扱った作品ではないことがわかるのです。

一九五〇年、すでにパレーデスは日本および東アジアという、チカーノ系アメリカ人にとってある意味で非常に遠い土地に滞在し、そこで終戦と占領をめぐる驚くべき経験を経由してきた後でした。その段階において彼が、過去の自分をふくめてこのバリオの町外れにある交差点の信号機――チカーノの埃っぽいバリオには本当の信号機などあるわけはないのですが――そこにあたかも信号機のようなものの存在を意識して、青信号と赤信号が交互に点灯する、その宙づり状態を前にして立ち尽くしている……。これは過去の、少年時代にバリオを出ていった彼自身の回想でもあるわけですが、それを一九五〇年の時点で新しいかたちでもうひとつのエスキニータ、というより今度はより抽象的な「コーナー」（＝曲り角）、すなわち自己の認識論的な分岐点として捉え直す。そこには故郷離脱をめぐる思索を超える、より重層的な意識が当然入って来ることになります。

　そうなると、パレーデスの過去についても少し振り返っておかねばなりません。パレーデスは一九一五年にブラウンズヴィルという国境の町に生まれ、若い詩人として思春期を生きるわけです。もちろん民衆詩人です。詩を書く少年です。非常に早熟だったともいえましょう。そしてかたわらには、つねにギターがあった。国境地帯のチカーノの言葉で「ギタレーロ」guitarrero。ふつうスペイン語でギターを弾く人はギタリスタ guitarrista といいますが、これはコンサート・ギタリストのような、プロフェッショナルなギター奏者のことをさします。一方、ギタレーロというのはおそらく辞書にも載っていないような言葉で、パレーデスの場合はまさに「ギタレーロ」と呼ぶのがふさわしく、これは専門職にはなりえない市井のギター弾き、民衆歌謡コリードのギター弾きという語感です。彼はまさにギタレーロとしての詩人だった。

　ティーンエイジャーの時代から、彼はジャーナリストとして『ブラウンズヴィル・ヘラルド』という地方新聞に寄稿をはじめます。スタートはジャーナリズムだったわけですが、一九四〇年前後のテキサス＝メキシコ国境地帯における地方新聞の役割は、われわれがいま考える公共圏でのジャーナリズムの持つ社会的なあり方とは大きく違っていました。それは、民衆の集合的な声を文字に転写するような、一種の民俗的な実践だったともいえるでしょう。同時に彼は口承詩やコリードの世界へ深く入り込んでいて、夜になると、土地のラジオ局に行って、そこで自分の番組を持ち、コリードや民衆歌謡のＤＪをしていた。テレビなどなかった時代ですから、ラジオの持つ重要性は今からでは想像できないほど大きかったでしょう。そうしたラジオ番組の進行役を夜に担当しながら、彼はスタジオにさまざまな土地のローカル歌手やストーリーテラーなどを呼んできて、番組を通じて語り合う場を持っていたわけです。

そのなかでパレーデスは、最初の妻となるコンスエロ・シルヴァ Consuelo Silva というボレーロの歌手と出会います。愛称のチェロ・シルヴァ Chelo Silva として知られ、テキサスのボレーロの女王と後に呼ばれることになった歌手です。彼女と出会い、ラジオなどでの共演がはじまります。人気がでて来ると、国境の川リオ・グランデを向こうに渡ったりこっちに戻ったりしながら、メキシコとアメリカを挟んで二人であちこちのラジオ局を回っては共演を繰り返しました。現代のプロフェッショナルな歌手であれば、各都市のコンサートホールを回りながらツアーをするわけですが、ボーダーのフォークロア的な歌謡の世界では、ラジオのローカル・ステーションが、いわばコンサートホールでもあったわけです。そこを転々とツアーして歩くことによって、二人のセッションがボーダー地帯全体に響き渡っていきました。その時点ですでにパレーデスは、河をはさんで、何の疑いもなくメキシコとアメリカ双方のテリトリーを、コリードやボレーロをつうじて、あるいは民衆のポピュラーソングの伝統を通じて、往還していたことになります。パレーデスはチェロ・シルヴァと情熱的な恋愛の末に結婚しましたが、往々にしてそうした情熱は冷めてしまえば終わるのも早く、数カ月後には二人の関係は冷めていってしまいました。事実上の離婚です。

そうした過去を振り払うという意味もあったのでしょうか、まもなくパレーデスは、第二次大戦に参戦したアメリカを前に、「アメリカ市民」としてのチカーノのあり方ということを非常に深く考えるようになります。彼の兄弟はたくさんいたのですが、年長の兄たちはメキシコ国籍をもっていて、メキシコで生まれている。弟たちのほうは、彼自身もそうですが、アメリカで生まれてアメリカ国籍。家族のなかですでに、国家的忠誠心であるとか、あるいは市民的帰属にたいする考え方に、さまざまなずれがある。メキシコ生まれの兄たちは、戦争をはじめたアメリカにたいする協力を拒むことを彼に勧める。そしてメキシコに戻ろうというわけです。パレーデスの父方の家族は一六世紀の末にスペインからメキシコ北部に離散して来たセファルディム系の改宗ユダヤ人の集団の遠い末裔でした。

一方で、パレーデスは自分自身がこの市民権＝アメリカン・シチズンシップをめぐる権利と義務を、自分のメキシカン・アメリカンとしての未来の自己主張、あるいは自己表現にとってどういうかたちで行使するのが最もふさわしいのかということで悩みます。結果として、これは戦時中の日系アメリカ人のなかにもあったことですが、形式的な国籍ではあっても、それが自分にとって現在の社会的帰属であるかぎり、国家にたいする忠誠を戦争への志願というかたちで示すことによって、みずからのエスニック・アメリカンとしての存在意義を高めていく、そして国家にメキシコ系アメリカ人という文化的集団の存在を認知させていこうという決断をします。これが、パレーデスが大戦中の末期に兵役に志願した最大の理由でした。

しかし、彼は戦場に行くことなく、すぐに大戦は終結し、占領軍の「パシフィック・スターズ・アンド・ストライプス」紙の記者として、軍務ではあるのですが、占領日本をさまざまなかたちで報道するという仕事に携わることになったわけです。

ところが占領中の記者パレーデスの話はそれだけでは済まないのです。というのも、彼はメキシコ市の新聞である「エル・ウニベルサル」紙（現在でもメキシコ最大の新聞のひとつですが）の特派員の契約も同時に持っていました。したがって彼の日本でのジャーナリズム活動は、英語とスペイン語の両方において行われ、それはアメリカ軍の準機関紙とメキシコの民間新聞との両方にそれぞれのかたちで伝えられた、ということになります。彼は英語で「スターズ・アンド・ストライプス」紙に、たとえば極東国際軍事裁判、とりわけ東條英機をめぐる裁判の一部始終を裁判所の最前列に陣取るかたちで取材して逐一報道した。そのときの記者が一人のメキシコ系アメリカ人であったという事実はほとんど知られていません。しかも巣鴨プリズンにいた東條自身にパレーデスは面会し、新聞にインタビュー記事を載せてもいます。さらに中国の共産主義革命をめぐる記事であるとか、あるいは朝鮮戦争前夜の半島のさまざまな混乱、そうしたものをすべて現地で取材し、「スターズ・アンド・ストライプス」に書いていくわけです。しかもそうした行為は同時にスペイン語において別のヴァージョンとしても行われ、メキシコの首都の新聞にも掲載されていた。こうした事実は驚くべきことです。パレーデスという人物がただ単に米軍紙の特派員として日本に滞在していたという、アメリカの国家的なコンテクストでは到底語れない問題がここにはらまれている、といえるでしょう。戦争を報道するメキシコ系アメリカ人(=のちの「チカーノ」)という存在自体が、すでに単一国家的な帰属からはみ出していることを、この事実はみごとに示しています。

こうした経験のなかで、パレーデスは先ほど触れたように日系ウルグアイ人の女性と出会う。「スターズ・アンド・ストライプス」を辞して東京にあったアメリカ赤十字に勤め、それによって彼は日本滞在を延長するわけですが、その赤十字に、スペイン語と英語ができるということで採用されていたのがアメリア・シズ・ナガミネだったのです。彼女は父親が中南米を転々とする日本人外交官だったということもあって、ウルグアイでウルグアイ人の母親との間に生まれ、ウルグアイ国籍を持っているのですが、その後もチリやメキシコ、さらにメヒカリという、アメリカとメキシコの国境の町に滞在していた時期もあって、スペイン語だけではなくて英語も堪能だったのです。

この出逢いはやはり運命的なものであったといえるでしょう。日本において、スペイン語話者の若い日系女性と遭遇することは、パレーデスにとって啓示的な体験であったにちがいありません。ふたりは結婚します。そして一九五〇年、ふたりはパレーデスの故郷であるテキサスに戻ることになります。まもなくパレーデスは州都オースティンのテキサス大学にあらためて学部生として入学し、学士号をとり、さらに大学院に進学して、そこで国境のコリードの研究により博士号を得ます。後に一九五八年に出版され、チカーノ研究の基礎を築くことになる名著『ピストルを手に構えて』(5)(一九五八)の原型となった博士論文です。こうしてパレーデスはテキサス大学の教授になっていくわけです。

そういう流れのなかで一九五〇年に日本からアメリアと一緒に故郷に戻ってきて、最初に書いた詩が、「エスキニータ・デ・ミ・プエブロ」という詩です。そうするとこのレッドライト、つまり、彼がどうしてもそこから逃れられないこのバリオから飛び出そうとして自分が立ち尽くしている、その交差点の信号が青にならない、いつまでも赤のままであるという、この「赤」とは何なのかという問題が、ここに鮮烈な問いとして出てくるのです。

これはただ単に、バリオの少年が自分のネイティブな、アットホームであれ様々なかたちで自分を束縛する土着的な関係から飛び出していくという、そうした外部に向けての力を遮るレッドライトの問題ではありません。ここにはいわばメタレヴェルで自らの歴史と民俗世界を対象化するという、一つの認識論的なジャンプの契機が存在するのです。だとしたらそうした飛躍を促すグリーンライトとは、個人的な決心・意志を超えた民族的・集団的な膂力への希求、探究なのでしょう。それがここでいうグリーンライト、レッドライトの問題だと思います。つまり彼は、これからコリードという民衆叙事詩を学問的な対象として取り上げていくことになるのですが、それはある意味で民俗伝承の物語によってつくられ、生きられている世界に対してもう一つの物語、すなわち客観的な学問の物語を創造する行為です。これはナラティブのナラティブをつくる行為、すなわちメタナラティブに踏み出すという行為でもあります。結局、その飛躍によってしか、チカーノの歴史は再現できないのだという彼の確信があったのでしょう。そのために彼は、このバリオの十字路に立って、レッドライトのままでとどまるわけにはいかなかった。

そこにあるレッドライト＝禁止の信号を振り切って、みずからのメタナラティブに突き進んでいくという未知の第一歩を踏み出していくこと。おそらく一九五〇年、つまり大学に入学する時点でのパレーデスの決意のなかにはそうした思いがあったのでしょう。その意味での「レッド」であるとすれば、これは赤信号という以上の非常に深い暗示を与えてくれます。民衆の宿命を認め、その上でその宿命に反逆することで、最終的にチカーノの文化的命運に報いようとする、チカーノ・インテレクチュアルの初めての覚醒した叫びです。

＊

この「レッド」という言葉を一つの手がかりにして、テキサスからカリフォルニアのチカーノ的風土に移行していきたいと思います。アリゾナのトゥーソンにあるバリオに生まれた「チカーノ音楽の父」ラロ・ゲレーロ Lalo Guerrero (1916-2005) が故郷の町の貧しい居住区《バリオ》を追想して作った歌「バリオ・ビエホ」(古いバリオ)を、チカーノの名アコーディオン奏者フラコ・ヒメネス Flaco Jimenez と一緒に再演したのがライ・クーダー Ry Cooder のアルバム『チャベス・ラヴィーン』(二〇〇五)でした。(6) これは物語性を持った非常に興味深いアルバムですが、なぜライ・クーダーは、ゲレーロの「バリオ・ビエホ」を『チャベス・ラヴィーン』のなかで再現したのでしょうか。チャベス・ラヴィーンとは、ロサンジェルスにかつて存在したチカーノのバリオです。一九五〇年の前半期にロサンジェルスのダウンタウンに近い、チカーノを中心としたこのエスニック・バリオに様々な問題が起こり、結果的にはその貧しい、しかし調和ある相互扶助的な生活が根づいていた典型的なバリオが破壊され、住民が区画整理の名の下に強制退去させられ、そこに現在のドジャー・スタジアムが建設されるという出来事が起こるのです。ライ・クーダーはちょうどその時期に少年時代をロサンジェルスで過ごしていて、チャベス・ラヴィーン地区に入ったことはなかったようですが、彼にとっての過去の発掘の作業でもあったのでしょう、チャベス・ラヴィーンにまつわるチカーノ・バリオの音楽的な風景を、彼はこのアルバムで再現しようとしたわけです。ラロ・ゲレーロの歌も、そういう失われたバリオへの追憶という文脈で援用されています。

このアルバムの中に「ドント・コール・ミー・レッド」*Don't Call Me Red* という曲が入っています。いうまでもなく「おれを赤と呼ぶな」という意味で、この場合のレッドは共産主義者を表す「アカ」なのですが、この歌自体はライ・クーダーがつくったものです。この歌で言及されているのが、フランク・ウィルキンソン Frank Wilkinson (1914-2006) という、アメリカにおける住宅政策や社会政策において顕著な役割を果たした社会主義的な活動家です。左翼的な社会活動家＝アクティヴィストとして知られた人物でした。ウィルキンソンは、チャベス・ラヴィーンに問題が起こったときに、ロサンジェルス市の住宅供給公社の責任あるメンバーとしてチャベス・ラヴィーン再開発計画に携わった人物だったのです。そしてここで非常に貧しい人間たちがスラムなしに共生できる、理想的な集合住宅地の計画を、この土地の再開発計画として提案したのです。

ところがその計画はさまざまな抵抗に遭います。当時は五〇年代半ばのいわゆるマッカーシズムの時代ですから、非米活動委員会というアカ狩り機関によって左翼活動であるとされて、ウィルキンソンらによるこの再開発計画は潰されてしまうのです。それに代って、野球のドジャース誘致の計画が急浮上します。当時は東海岸に本拠を置くブルックリン・ドジャースだったのですが、ロサンジェルス市はこのチャベス・ラヴィーンという、ダウンタウンにほど近い、潜在的に土地としての大きな開

1949 年，チャベス・ラヴィーンが再開発によって消滅する直前，19 歳の写真家ドン・ノーマークはこの地区に偶然さまよい込み，メキシコ系の住民たちの生活の親密さに魅せられて一年ほどかけて多くの写真を撮影した。ロサンジェルスの歴史的風景の一つを保存記録した貴重な写真群がこうしてのこされた。ノーマークは 19 世紀に北西部ワシントン州に移民したスウェーデン人の子孫で，彼の生まれ育ったスウェーデン系の人々の小さな町の佇まいが，チャベス・ラヴィーンによく似ていたことを回想している。（Normark）

発価値をもった場所にドジャースを誘致することで、ここを活性化しようという資本主義的な方針に転換していくわけです。その結果、ロサンジェルス・ドジャースという球団が、一九六一年に誕生することになります。この間に一〇年ぐらいはたっているわけですけれども、さまざまな抵抗運動も空しくチカーノたちの家族が次々とこのバリオを去っていったわけです。この「ドント・コール・ミー・レッド」という曲は、チャベス・ラヴィーンからの退去にかかわる複雑ないきさつを、相互扶助的でエネルギッシュな一つのチカーノ・バリオの消滅をめぐる時代的なバックグウンドもふくめて再現したということになります。ただこのアルバムのコンセプトは、必ずしもライ・クーダーの発想によるものではないということも指摘しておくべきかも知れません。

チャベス・ラヴィーンの歴史の再発掘というそもそもの発想は、ロサンジェルスを拠点に活躍するチカーノの三人組の演劇集団、カルチャー・クラッシュ Culture Clash によるものでした。カルチャー・クラッシュは、ありとあらゆる身体表現の方法を使ったボードヴィル的な演劇形態を志向する興味深いグループで、作品自体が諧謔的な社会批評にもなり、同時に非常に鋭いアクティヴィズムにもなる、という注目すべきグループです。このカルチャー・クラッシュが、すでに二〇〇三年に「チャベス・ラヴィーン」の物語を演劇作品として創造しているのです(7)。この作品のため、カルチャー・クラッシュの三人のメンバーは綿密に取材や聞きとり調査を行なっています。

カルチャー・クラッシュによる演劇作品「チャベス・ラヴィーン」の舞台は、一九八一年、ドジャー・スタジアムの試合のシーンからはじまります。かつて、自分たちの家があった場所に、ドジャー・スタジアムの客席を埋め尽くすほどの満員のチカーノの観衆が久しぶりに集まってくる。大リーグの歴史のなかでもすでにメキシコ系の人間の中ではなかば伝説化しているフェルナンド・バレンスエラ **Fernando Valenzuela** というピッチャーを目当てにやってくるのです。メキシコ出身の彼は二〇歳

ノーマークが撮影した1949年頃のチャベス・ラヴィーンの町角。埃っぽい坂道，遊ぶ子供，電信柱と錯綜する電線……。典型的なメキシカン・バリオのつつましい佇まいは，アメリコ・パレーデスのテキサス国境のバリオの風景とも重なる。パレーデスの詩が語る「エスキニータ」（交差点）とは，こうした幼少の記憶のイメージから立ち上がる，比喩的なトポスであった。(Normark)

でドジャースに入団し、デビュー登板から八連勝、そのうち五回は無得点試合、という華々しいデビューを飾ってスーパースターとなりましたが、今でもメキシコ人が知っている最高の大リーグ選手といえばこのバレンスエラです。メキシコから有能なピッチャーが大リーグに供給されるという傾向がいまもありますが、その先鞭をつけたのが彼です。ともかく舞台は、バレンスエラの快投を見るために、一九五〇年ごろに強制退去させられて散り散りになってしまったチカーノたちが三〇年ぶりに同じ場所、いまはドジャー・スタジアムとなった故郷に戻ってくるという象徴的なシーンからはじまるのです。そしてピッチャーのバレンスエラがまさに第一球を投げようとする瞬間に、亡霊というか、スピリットが球場にあらわれます。それが三〇年前の、チャベス・ラヴィーンを不本意ながら退去させられていった人びと、あるいは政治闘争のなかで死んでいった人びとの霊魂で、それをバレンスエラはヴィジョンとしてマウンド上で見てしまう。舞台はそういうかたちではじまり、時間を三〇年さかのぼって、チャベス・ラヴィーンの変遷の歴史がボードヴィル的なパフォーマンスのなかで多声的に語られていきます。

そこで登場する「レッド」。赤狩りの赤。共産主義者の赤。民衆のもっとも素朴な生存を保証しようとした行為に貼り付けられた、権威による排除のレッテル……。一九五〇年という、チャベス・ラヴィーンに災難のふりかかったのと同じ年に日本からテキサスに戻ったパレーデスが「赤信号」というかたちで詩に書きつけた、新しいメタナラティブとしてのチカーノの創造へ突き進もうとしている、その端緒に立って、ある種内面的な逡巡を象徴していた"red"について考えてきたわけですが、ここにもう一つの「レッド」が、権力の側からチカーノの集団的な生に向けてつきつけられていたというわけです。これもまた、チカーノの歴史に刻まれたひとつの苛烈な"red"の痕跡でした。

＊

この地点からさらにずっと赤、レッド、“red” の線をつないでいくと、現代チカーノの注目すべき詩人、アルフレッド・アルテアーガ Alfred Arteaga の鮮烈なバイリンガル詩集『レッド』*red*（二〇〇〇）にたどりつきます。このテーマに少しだけ触れておきたく思います。

アルテアーガの詩集の “red” はもはや英語のレッドではなくてスペイン語のレッド。すなわち「網」という単語で、英語の「ネット」に対応する言葉です。その詩集に収められた “La red” という作品がありますので、これを原文と私訳で読んでみます。

La red

Una matriz es el abecedario,
o, por lo menos, una serie estrellada,
una actriz desafortunada, acostumbrada
a dormir sola. Me desmiente en
media locución con su mudo perder:
cae abrazo a un acto desanimado, a pedazos,
lo que fuera el acto del brazo
cae a una significación, una avaricia

del deseo sin conexión al querer.
La telenovela conecta las quejas
de Hallywood o Churrubusco
a mi genio raso, estrellado ya.
Y la ausencia del caso no es una treta
temporal, pero acaso la red se anima
el fin de los ángeles. Y en fin me quedo
preguntando, ¿por qué es femenina
la mano, es masculino el dedo, y femenina
la uña? ¿Y por qué tropiezo tanto,
sin sueño con la red?[8]

網《レッド》

母胎とはアルファベットの字母、
あるいは、すくなくとも、星形の級数、
それは一人で眠るのに
慣れた不幸な女優。愛想話の途中で
だんまりを翻し私に反論する——

盛り上がらない場面にしなだれかかり、ばらばらになる、
まるで腕の動きが何か意味を持つかのように、
愛への通路を欠いた過大な欲情へと。
安っぽいテレビドラマがハリウッドかチュルブスコ
の愚痴を、もう星形になった私の滑らかな気分に接続する。
事件の不在は一時的な計略ではないが、
網《レッド》は天使たちの最期を鼓舞するだろう。そしてついに私は
自らへの問いへ行き着く、なんのために手とは
女性なのか、指は男性で、爪は
女性なのか？　そしてなんのためにこうもつまづくのか
網《レッド》の夢を見たわけでもないのに？

いかにもアルテアーガ的な韻律、声調をふくんだスペイン語詩です。彼の詩はときに英語で書かれ、ときにスペイン語で書かれ、さらにそこにしばしばナワトル語、フランス語、ドイツ語などが混入する驚くべきマルティリンガルな体裁を持っています。意味の世界を探るために、とりあえず試みの私訳を掲げておきましたが、こうした翻訳は便宜的なものでしかありえません。チカーノの多言語的なテクストは、近代の「翻訳」という、一言語から一言語への「意味の置換」のイデオロギー自体を本質的な審問に付すからです。

たとえば matriz（母胎）と actriz（女優）、あるいは estrellada（星形の）と acostumbrada（慣れた）といった、韻を踏みながら概念を渡っていくときのアルテアーガの言語の群島渡りの実践は、まさに韻律や

音の響きのなかで言葉が選択されているわけですから、それを意味の世界に回収して事足れりとすることはできません。複数の言語《ラング》にまたがった音の変異を通して意味論的な綱渡りをすることが、詩的表現の未来像の探究につながるという、その典型がこの“La red”という作品です。ですから、赤という英語の意味を意識しながら、網《レッド》というスペイン語の意味のなかで多義的に揺れる“red”という音をここで感じとらねばならない。当然アルテアーガの声調語彙のなかで揺れる「レッド」はスペイン語の「網」、すなわち言語の網、ひとつの包囲網、ネガティブな制約ともとれるコミュニケーションのさまざまな編み目、自閉状況のことだともいえる。また逆に、レッドはつながり結び合い、広がっていくネットワークという意味もあわせもつ。この、音を媒介にした両義性が彼の言語表現の条件、あるいは言語実践の舞台になっている。それがここでいう「レッド」をめぐるひとつの「読み」です。

そしてさらに、この多義的な“red”が、『凍りついた事故』*Frozen Accident* という、二〇〇六年にチカーノ系書肆のティア・チューチャ出版から刊行されたアルテアーガの新詩集のなかで、もう一度色としての「赤」に引き戻されて、英語の詩のなかに登場します。

Heart beat is never twice
river, the image font
a dream wood of liquid
form in the site of dead

souls, the lyrics follow blood
points, life edge words

shape to melody, to beat

of heart like flight of the small.
I am not the man who was.
I, Nezahualcóyotl, take
flight in the graphite river,

change place for life,
leave for an island and beyond.
Run cholo run, flee
the red reach and night.(9)

心臓の鼓動に二度目はない
河、イメージの泉
液体状の、夢の樹木が一本
死者たちの魂の場所で

かたちをなして、詩のことばは
血の滴りのあとをたどる、生は言葉を鋭く

縁取って、旋律にかえる

小さき者の飛翔のような心臓の鼓動にかえる。
私はかつての私ではない。
私、ネサワルコヨトルは、
黒鉛の河を飛翔し、

生命を求めて場所を変え、
島へと、さらにその彼方へと旅立つ。
走れ、混血男《チョーロ》よ、走れ、逃れてゆけ
伸びてくる赤い手と夜の闇から。

これは、長編詩「凍りついた事故」の中の「運動《モーション》」と題された部分ですが、"red"はここでもう一度、色彩の「赤」に還ってきます。この「赤」の謎についてはアルテアーガ本人とも少し話をしたことがありますが、それについて考えるためには、この部分に登場するネサワルコヨトル Nezahualcóyotl (1402-1472) という、一五世紀のテスココの王でありナワトル語最高の詩人＝哲学者の存在が重要です。この詩の部分では、赤は血の滴りの色を通じて死や死者たちの存在を暗示するように見えます。実際、この引用部分は、「ミクトランのネサワルコヨトル」と題された章のなかの一節なのですが、ミクトラン Mictlán とはアステカの宇宙論における地下世界、冥界としての死者の土地です。アステカの宇宙は、一日のうちの昼の一三時間と夜の九時間に対応して、一三層の天空レヴェ

17世紀メキシコの「イシュトリルショチトル絵文書」に描かれたテスココの君主（トラトアニ）にしてナワトル語詩人・思想家ネサワルコヨトル。断食のコヨーテという名を持つこの偉大な知者は,「時」という観念の深遠さを生と死の臨界から哲学的に探究した。「人間は神の赤と黒のインクによって書かれた詩にほかならない」と彼は考えたが,この絵文書でネサワルコヨトルが持つ楯は，目にも鮮やかな赤い色に燃え立っている。

ルと九層の地下レヴェルから成り立っています。さまよえる死者の魂は、最初の八つの地下層を通過するのに一層それぞれ四年ずつをかけ、ついにもっとも深い層へと到達するわけですが、そこが真のミクトランです。そこには、広い洞窟におびただしい頭蓋骨が散乱しているとされています。この冥界を、死の王と王女が司っているのです。

　アルテアーガが、ここで先住民の詩人ネサワルコヨトルの冥界下降のヴィジョンを援用しながら探究しているのは、チカーノの、さらにいえば現代人における、世界の最奥部としてのミクトラン（死者の国）と現世とのあいだの苛烈な往還という冒険のヴィジョンです。詩に登場するチョーロは、メキシコ系の混血を指す現代的侮蔑語ですが、ここでインディオ＝ネサワルコヨトルは、五世紀の時を飛び越えて、自らの混血の末裔でもあるチョーロに向けて呼びかけています。死を暗示する赤い手から逃れ、夜を飛び越え、島へと、その彼方へと走り抜けることを……。ですが、この髑髏累々たる洞窟の方こそが現世の比喩であるかもしれず、そうなると、冥界下降の構図は逆転する。実際、ナワトル美学における「赤」は智慧の色であり、「書くこと」（＝知的営為）を示す特権的な色でもあります。それは、アモシュトリ Amoxtli と呼ばれた、アマーテ樹の皮からつくられた紙をアコーディオン状に折り畳んだ先住民の「絵文書《コデックス》」のインクの二色のうちの一色（もう一色はいうまでもなく黒）なのです。そうなると、“red” はふたたび、ある種の統合された叡知を示すシンボルとして、多義的な豊かさを獲得することになります。[10]

　こうしてアルテアーガは、古くかつ新しいナワトル宇宙論のなかでの美学的統合の象徴としての「赤」へと還っていきます。その力をこの詩で汲み上げようとしている。ですから、「レッド」という記号が大きな渦のような流れのなかで、パレーデスからアルテアーガに至る遥かな転移と進化の筋道をつくっている。この “red” をめぐる消息のなかに、われわれはいま、現実のバリオと想像のなかのバリオとが、匂いや音や皮膚感覚のような微細な感覚や記憶を通じて結ばれあって創りだすひとつの集合的な風景、すなわちチカーノ的な地勢をめぐる新しいマッピングの可能性を展望しようとしているのかもしれません。それを、仮に、パレーデスのいう「グレーター・メキシコ」の現われの姿であると捉えることは、ひとつの大きな認識的跳躍の契機になるのではないか、と私は考えているのです。(11)

i　無国籍文化の形成

(1) ルネ・シェレール『ノマドのユートピア』杉村昌昭訳、松籟社、一九九八、六一頁。

(2) カント「世界市民的意図における普遍史のための理念」『カント全集』理想社、一九八八。

(3) カント『永遠平和のために』宇都宮芳明訳、岩波文庫、一九八五。

(4) 同書、四七―四八頁。

(5) 同前。

(6) シェレール、前掲書、六二頁。

(7) Edward W. Said, *Culture and Imperialism*. New York: Knopf, 1993, p. 332.（大橋洋一訳『文化と帝国主義１・２』みすず書房、一九九八、二〇〇二）

(8) Bruce Robbins, "Actually Existing Cosmopolitanism", In Pheng Cheah & Bruce Robbins (eds.), *Cosmopolitics: Thinking and Feeling Beyond the Nation*. Minneapolis: University of Minnesota Press, 1998, p. 2.

(9) Arjun Appadurai, *Modernity at Large: Cultural Dimensions of Globalization*. Minneapolis: University of Minnesota Press, 1996, pp. 33-34.

(10) Paul Gilroy, '*There Ain't No Black in the Union Jack*': *The Cultural Politics of Race and Nation*. Chicago: University of

Chicago Press, 1991, p. 157.

(11) 上野俊哉『ディアスポラの思考』筑摩書房、一九九九。

(12) Edward W. Said, *Out of Place: A Memoir*. New York: Knopf, 1999.（中野真紀子訳『遠い場所の記憶』みすず書房、二〇〇一）

(13) エドワード・サイード『知識人とはなにか』大橋洋一訳、平凡社、一九九五、八四頁。

(14) 前掲書、一〇三頁。

(15) James Clifford, *Routes: Travel and Translation in the Late Twentieth Century*. Cambridge, Ma.: Harvard University Press, 1997.（毛利嘉孝他訳『ルーツ――二〇世紀後期の旅と翻訳』月曜社、二〇〇二）

(16) *Ibid*, p. 36.

(17) Paul Rabinow, *The Anthropology of Reason*. Princeton: Princeton University Press, 1996.

(18) Clifford, *Op. Cit*., p. 257.

(19) Aihwa Ong, *Flexible Citizenship: The Cultural Logics of Transnationality*. Durham: Duke University Press, 1999.

(20) *Ibid*, pp. 112-113.

(21) Michel Foucalut, "Governmentality", In Graham Burchell, et. al. (eds.), *The Foucault Effect: Studies in Governmentality*. Chicago: University of Chicago Press, 1991, pp. 87-104.

(22) Celia Lury, "The Objects of Travel", In Chris Rojek & John Lury (eds.), *Touring Cultures: Transformations of Travel and Theory*. London: Routledge, 1997, p. 85.

(23) Clifford, *Op. Cit*., pp. 17-46.

(24) Bob Brozman, Liner notes. *The Tau Moe Family with Bob Brozman: Ho 'omana'o I Na Mele O Ka Wa U'i*. Cambridge, Ma.: Rounder Records, 1989. 下記の対談も参照。今福龍太、細川周平「旅する音楽――ワールド・ミュージック、ステレオタイプ、クレオール主義」『ＭＵＳＩＣ ＴＯＤＡＹ』№ 20、リブロポート、一九九四。

(25) Gayatri Chakravorty Spivak, "Three Women's Texts and a Critique of Imperialism", In Henry Louis Gates, Jr. (ed.), *"Race", Writing and Difference*. Chicago: University of Chicago Press, 1985, pp. 262-280.

ii バイリンガリズムの政治学

(1) この新聞記事をめぐる問題点については下記を参照。Alfred Arteaga, "An Other Tongue", in Alfred Arteaga (ed.), *An Other Tongue: Nation and Ethnicity in the Linguistic Borderlands*. Durham: Duke University Press,1994, pp. 9-33.

(2) 都市の多言語状況におけるモノロジックとダイアロジックとの錯綜した関係性については、次の対談においてその問題点が議論されている。今福龍太・沼野充義「ポリローグの都市」『10＋1』№.4、INAX出版、一九九五)。

(3) Gloria Anzaldúa, *Borderlands/ La Frontera: The New Mestiza*. San Francisco: spinsters/ aunt lute, 1987.

(4) *Ibid*., p. 44.

(5) Guillermo Gómez-Peña, *The New World Border*. San Francisco: City Lights, 1996, p. 1.

(6) Guillermo Gómez-Peña, "Border Brujo", in *Warrior for Gringostroika*. Saint Paul: Graywolf Press, 1993, p. 78.（今福龍太訳「ボーダーの呪術師」、今福他編『旅のはざま』〈世界文学のフロンティア1〉、岩波書店、一九九九）

(7) ゴメス＝ペーニャのテクストの私自身による日本語ヴァージョンは、あくまでそのテクストの表層的な意味論をとりあえず日本語環境に変換することを念頭におこなわれており、この本質的にマルチリンガルな構造を持つテクストの日本語への最終的な翻訳不可能性は、たとえどのようなアクロバティックな試みがなされたとしても、揺るがない。現代の世界文学におけるマルチリンガリズムは、歴史的イデオロギーとしての「翻訳」を失効させる。

(8) Gómez-Peña, *Op. Cit*., pp.78-80.

(9) Coco Fusco, "Bilingualism, Biculturalism, and Border", in *English is Broken Here*. New York: The New Press, 1995, pp. 151-152.

(10) ヴァルター・ベンヤミン「翻訳者の使命」浅井健二郎編訳『ベンヤミン・コレクション2——エッセイの思想』ちくま学芸文庫、一九九六、四〇一頁。

(11) Derek Walcott, *Omeros*. London: Faber and Faber, 1990.

(12) Juan Goytisolo, *Paisajes después de la batalla*. Barcelona: Carmen Balcells, 1982.（旦敬介訳『戦いの後の光景』みすず書房、一九九六）

（13）　ベンヤミン、前掲書、四〇七—四〇八頁。

iii　ディアスポラの楽園

（1）Herve Varenne, "Doing Anthropology in America", in H. Varenne (ed.), *Symbolizing America*. Lincoln: University of Nebraska Press, 1986.
（2）John Dorst, *The Written Suburb: An American Site, An Ethnographic Dilemma*. Philadelphia: University of Pennsylvania Press, 1989.
（3）Fredric Jameson, *Postmodernism, or, the Cultural Logic of Late Capitalism*. Durham: Duke University Press, 1991.
（4）Mary Louise Pratt, *Imperial Eyes: Travel Writing and Transculturation*. London & New York: Routledge, 1992.
（5）*Ibid.*, pp. 6-7.
（6）Jameson, *Op. Cit.*, pp. 38-45.
（7）V. S. Naipaul, *The Mimic Men*. Penguin, 1967.
（8）June Jordan, "Report from the Bahamas", *The Progressive, June*, 1989.（中村和恵訳「バハマからのレポート」今福龍太他編『旅のはざま』〈世界文学のフロンティア1〉、岩波書店、一九九六）
（9）T. D. Allman, *Miami: City of the Future*. New York: The Atlantic Monthly Press, 1987, p. 6.
（10）Luis Rafael Sanchez, "The Airbus", *Village Voice*, 24 Jan., 1984.
（11）*Ibid*, pp. 39-43.
（12）Abner Cohen, *Masquerade Politics*. Berkeley: University of California Press, 1993.
（13）以後のロンドンのカーニヴァルに関する記述の一部は、拙稿「カーニヴァルとカーニヴァレスク」（中牧弘允編『陶酔する文化』平凡社、一九九二、所収）を利用した。
（14）R. Miliband, *Marxism and Politics*. Oxford: Oxford University Press, 1977.
（15）Abner Cohen, "A Polyethnic London carnival as a contested cultural performance". *Ethnic and Racial Studies* 5 (1), 1982.
（16）Paul Gilroy, '*There Aint' No Black in the Union Jack* : *The Cultural Politics of Race and Nation*. Chicago: The Chicago

University Press, 1991.

（17） Paul Gilroy, *The Black Atlantic: Modernity and Double Consciousness*. London: Verso, 1993, p. 82.（上野俊哉・毛利嘉孝・鈴木慎一郎訳『ブラック・アトランティック――近代性と二重意識』月曜社、二〇〇六）

iv　ハリケーンとカニバル

（1） マリーズ・コンデ「入る旅人、出る旅人」、『越境するクレオール　マリーズ・コンデ講演集』三浦信孝編訳、岩波書店、二〇〇一。

（2） Maryse Condé, *The Last of the African Kings*. Translated by Richard Philcox, Lincoln: University of Nebraska Press, 1997.

（3） http://www.nhc.noaa.gov/

（4） Peter Hulme, *Colonial Encounters: Europe and the Native Caribbean 1492-1797*, London & New York: Routledge, 1992.（岩尾龍太郎・正木恒夫他訳『征服の修辞学』法政大学出版局、一九九五）

（5） マリーズ・コンデ「英雄とカニバル」三浦編、前掲書。

（6） Maryse Condé, *Windward Heights*. Translated by Richard Philcox, New York: Soho, 1998.（風呂本惇子・本木淳子・西井のぶ子訳『風の巻く丘』新水社、二〇〇八）

（7） Haroldo de Campos, *Metalinguagem e Outras Metas: Ensaios de Teoria e Crítica Literária*. São Paulo: Perspectiva, 1992.

（8） Maryse Condé, *Crossing the Mangrove*. Translated by Richard Philcox, New York: Anchor Books, 1995.

（9） Bruce Chatwin, *The Viceroy of Ouidah*. London: Jonathan Cape, 1980.（旦敬介訳『ウイダーの副王』みすず書房、二〇一五）

（10） Edwidge Danticat, *Krik? Krak!* New York: Vintage Books, 1996.（山本伸訳『クリック？　クラック！』五月書房、二〇〇一）

（11） Gustavo Pérez-Firmat, *Bilingual Blues*. Tempe, AZ: Bilingual Press, 1995.

（12） Astrid Roemer, *Gewaagd leven*. Amsterdam: De Arbeiderspers, 1996.

(13) Astrid Roemer, *Lijken op liefde*. Amsterdam: De Arbeiderspers, 1997.

(14) Joost Niemöller, "A Gaping Wound: An Interview with Astrid H. Roemer", *Callaloo* 21. 3. (1998), p. 57.

v 水でできたガラス

(1) ヨシフ・ブロツキー『ヴェネツィア――水の迷宮の夢』金関寿夫訳、集英社、一九九六、一二七―一二八頁。

(2) ファン・ゴイティソーロ『サラエヴォ・ノート』山道佳子訳、みすず書房、一九九四、一七頁。

(3) H・M・エンツェンスベルガー『冷戦から内戦へ』野村修訳、晶文社、一九九四。

(4) ギー・ドゥボール『スペクタクルの社会』木下誠訳、ちくま学芸文庫、二〇〇三。

(5) Edward Ball, "Constructing Ethnicity", in Lynn Cook and Peter Wollen eds., *Visual Display: Culture Beyond Appearances*. Seattle: Bay Press. 1995.

(6) 「ボスニアで〝戦争バカンス〟」『毎日新聞』一九九五年四月一日。

(7) FAMA編『サラエボ旅行案内』P3 art and environment 訳、三修社、一九九四、一四頁。改行省略。

(8) グロリア・アンサルドゥーア「ボーダーランズに生きるとき　きみは」管啓次郎訳『へるめす』三二号、一九九一、一四五頁。原文改行は／で示した。

(9) トリン・T・ミンハ「私の外の他者／私の内の他者」竹村和子訳、今福龍太他編『旅のはざま』〈世界文学のフロンティア1〉、岩波書店、一九九六、二二六―二二七頁。

(10) エドワード・サイード『知識人とは何か』大橋洋一訳、平凡社、一九九五、九七頁。

(11) デレック・ウォルコット『デレック・ウォルコット詩集』徳永暢三編訳、小沢書店、一九九四、五九頁。

vi 交差するアリエルとキャリバン

(1) Rubén Darío, "El triunfo de Calibán", *El Tiempo*, Buenos Aires, 20 de mayo, 1898.

(2) José Martí, "Nuestra América", *La Revista Ilustrada de Nueva York*, 1 de enero, 1891.「われらのアメリカ」はマルティの評論集のさまざまな版（電子版も含む）において容易に参照できる。彼の「アメリカス」をめぐる簡便な英語版論集としては以下のものがある。*José Martí Reader: Writing on the Americas*. Melbourne: Ocean Press, 1999.「われらのアメリカ」の日本語訳は『ホセ・マルティ選集2　飛翔する思想』（青木康征・柳沼孝一郎訳、日本経済評論社、二〇〇五）に収録されている。

（3）　とりわけ『テンペスト』においてプロスペロに隷従することになる島の怪物キャリバンの〈アメリカス〉（とりわけカリブ海島嶼地域）における読み替えと誤読の歴史は、ポストコロニアルな文化的逆襲の事例として特筆すべき豊かさを示している。その一端は、本書の「IX　キャリバンからカリブ海へ」において簡潔にたどり直した通りである。そこではカリブ海の作家・詩人によるキャリバンの創造的援用＝濫用を主題としたが、同じ動きはアフリカにおいても興味深い展開を示している。シエラ・レオネのレミュエル・ジョンソン（『キャリバンのためのハイライフ』（一九七三））やウガンダのタバン・ロ・リヨング（『フランツ・ファノンの不揃いな肋骨』（一九七一））らの詩においては、キャリバンは主人によって教え込まれた言語を逆手にとって植民地状況を揶揄することの可能性と限界について考察するための重要な手がかりとなっている。ラテンアメリカ、アフリカにおけるキャリバンのポストコロニアルな「援用」については、次の論文が詳細に検討している。Alden T. Vaughan, "Caliban in the 'Third World': Shakespeare's Savage as Sociopolitical Symbol", in Virginia Mason Vaughan and Alden T. Vaughan, *Critical Essays on Shakespeare's The Tempest*. New York: G.K.Hall & Co., 1998, pp. 247-266. 関連の邦訳書としてアルデン・T・ヴォーン、ヴァージニア・メーソン・ヴォーン『キャリバンの文化史』（本橋哲也訳、青土社、一九九九）がある。

（4）　次の著作から引用した。S. Belhassen, "Aimé Cesaire's A Tempest", in Lee Baxandall, ed., *Radical Perspectives in the Arts*. Harmondsworth: Penguin, 1972, p. 176.

（5）　Rubén Darío, "El triunfo de Calibán", *Revista Iberoamericana* 184-185(1998), p. 451.

（6）　次の著作から引用した。Roberto Fernández Retamar, *Caliban and Other Essays*. Minneapolis: University of Minnesota Press, 1989, p. 10.

（7）　Carlos Fuentes, "Prologue", in José Enrique Rodó, *Ariel*. Austin: University of Texas Press, 1988, pp. 13-28.

（8）　José Enrique Rodó, *Ariel*. Austin: University of Texas Press, 1988, p. 98.

（9）　鵜飼哲「『市民キャリバン』あるいはエルネスト・ルナンにおける精神の政治学」。エルネスト・ルナン他『国民とは何か』鵜飼哲他訳、インスクリプト、一九九七、二五一頁。

(10) Rodó, *Op. Cit.*, p. 57-59.

(11) Carlos Fuentes, *Op. Cit.*, p. 18.

(12) Mario Benedetti, *Genio y figura de José Enrique Rodó*. Buenos Aires: Editorial Universitaria de Buenos Aires, 1966, p. 95.

vii "Red" の網を編むように

(1) 今福龍太「国境文化のなかの『放蕩息子』たち——アメリコ・パレーデスへの手紙」。初出は『GS』№6、特集＝トランス・アメリカ／トランス・アトランティック、一九八七年一一月。のち『荒野のロマネスク』（筑摩書房、一九八九／岩波現代文庫、二〇〇一）に収録された。

(2) 一九九〇年、メキシコ政府はパレーデスに、そのメキシコ文化への比類なき貢献を讃えて、国家勲章の最高栄誉である「アステカの鷲勲章」を授与した。この年は、アメリカのラティーノ公民権運動の指導者セサル・チャベスとの同時受章であった。

(3) Ramón Saldívar, *The Borderlands of Culture: Américo Paredes and the Transnational Imaginary*. Durham: Duke University Press, 2006.

(4) Américo Paredes, "Esquinita de mi pueblo", in *Between Two Worlds*. Houston: Arte Publico Press, 1991, p. 114.

(5) Américo Paredes, *With His Pistol in His Hand: A Border Ballad and Its Hero*. Austin: University of Texas Press, 1958.

(6) Ry Cooder, *Chávez Ravine*. CD, Nonesuch Records/ Perro Verde, 2005.

(7) Culture Clash, *Chávez Ravine*. First staged at the Mark Taper Forum, Los Angeles, 2003. 二〇一五年二月には、グループの創設三〇周年を記念して "Chavéz Ravine: An L.A. Revival" と題された続編がロサンジェルスのカーク・ダグラス劇場にて上演されている。

(8) Alfred Arteaga, "La red", *red*. Tempe, AZ.: Bilingual Press, 2000, p. 34.

(9) Alfred Arteaga, *Frozen Accident*. Los Angeles: Tia Chucha Press, 2006, p. 32.

(10) アルテアーガの詩世界におけるネサワルコヨトルの時間論の影響と「赤」および「黒」をめぐる思考の展開に

ついては、拙稿「きみの黒い書記素」(『薄墨色の文法』岩波書店、二〇一一、所収)を参照されたい。

(11)　本章は、日本英文学会第78回大会シンポジウム「南の周縁から問うアメリカ」(二〇〇六、中京大学)での口頭発表に基づくものである。

『クレオール主義』という変容する書物

本書は、はじめから、ある種の流動と変容のヴィジョンのもとに構想された。世界を、そのつど生成し変容しつづける豊饒な混合体としてとらえる思想を描き出す書物は、必然的に、時とともにその姿を変えてゆくべき本性を与えられたのである。したがって『クレオール主義』とは、本の固定的な表題であるよりは、永遠に変容する書物のかたちに与えられた一つの象徴的な名辞であるのかもしれない。

下記の日付のもとに書かれた過去の書きつけが、その変容の足跡を証言している。

そしていうまでもなく、二〇一七年に刊行される本パルティータ版『クレオール主義』もまた、この変容の過程を経て現れた、本書の新たな姿を映しだしている。

一九九一年六月某日

「どんな人生にも、北と南があり、東と西がある」

こう書いたのはマルティニックの詩人、エメ・セゼールだった。彼ほどつよく、歴史的存在としての自分が、方位の交差点に立って決断と逡巡をくりかえしていることを自覚していたものもいなかった。生きることが、四つの季節のかわりめに身をおきながら、生と死の、白熱と明晰の、崩壊と再建のあいだを往還するおわりのない行為であることをふかく認識していたものもいなかった。

彼につづけて、ぼくも言おう。夜明けと黄昏のあいだ、山脈と海岸線のあいだ、紫の高原とほの暗いマングローヴの茂みのあいだでこの本は生まれた、と。ことばの生命は、歴史の負荷の力を背負いながら、同時に歴史的時間を超えてゆくその空間的想像力のひろがりのなかにある。だからぼくはこの本で、丘陵、荒地、ジャングル、森、群島、鉄道線路、国境線、といった地勢をひとつひとつ認識のたちあがる場として点検しながら、そうした地勢の変容の過程そのものとして、現代のポストコロニアルな文化の窮状と可能性とをいちどにつかみだそうとした。ヘテロなものがうずまくあたらしい文化の領野が、非可逆的時間の彼方へと踏み出した人々のすむ土地に接続して展開しつつあることを示そうとした。

〈クレオール主義〉とは、なによりもまず、わたしたちの言語・民族・国家にたいする自明の帰属関係を解除し、そのことによって自分という主体のなかに、四つの方位、一日のあらゆる時間、四季、砂漠と密林と肥沃な大平原と海とをひとしくよびこむことなのだ。固有言語の閉鎖空間を離脱して複数のことばの主体的併用を選択し、民族の境界を踏みこえて混血の理念を実践し、国家という制度からの意志的なエミグレーションをこころみること……。国際化やバイリンガリズムやトランスナショナルといった標語からもっとも遠いところで、〈クレオール〉のエシックスは、いま世界の住人にそれぞれの単独性にたった連帯をうながしはじめている。

一九九四年一〇月某日

きみたちの記念碑はどこにある？
きみたちの戦いは、殉教者たちは？
きみたちの種族の記憶は？　お答えします――
あの灰色の丸屋根の納骨堂のなか　海です。
海がそれらを封じ込めたのです。海が歴史であります。

本書の新装版をふたたび書物の海に投げ入れようとするとき、カリブ海セント・ルーシャ島出身の詩人デレク・ウォルコットの詩のこんな一節がよみがえる。そこには無垢の海があり、「世界」の発見をうながした航海者たちの海があり、圧政のための奴隷と搾取された物産を運ぶ海があった。だがいま、無数の文化接触と混淆のうえに築かれた混血児たちの旅程と移動経路が、封鎖されていた海に再生のためのたしかな海図を描きだそうとしている……。ウォルコットの予感にまねびながら、未来の人間の生存の条件に向けて「海が歴史である」と宣言できるほどに、私は風の観測と帆の力学と観天望気と星の運行とに習熟した新しい航海者でありたいと願ってきた。

クレオール主義は大文字の思想（イズム）であるよりは、無数の批判（クリティック）の集積体である。それは、たんなる文化の混合や折衷のかたちをあらわしているのではなく、ましてやそうした混淆物の礼賛でもない。クレオール主義は、歴史とかイデオロギーとか言語とかいった制度からつくりあげられてきた文化や帰属意識からの離脱の可能性を問う批判的思考として私たちの前にあるからだ。

海は静まる気配を見せない。するどい波涛の連なりの彼方、移動する人間たちの倫理的な歴史観に立ったあらたな思想の航路を拓いてゆくために、私は本書をあらためて、きまぐれな風を切って大洋へと曳航しようと思う。

二〇〇三年四月一日　サンパウロ

本書の思考が結実するための種子が蒔かれた一九八〇年代半ば、私にとっての世界の軸はメキシコとカリブ海とブラジルを結ぶ、歪んだ三角形のなかにあった。この謎めいた三角形のなかにひそむ未発の思考と文化の胎動に触れ、畏れつつも知らぬ間にその渦中に巻き込まれていった私は、自分がそれまで引きずってきた自己同一性の幻影を振り切って、混淆する世界を直覚する新たな目と耳を与えられることになった。

その更新された目と耳は、なにも特別に革新的で予言的な理論や哲学によって武装されていたわけではなかった。唯一の正しさを主張する権威的な身振りとも無縁だった。ただ、同質性ではなく差異のなかに、固定化ではなく流動のなかに、シャープな実像ではなく翳く影のなかに、「本質」ということばでは捕捉できない文化の錯綜した綾が深く織り込まれてあるのを、その目と耳は精密にとらえようとしていた。日常世界の陰影にみちた構成のなかから、瑣末な事柄をも何一つ捨象することなく、心をくだくべき「具体」に寄り添いながら思考し感受するうちに、私の目と耳は認識の未知の通路を伝って、するりと予定調和的なリアリティの向こう側へと抜け出した。

霧の彼方に失われていたルーツへの幻想が消え、ヘテロなもの、異質で外来のものによって鋭く刻印を受けた別の「わたし」が、そこでは他者の群れのなかに雑じって歩行していた。苦渋でも安逸でもない、不思議な悲嘆と期待のないまぜになった表情が、季節の特定できない陰りある陽光のなかの群衆を特徴づけていた。新たな視線と聴覚がもたらしたこのヴィジョンを、私は思いきって〈クレオール主義〉と名づけながら、唯一のリアリティとして信じられている世界秩序の向こう側に広がる、いまだ科学や理論によって言葉を与えられていない世界の精密な描写が、いかにして可能であるかを考えはじめた。歪んだ三角形を回転させ、その周囲に出現する現実とテーマに魅了されながら、私はこの可能性のヴィジョンを試論という言語形式にうつしとることに集中した。本書はそうした道程のなかで、私自身の目と耳の過渡的な能力と限界とを含みながら、書かれたのである。

啓示的なはじまりから二〇年ほどがたって、いまふたたび私はブラジルにいる。長旅の後の、一つの回帰と、一つの出立の印象とともに。アジアもアフリカをも含み込んだ〈アメリカス〉というあの現実と精神の三角形からつかのま逸脱して、学問の規範を形成すべき専門家集団《アカデミー》のなかに不随意のままに身を置いたこともあった。だがそうした矛盾した場での思考は、かえってあの歪んだ三角形の地理的特権性への思い込みを解体し、奄美や沖縄や朝鮮半島の土地と人々との近年の出会いが、いくつもの歪んだ三角形を私の意識のなかにあらたに出現させた。それらは互いに、固有の歴史と空間を主張しながらも、そうした地政学的限定性を超えて並び立ち、おなじ精神の地平を指向しているように私には思われた。〈クレオール〉のヴィジョンは、学問的に確定されることなく、さらに広大なリアリティの裏側へと超出した。

そのようにして、世界にいくつものクレオール三角形を透視する目を得たいま、ブラジルに滞在して、土地のヴァナキュラーな文化景観に反応しながら自由に知的サークルやプロジェクトを組織することは、私のなかで新たな意味を持とうとしている。ブラジルと奄美を、あたかもおなじ精神の地勢として語る自分が、ここにいる。ブラジルが私のなかのキューバを刺戟し、刺戟されたキューバはハワイをかすめて奄美・沖縄へとさらに群島的な想像力を押しだしてゆく。私の存在を、その国籍や言語や出自によって規定することのない、制度的帰属へのおおらかな無頓着を発散させる人々のはざまに居て、私のなかのクレオール三角形が示す場所の錯誤の感覚は、刺激的な着地点を見いだすからだ。

いま私は、二〇年前に発芽した〈クレオール主義〉の地点からはるかに隔たったかのようにも見える思想の枠組みを参照しながら、「偶景——日常性の文法」というタイトルのもと、サンパウロでの連続講義をおこなっている。とるにたらない、偶発的で些細な日常の光景のなかに、かえって世界にひろがる不安と暴力を透視する種子が隠されている可能性を探求すること。日々の偶発的な風景の暗示するミニマルな予兆をよみとって、経済と軍事に特化したタイタニックな力への信仰が蔓延する異形の世界像を更新すること。戦争化された世界の遍在を前に、あえて声を荒げることなく、私は学問という中立地帯に言説の正当性と権威を囲い込む因習から離れて、自らの日常の偶景が他者の日常と交錯し触れ合う刹那の局面に、「世界」と呼ばれるもののもっとも精緻なリアリティが書き込まれてゆく軌跡をたどろうと考えたのだった。私はある意味で、クレオールという語彙からはいったん離れながら、しかしあの二〇年前の不思議な光の下の群衆のなかへと、ふたたび帰ってゆこうとしているのかもしれなかった。

『クレオール主義』という書物が、歴史主義的に厳密な考証と批評性の視点から見たとき、あまりに楽天的な空気を発散している、という事実は、この増補版においてもあるいは変わらないかもしれない。しかしすでに書いたように、予定調和的なリアリティの裏側に展開する混沌たる雑踏に踏み込んだ私の耳が聴き取ったざわめきは、深い覚醒とともに決然たるオプティミズムの響きを奏でていた。そして私はあいかわらず、精密な批評行為に踏み出すためにこそ、おおらかでポジティヴなヴィジョンをたっぷり呼吸しておかねばならない、と深く確信しているのである。痩せ細ったヒューマニズムが社会の表層的な不正義をただ糾弾するだけに終わり、表象の政治学的構成にだけ目を奪われた概念のマヌーヴァー（巧みな操縦＝計略）が学問の内実であると錯覚されているいまこそ、私は思考し感受することの膂力を失わないために、肯定的なヴィジョンにつねに寄り添っていたいと思う。だから本書のオプティミズムの由来は、私のなかにではなく、私を取り囲む偶景としての雑踏の空気そのもののなかにあることになる。

このクレオールのヴィジョンは、人々の日々の日常性の叡知から分泌される、深い悲嘆と慎ましくもおおらかな希望とを、ひとしく反映していなければならなかった。私がここ二〇年のあいだ、幾たびとなく歩みを向け、移り行き、立ち止まってはその光彩に目を細め、ことばと音の奔流に耳をそばだててきた土地土地。そこで話されている言葉には、"gramática parda"（グラマティカ・パルダ）、すなわち「薄墨色の文法」とでも訳しうる謎めいたフレーズがあって、私をあるときから魅惑してやまなかった。民衆の日々の生活に向けられる慎ましい叡知をさすこのことばは、文化のクレオール化への私の予感と確信を、日常的なポエジーとして見事に表現していた。薄墨色とは、白と黒のいりまじった、すなわち「混血の」という意味でもあって、日々の些事の小さな解決を積み重ねてゆくヴァナキュラーな叡知の体系が、事件や大問題の大きな解決をはかる「政治」や「学問」の知性とはことなった、クレオールの原理によって支えられていることを、このフレーズは解き明かしていたからである。この「薄墨色の文法」が狭量な学問的リゴリズムとは無縁の叡知であることはいうまでもない。そしてその叡知の消息が、じつはいまだほとんど探求されていない、ということも。

数日前、アマゾン河口の賑わしい街ベレンを訪れた。南緯一度の熱帯植民都市には、マンゴーの素晴らしい木立が繁茂し、決まって三〇分ほどで通りすぎる午後のスコールが冷気をもたらして、涼やかな風が渡っていた。だが到着翌日、グアマ川からのいつもの風向きが変わり、四方から突風が豪雨とともに吹き寄せて街を濁流のなかに飲み込んだ。三時間ほどの暴風雨が続いたあと、ようやく小降りになった雨のなかに出てみると、旧市街の石畳の広場の中央にたった一本屹立していた樹齢百年というマンゴーの大木が、無惨にも根元から倒れていた。街を彩るマンゴーの木立のどこかから、種が偶然ここまで飛んできて根づき、石畳の大きな広場に孤立しながら百年間聳えていたこの巨人は、まさに生涯の百年のあいだに一度も経験したことのないほどの風と集中豪雨によって、ついに倒れ伏したのである。

百年に一回起こるこの日常の偶景から、人々は何を読み取るのだろうか。一本のタイタン（巨人）の死の風景は、私に、世界秩序を支配する好戦的なもう一人のタイタンの不死身への確信を、不意に強く逆照射した。クレオールの叡知が、「政治」に切り込む糸口は、まさにこうした「薄墨色の叡知」が分泌される日常性の臨界点にある。だが、直接的な批判を急ぐ必要はない。豪雨は百年に一度の頻度で起こり、倒れたマンゴーの木が実らせていた種はさらに濁流に流されて、数年後には街の四方に新たな生命を生じさせるだろう。それらがふたたび巨木となって色濃い緑陰をつくったとき、私はその木蔭にふたたび赴こう。本書が連なろうとするのは、そうしたマンゴーの木が転生する時間にも似た、歴史のリズムの刻印を離れた偶景のなかの時の往来なのである。

＊本書『クレオール主義』の成り立ちと変容の歴史において、それぞれ重要な転機となるこれらの日付とともに書かれたノートは、『クレオール主義』のいくつかの旧版のあとがきとして執筆されたものである。

他なる汀へ——パルティータ版あとがきに代えて

この二〇年ほどのあいだに、死者の世界へと還っていった者たちのことをいま考える。彼ら／彼女らによって与えられた啓示的発見の鮮烈な感覚を身体の裡で反芻しながら。

エドワード・サイード（二〇〇三）、エメ・セゼール（二〇〇八）、グロリア・アンサルドゥーア（二〇〇四）、アメリコ・パレーデス（一九九九）、オクタビオ・パス（一九九八）、ヨシフ・ブロツキー（一九九六）、そしてエドゥアール・グリッサン（二〇一一）。

本書に大いなる霊感を与えつづけてくれたこれらの思想家や詩人たちは、みな限りある個というものの生の定めに従うように、この世から静かに立ち去っていった。いまとなっては、彼らの残した思考の航跡が、クレオールの海原に輝きながら揺れているのが見えるようでもある。だがそもそも、私が受けた啓示とは、生きて発言していた彼らの思想の背後でつぎつぎと息を吹き返す、無数の死者たちの声の鮮烈さでもあったはずだ。その意味では、名前を超えたそんな無数の声の一つへと彼らもまた還っていったのである。私が聴き取ろうとした群衆の混淆した集合的なざわめきは、いまや新たな死者たちによる倍音を加え、さらに豊かな声となって響いている。そしてそれらの声はあいかわらず

〈小さな世界〉からわき上がり、権力によって幻想された〈大きな世界〉の空疎を衝きつづけている。

世界の規定的現実の背後に、どれだけ〈小さな世界〉への想像力を組み込むことができるのか？私はそのことだけを考えていた。小さな世界が大きな世界にとって代わることはけっしてないだろう。だが、規定的現実の皮相なメカニズムにたえず対峙しうる抵抗と批判の拠点をもつこと以上に、私たちの日常の生にとって貴重なことはない。そしてこの小さな世界とは、生者と死者の声がともに響き交差する場である。私たちは時を超えた共同体を生きているのだ。

『クレオール主義』の初版が一九九一年に刊行されてから二六年。その四半世紀を越える年月を通じて、幸いにも本書は真摯な読者からの静かで継続的な支持を得、数回の改訂・改版を経て書籍として存在しつづけることができた。自ら少しずつ進化・変容しながら、単行本、文庫本、電子書籍という考えうるすべての形態を経験したあと、いま私自身の五巻本コレクション〈パルティータ〉の第一巻として、西山孝司氏による美麗な装幀の姿をまとってここに甦る。そのような再生の僥倖に巡り合ったのであれば、本書に新たな息吹を与え直すことは著者の責務でもあるだろう。補遺二篇を加え、本文全体にわたって補訂をほどこし、図版とキャプションの大幅な刷新をはかったのは、その故からである。新生『クレオール主義』は、ふたたび「いま」という時空間に一つの批評的基盤を得たのである。

国家主義と単一言語主義と排外的な社会原理に抗して、〈混血〉と〈越境〉と〈多言語〉の文化詩学の可能性をつきつけた本書の精神は変わらない。むしろ、この直截なメッセージは危急の度合いを増してさえいる。「アメリカ」の時計はあきらかに巻き戻されてしまった。それは、第二次大戦直前までの国家政治を支配していたアメリカ第一主義・単独行動主義の時代、すなわち八〇年前への退行だろうか。それとも、黒人やヒスパニック系やアジア系アメリカ人の政治的覚醒となった公民権運動時代に勝ちとられた少数者の権利が反故にされつつあるという意味で、五〇年前への後退だろうか。そしてこれはアメリカだけの動きではない。覚醒した時計の針を蒙昧の時へと巻き戻し、「分断」と「排他」の原理によって国家という機構の「統合」を達成しようという究極の矛盾と欺瞞に向けて、クレオール主義が粘り強い思想的抵抗と新たな発見の拠点となることを、私はいまこそ確信している。

愛するきみがここにいてくれたら
きみがここにいてくれたら。
ぼくの車に乗って
きみがギアを入れる。
ここではないどこかの
見知らぬ汀にぼくたちはいる。
あるいは
かつて一緒にいた場所に還っている。

ふとヨシフ・ブロツキーの「ある歌」A Song の詩句の断片が耳にあふれる。ペテルブルグからアメリカへと政治的流亡の道をたどり四半世紀、死の数年前に英語で書かれたこの作品の、自らのかけがえのない半身を希求するその静かな熱情に、何度奮い立たされたことだろうか。見知らぬ汀で再発見される懐かしい場所。「還る」と訳してみた"repair"という動詞は、傷を修復することでもあり、ふたたび故郷（"patria"）に還ることでもあり、自らの分身（"pair"）とふたたび合体することでもあった。未知の場所（人）のなかに自らのもっとも愛する場所（人）を見いだすこと。この、究極的に

は叶えられない "re-pair" の哀しみと、それゆえの永遠の希望こそ、強圧的な「歴史」の時の外部へとのがれ出ようとする私たちの自由の燃料にほかならない。

『クレオール主義』の初版は、一九九一年七月に青土社から単行本として刊行された。その後、同社からの二度の新装版刊行を経て、二〇〇三年五月には、大幅な増補改訂版としてちくま学芸文庫に収録された。その際追加された論考が、本書の〈補遺1〉の部分である。さらに本パルティータ版『クレオール主義』の編集にあたって〈補遺2〉を追加した。

現在の出版事情からみれば冒険というほかないこの五巻本コレクション〈パルティータ〉の刊行の実現は、書肆の情熱的な肩入れなくしてはありえなかった。支持してくださった水声社社主鈴木宏氏、そして編集に力を注いでくれた後藤亨真氏に心より謝意を表したい。

二〇一七年二月

著者識

初出一覧

クレオール主義　『現代思想』青土社、一九九〇年一月号―一二月号（初出時のタイトルは「文化のヘテロロジー」）

【補遺】

無国籍文化の形成――コスモポリタニズムとディアスポラ　『地域の世界史3　地域の成り立ち』辛島昇・高山博編、山川出版社、二〇〇〇年七月

バイリンガリズムの政治学　『多言語主義とは何か』三浦信孝編、藤原書店、一九九七年五月

ディアスポラの楽園　『10＋1』No.1、ＩＮＡＸ出版、一九九四年五月

ハリケーンとカニバル　『越境するクレオール』三浦信孝編、岩波書店、二〇〇一年九月

水でできたガラス　『講座文化人類学第7巻　移動の民族誌』岩波書店、一九九六年一一月

交差するアリエルとキャリバン　『ちくま』一九九八年五月号―七月号（改題・改稿）

"Red"の網を編むように　『すばる』二〇〇六年一二月号（改題・改稿）

著者について――

今福龍太（いまふくりゅうた）　文化人類学者・批評家。一九五五年、東京に生まれ、湘南で育つ。一九八〇年代初頭よりメキシコ、キューバ、ブラジル、アメリカ南西部に滞在し調査研究に従事。サンパウロ大学、サンパウロ・カトリック大学などで客員教授を歴任。現在、東京外国語大学大学院教授。二〇〇二年より奄美群島において巡礼型の野外学舎「奄美自由大学」を主宰。主な著書に、『荒野のロマネスク』（筑摩書房、一九八九年／岩波現代文庫、二〇〇一年）、『感覚の天使たちへ』（平凡社、一九九〇年）、『野性のテクノロジー』（岩波書店、一九九五年）、『ここではない場所』（岩波書店、二〇〇一年）、『ミニマ・グラシア』（岩波書店、二〇〇八年）、『群島‐世界論』（岩波書店、二〇〇八年）、『ブラジルのホモ・ルーデンス』（月曜社、二〇〇八年）、『身体としての書物』（東京外国語大学出版会、二〇〇九年）、『レヴィ＝ストロース　夜と音楽』（みすず書房、二〇一一年）、『薄墨色の文法』（岩波書店、二〇一一年）、『書物変身譚』（新潮社、二〇一四年）、『ジェロニモたちの方舟』（岩波書店、二〇一五年）、『わたしたちは難破者である』『わたしたちは砂粒に還る』（河出書房新社、二〇一五年）、『ヘンリー・ソロー　野生の学舎』（みすず書房、二〇一六年。読売文学賞受賞）など。主な編著書に、レヴィ＝ストロース『サンパウロへのサウダージ』（編訳、みすず書房、二〇〇八年）、多木浩二『映像の歴史哲学』（編、みすず書房、二〇一三年）など。

装幀――西山孝司
カバー写真――今福龍太
見返し作品――José Júlio de Calasans Neto（Cortesia de D. Auta Rosa Calasans）

クレオール主義［パルティータⅠ］

二〇一七年二月二〇日第一版第一刷印刷　二〇一七年三月一〇日第一版第一刷発行

著者――今福龍太

発行者――鈴木宏
発行所――株式会社水声社
東京都文京区小石川二―一〇―一　いろは館内　郵便番号一一二―〇〇〇二
電話〇三―三八一八―六〇四〇　FAX〇三―三八一八―二四三七
郵便振替〇〇一八〇―四―六五四一〇〇
URL : http://www.suiseisha.net

印刷・製本――ディグ

ISBN978-4-8010-0251-7